China Microeconomic Survey： Innovative Entrepreneurship Volume

中国微观经济调查·
创新型创业卷

经济日报社中国经济趋势研究院
中国社会科学院数量经济与技术经济研究所 著

人民出版社

策划编辑：郑海燕
封面设计：吴燕妮
责任校对：周晓东

图书在版编目(CIP)数据

中国微观经济调查.创新型创业卷/经济日报社中国经济趋势研究院,中国社会科学院数量经济与技术经济研究所 著.—北京:人民出版社,2022.1
ISBN 978-7-01-023846-3

Ⅰ.①中… Ⅱ.①经…②中… Ⅲ.①中国经济-微观经济-调查报告②企业管理-创新管理-调查报告-中国 Ⅳ.①F12②F279.23

中国版本图书馆 CIP 数据核字(2021)第 205843 号

中国微观经济调查·创新型创业卷

ZHONGUO WEIGUAN JINGJI DIAOCHA CHUANGXINXING CHUANGYE JUAN

经济日报社中国经济趋势研究院
中国社会科学院数量经济与技术经济研究所 著

人民出版社 出版发行
(100706 北京市东城区隆福寺街 99 号)

中煤(北京)印务有限公司印刷 新华书店经销

2022 年 1 月第 1 版 2022 年 1 月北京第 1 次印刷
开本:710 毫米×1000 毫米 1/16 印张:23.5
字数:300 千字

ISBN 978-7-01-023846-3 定价:98.00 元

邮购地址 100706 北京市东城区隆福寺街 99 号
人民东方图书销售中心 电话 (010)65250042 65289539

目　　录

前　　言

推进大众创业、万众创新，是培育和催生经济社会发展新动力的必然选择，是扩大就业、实现富民之道的根本举措，是激发全社会创新潜能和创业活力的有效途径。其中，创业企业成长与自主创新能力提高是实现创新驱动发展的重要因素，也是当前就业重要的“稳定器”。一方面，企业是支撑国民经济发展的重要基础单元，创业企业能否成为创新主体是建设创新型国家的关键；另一方面，在当前新冠肺炎疫情和国内外错综复杂的形势综合导致的经济下行压力下，推动创业企业良好发展有利于实现新增就业与减少失业。强调创新驱动发展战略，推进大众创业、万众创新，能够确保经济重新启动之后获得更强劲的发展新动能，形成通过释放发展潜力不断吸纳就业的正向循环。

为了能够较为全面客观地刻画我国创新型创业企业的现状和特点，本书从创业者的企业家精神、创业企业发展环境、创业企业发展水平、创业企业创新能力、创业企业发展潜力五个方面对我国创业企业开展了三次调查。参照国内外关于创业企业的概念界定，同时考虑到调查的连续性，本书中的创业企业，是指从 2013 年开始有实际经营活动的企业,重点考察高成长性与高风险性并存的创新开拓型企业。调查以民营企业和中小型企业为主体,同时兼顾不同类型和规模的企业。考虑到创业企业区域分布的特点,分别选择了东部、中部、西部创业活跃的城市为采样城市;行业分布主要集中在创新特征突出的高新技术领域和新兴服务行业,对于部分传统行业也有所涉及。本书不仅形成了较为完整的一手数据资料,而且通过对我国创业企业发展水平、创新能力、发展环境、成长潜力的研究,探寻了创业企业发展规律、发现了创业企业面临的问题,具有重要的现实意义。

本书由经济日报社中国经济趋势研究院以及中国社会科学院数量经济与技术经济研究所孙世芳、李平、刘溟、吴滨、谢慧、王宏伟、秦悦、庄芹芹、王恺、王楠等人共同编写。由于时间仓促、人力有限,内容不尽之处,敬请读者谅解。欢迎读者提出宝贵意见和建议,对问题和疏漏进行批评指正。

第一章　调查背景和研究概述

本章通过对调查背景和调查内容进行简要介绍，全面展现创业调查的总体思路，调查集中在信息技术、软件、节能环保、高端装备制造、新能源、新材料、生物医药、文化创意、金融服务、专业技术服务与现代农业 11 个行业，本章对样本的分布特征进行了说明，同时对相关章节的研究内容进行了概括，并对创业相关的基础理论和研究历程进行了梳理和总结。

第一节　调查背景

改革开放四十多年来，我国经济社会发展成效显著，经济总量大幅提高，人民生活水平稳步上升，综合国力持续增强。“十三五”时期，我国经济呈现速度变化、结构优化、动力转换的新特点，经济进入“新常态”。在增速放缓的同时产业结构优化升级趋势明显，2012 年第三产业增加值首次超过第二产业，2015 年第三产业增加值占国内生产总值比重达到 50.8%，首次突破 50%，2018

年三次产业的比重为7.0∶39.7∶53.3。工业结构升级稳步推进,2015年,我国高技术产业增加值占世界比重达到29%,超过了美国,成为第一。2015—2017年,高技术制造业增加值占全部规模以上工业的比重依次为11.8%、12.4%和12.7%,2018年全年规模以上工业中,战略性新兴产业增加值比2017年增长8.9%。高技术制造业增加值增长11.7%,占规模以上工业增加值的比重为13.9%。装备制造业增加值增长8.1%,占规模以上工业增加值的比重为32.9%,新动能持续发展壮大,虽然产业结构优化效果明显,但结构性矛盾依然突出。低附加值、高资源消耗、高污染行业的比重仍较高,行业发展惯性和投资冲动仍较强,经济社会发展面临的资源环境问题相当突出。根据BP石油公司的报告,作为全球最大的能源消费国,2018年我国对全球能源增长的贡献高达34%,居全球首位。2009—2018年,我国十年间能源消费总量增长了38%。但在世界范围内,中国能源利用效率水平整体依然处于较低水平。根据国际能源署统计,按照2011年不变价购买力平价计算,2016年中国能源利用效率为6.2美元/千克油当量,比世界平均水平低近20%。在中国能源消费中,煤炭仍然占据主导地位,2018年煤炭消费比重接近60%。由能源带来的环境问题还相当突出,节能减排压力相当大。

"十三五"期间,经济发展面临的环境更为复杂。目前,我国"三期"叠加的特征相当明显,经济社会生活的深层矛盾逐渐显现。经济增速明显减慢,2018年国内生产总值增长6.6%,处于近年来的较低水平;动力换挡还没有完成,传统动能逐渐减弱,新动能还不能发挥主导作用。传统产业生产经营困难,部分行业出现较大规模的亏损,结构调整阵痛持续;前期的刺激政策还没有充分消化,多年来积累的深层次矛盾还有待化解。全球贸易治理的困境、WTO 改革以及地缘政治问题依然突出,而突如其来的新冠肺炎疫情带来的全球经济衰退依然还无法预估,世界经济形势严峻。

中国正处于关键转型时期,转方式、调结构和中高速经济增长的局面将会持续较长一段时间。随着国内外发展条件的变化,这种依靠要素投入的粗放型增长模式难以为继,在“人口红利”逐渐减少、土地成本迅速上升、资源环境压力不断加大等诸多约束因素下,粗放型经济发展方式已难以支撑中国经济的可持续发展,调整经济结构、转变经济发展方式已经刻不容缓,而实施创新驱动发展战略是保障中国经济保持较高增速和转变发展方式的关键。自 2006 年出台《国家中长期科学和技术发展规划纲要(2006—2020 年)》以来,中央一直将建设创新型国家、提高自主创新能力、推动企业成为技术创新主体作为国家的重要战略目标。特别是党的十八大以来,中央积极推进科技体制改革、实施创新驱动发展战略、建设创新型国家,更是突出和强化了企业作为创新主体的重要地位和作用。2013 年 1 月,国务院办公厅发布了《关于强化企业技术创新主体地位全面提升企业创新能力的意见》,科技部会同国家发展改革委等 15 个部门和单位建立联合推进机制,促进企业成为技术创新主体。

党的十九大科学把握世界多极化、经济全球化、社会信息化、文化多样化深入发展的历史大势,准确作出了中国特色社会主义进入新时代的重大历史论断,全面制定了夺取新时代中国特色社会主义伟大胜利的宏伟蓝图,深刻提出了推动新型工业化、信息化、城镇化、农业现代化同步发展的根本路径。当前,我国经济已由高速增长转向高质量发展阶段,正处在转变发展方式、优化经济结构、转换增长动力的攻关期，要贯彻新发展理念，建设现代化经济体系。要激发和保护企业家精神，鼓励更多社会主体投身创新创业。建设知识型、技能型、创新型劳动者大军，弘扬劳模精神和工匠精神，营造劳动光荣的社会风尚和精益求精的敬业风气。

企业是支撑国民经济发展的重要基础单元，建设创新型国家的关键在于企业能否成为创新的主体，特别是创业型企业能否成为创新的主体，创业型企业的成长和自主创新能力的提高是实现创新驱动发展的决定性因素。2014 年 9 月，李克强总理在夏季达沃斯论坛讲话中，提出要掀起“大众创业”的新浪潮。2015 年 6 月，国务院印发的《关于大力推进大众创业万众创新若干政策措施的意见》指出，推进大众创业、万众创新，是培育和催生经济社会发展新动力的必然选择；推进大众创业、万众创新，是扩大就业、实现富民之道的根本举措；推进大众创业、万众创新，是激发全社会创新潜能和创业活力的有效途径。《国民经济和社会发展第十三个五年规划纲要》指出，推动科技创新与大众创业、万众创新有机结合，深入推进大众创业、万众创新，把大众创业、万众创新融入发展各领域、各环节，鼓励各类主体开发新技术、新产品、新业态、新模式，打造发展新引擎。2017 年 4 月，国务院印发《关于做好当前和今后一段时期就业创业工作的意见》，提出要促进以创业带动就业、抓好重点群体就业创业、强化教育培训和就业创业服务等举措。2018 年 9 月，国务院印发《关于推动创新创业高质量发展打造“双创”升级版的意见》，提出要着力促进创新创业环境升级，加快推动创新创业发展动力升级，持续推进创业带动就业能力升级，深入推动科技创新支撑能力升级，大力促进创新创业平台服务升级，进一步完善创新创业金融服务，加快构筑创新创业发展高地，切实打通政策落实“最后一公里”等重要手段。“双创”已经成为我国实现经济转型的重要战略举措。

本调研通过三次调查，从创业者的企业家精神、创业企业发展环境、创业企业发展水平、创业企业创新能力和创业企业发展潜力五个方面较全面地为我国创业企业“画像”，并跟踪创业企业的成长情况。通过对创业型企业自主创新能力的发展和成长性趋势的分析和评价，准确把握我国创业型企业的发展水平和所处的发展阶段，判断其成长的潜在优势，找出制约我国创业型企业成长和自主创新能力提高的不利因素，对于快速提高我国创业型企业的自主创新能力、促进其良好可持续成长具有重要的现实意义。

第二节 调查内容

本调查的主要目的是，根据调查数据，掌握中国创业企业的成长现状及存在的问题，进而提出相应的政策建议，为我国大力推进大众创业、万众创新提供现实依据。依据创业企业的特点，调查重点关注以下几个方面。

一、企业家精神

通过对企业家个体因素的分析，探讨影响企业成立和成长的因素。相关研究表明：(1)更高教育水平的个体更有可能变为企业家，也更容易成功，教育年数与自我创业具有强相关关系；具有研究生学历的个体更可能创业；此外，父母的教育水平也会影响儿女的创业。(2)年龄与创业之间具有倒“U”型关系。随着年龄的增长，经验增多，创业的可能性增大。但随着年龄的进一步增长，机会成本和不确定增大，企业家精神下降。（3）一般的经商经验会提高个体创业的可能性，尤其是既有的相关产业经验对企业成长有很大影响，因为这些经验会改善企业的绩效和企业成活率。（4）社会地位会增加个体建立新企业的可能性，个人社会关系的种类和多样性也会增加建立企业的可能性和成功的概率。父母的工作类型会影响儿女的创业。（5）企业家的性格也会影响创业。外向、成功诉求、风险倾向、自信、创造性、领导能力都会提高创业和企业成功的可能性。此外，企业是否有战略规划及规划时限、企业领导人的抱负、企业员工对企业的认识、企业员工对企业的认同度等也反映企业家的能力。这些数据均通过调查问卷获取。

二、创业企业发展环境

发展环境是企业得以生存、成长、发展的基础，企业是通过与环境的交互行为来实现自我发展，发展环境的优劣对企业成长具有直接的决定作用，对发展环境的客观评价对于把握创业企业成长状况具有重要意义。任何一个企业都是要与周围的环境进行物质、能源和信息的交流和转换，企业的生产经营活动与经济社会多个方面均具有直接和间接的关系。传统的企业环境分析包括宏观环境分析和产业环境分析。其中，宏观环境分析相当宽泛，最为典型的为 PEST 模型，包括政治、经济、社会文化、技术四个方面；产业环境分析包括产业的主要经济特征、产业的市场结构分析以及主要竞争对手分析。一般而言，创业企业存在较大资金、技术、人才压力，同时政策支持对企业发展也具有重要作用。

三、创业企业发展水平

企业成长理论认为，企业拥有的资源状况是决定企业能力的基础。企业能力特别是管理能力状况与企业多元化成长的可能性高度正相关。企业能力理论认为，企业是拥有一组特定资源和特殊能力的组织结合体，能够运用这些资源和能力从事生产经营活动，并能以自己特有的方式有效地处理现实生产经营中的各种难题。一个运行良好的企业能够不断地获取资源、积累经验并在组织中传播知识和技能。这些独特的资源和能力成为企业竞争优势的源泉。

发展绩效主要反映了创业企业当前的绩效水平，可以采用企业年龄、资产总额、全员劳动生产率、主营业务利润率、市场占有率等指标表示。整合能力反映了创业企业对营销、生产、销售等环节以及内外部资源的综合整合能力，分别从营销整合能力、生产整合能力、激励机制和企业文化等方面衡量。企业融资能力是指在一定的经济金融条件下，一个企业可能融通资金的规模大小。企业融资能力是衡量创业企业能否得到快速稳定健康成长和发展的关键指标。可以从创业企业的短期融资能力和长期融资能力两个方面来衡量，短期融资能力采用流动比率指标表示，长期融资能力采用资产负债率指标表示。

四、创业企业创新能力

创新投入包括创业企业资金投入和人力资源投入水平，主要从企业智力资本和物质资本投入等方面衡量，具体包括固定资产投资、研发投入占主营业务收入的比重、生产设备和装备新度系数、每千人研发人员比例等指标。

创业效益反映工业创业企业知识产出的水平和企业效益。知识产出具体将通过每千人拥有发明专利数和专有技术、企业标准数占行业标准数比例等进行衡量;企业创新转化效益具体将通过技术交易收入比例、新产品销售收入占主营业务比例等进行衡量;创业效益主要通过企业总产值、企业主营业务市场占有率、总资产利润率等方面衡量。

五、创业企业发展潜力

创业企业发展潜力代表了未来企业价值,创业企业价值评估模型对于潜力指数测定具有重要的参考价值。1983 年美国的圣克拉拉大学的泰部吉(Tyzoon T.Tyebjee)教授和阿尔伯特·布鲁诺(Albert U.Bruno)教授在就 90 家风险投资机构的跟踪采访中,提出了一套较为完整的评价风险企业价值的框架,分析了影响投资决策的主要因素。该模型从未来回报和预期风险两个角度评估创业企业价值,其中未来回报主要考虑市场吸引力、产品差异度,而预期风险则侧重于管理能力和环境适应性。该模型成为现有创业企业价值评估的基本模型。

第三节 抽样方法及样本分布

一、抽样方法

创业企业是指处于创业阶段,高成长性与高风险性并存的创新开拓型企业,具体是指从 2013 年开始有实际经营活动的企业。企业性质重点侧重于非国有企业,企业规模不做限制。

在具体抽样中，本调查在现有样本库的基础上，采用分层抽样与等距抽样相结合的抽样方法。本调查 2016 年调查了 6 个城市与 10 个行业，在 2018 年的调查中新增了现代农业，2019 年的调查又在上两次调查的基础上增加了 4 个城市，故 2019 年的调查在 11 个行业的 10 个城市展开。现以 2019 年的调查为例，对抽样方法进行示例。

首先，基于信息技术、软件、节能环保、高端装备制造、新能源、新材料、生物医药、文化创意、金融服务、专业技术服务、现代农业共 11 个行业数量比例，将 11 个行业样本抽样比例设为：Ai/A，其中 Ai 为 i 行业企业数量（$i=1,2,\cdots,11$）。

$A=A1+A2+A3+A4+A5+A6+A7+A8+A9+A10+A11$

其次，确定各个城市在 i 行业中的抽样比例。

将北京市、上海市、广州市、深圳市、杭州市、武汉市、西安市、成都市、长春市、郑州市 10 个城市 i 行业企业数量设定为 $Abj-i$、$Ash-i$、$Agz-i$、$Asz-i$、$Ahz-i$、$Awh-i$、$Axa-i$、$Acd-i$、$Acc-i$、$Azz-i$。

$Ai=Abj-i+Ash-i+Agz-i+Asz-i+Ahz-i+Awh-i+Axa-i+Acd-i+Acc-i+Azz-i$

将 10 个城市在 i 行业中抽样比例设为 $Cbj-i$、$Csh-i$、$Cgz-i$、$Csz-i$、$Chz-i$、$Cwh-I$、$Cxa-i$、$Ccd-i$、$Ccc-I$、$Czz-i$。

$Cbj-i=Abj-i/Ai$

$Csh-i=Ash-i/Ai$

$Cgz-i=Agz-i/Ai$

$Csz-i=Asz-i/Ai$

$Chz-i=Ahz-i/Ai$

$Cwh-i=Awh-i/Ai$

$Cxa-i=Axa-i/Ai$

$Ccd-i=Acd-i/Ai$

$Ccc-i=Acc-i/Ai$

$Czz-i=Azz-i/Ai$

再次，分别计算10个城市样本数量。

$BJi=Ai/A\times Cbj-i\times D$、$SHi=Ai/A\times Csh-i\times D$、$GZi=Ai/A\times Cgz-i\times D$、$SZi=Ai/A\times Csz-i\times D$、$HZi=Ai/A\times Chz-i\times D$、$WHi=Ai/A\times Cwh-i\times D$、$XAi=Ai/A\times Cxa-i\times D$、$CDi=Ai/A\times Ccd-i\times D$、$CCi=Ai/A\times Ccc-i\times D$、$ZZi=Ai/A\times Czz-i\times D$的具体值，$D$为抽样总数，即北京市需抽取$BJi$个第$i$行业企业，上海市需抽取$SHi$个第$i$行业企业，广州市需抽取$GZi$个第$i$行业企业，深圳市需抽取$SZi$个第$i$行业企业，杭州市需抽取$HZi$个第$i$行业企业，武汉市需抽取$WHi$个第$i$行业企业，西安市需抽取$XAi$个第$i$行业企业，成都市需抽取$CDi$个第$i$行业企业，长春市需抽取$CCi$个第$i$行业企业，郑州市需抽取$ZZi$个第$i$行业企业。

最后，在已确定的10个城市基础上，根据11个行业的企业样本库数量，进行随机抽样。

二、样本分布

三次创业企业的调查分布在信息技术、软件、节能环保、高端装备制造、新能源、新材料、生物医药、文化创意、金融服务、专业技术服务和现代农业11个行业。其中，2016年的调查包括前10个行业，从2018年开始新增现代农业，共11个行业。因调查反映的是前一年的经营情况，故文中涉及企业经营情况的相关指标（如发展水平、创新能力及发展潜力等）反映的是调查的前一年即

2015年、2017年及2018年的经营情况数据。同时,2016年对10个行业开展了两轮调查,如未另加说明,2016年的数据均指2016年第二轮调查中的数据。在对2016年、2018年、2019年的三期调查进行对比分析时,主要使用2016年第二轮的调查数据进行对比。

(一)行业界定

信息技术产业是运用信息手段和技术,收集、整理、储存、传递信息情报,提供信息服务,并提供相应的信息手段、信息技术等服务的产业。信息技术包括感测技术、通信技术、计算机技术和控制技术等。制造强国建设战略咨询委员会推出的《中国制造2025》重点领域技术路线图,确定了集成电路及专用设备、信息通信设备、操作系统与工业软件、智能制造核心信息设备四大细分行业,作为到2025年我国新一代信息技术产业的发展重点。(1)集成电路是指通过半导体工艺将大量电子元器件集成为具有特定功能的电路,主要包括集成电路设计、集成电路制造、集成电路测试封装、关键装备和材料等内容。(2)信息通信设备是指利用电子计算机、现代通信技术等获取、传递、存储、处理和应用信息的系统和装置,主要包括无线移动通信设备、新一代网络设备、高性能计算机与服务器等。(3)操作系统与工业软件是制造业数字化网络化智能化的基石,是新一轮工业革命的核心要素。发展实时工业操作系统及高端制造业嵌入式系统、以工业大数据平台与制造业核心软件为代表的基础工业软件、面向先进轨道交通装备、电力装备、农业装备、高档数控机床与机器人、航空航天装备、海洋工程装备与高技术船舶等重点领域的工业应用软件,对我国工业领域自主可控,具有重要意义。(4)智能制造核心信息设备是制造过程各个环节实现信息获取、实时通信和动态交互及决策分析和控制的关键基础设备。

软件行业是指有效利用计算机资源从事计算机程序编制、信息系统开发和集成及相关服务的产业,是直接从事计算机软件产品制造或软件服务活动的企业的集合,具体包括软件产品、信息技术服务、嵌入式系统软件三个子行业。软件行业作为国家的基础性、战略性产业,在促进国民经济和社会发展、转变经济增长方式、提高经济运行效率、推进信息化与工业化融合等方面具有重要的地位和作用,是国家重点支持和鼓励的行业。软件企业是指以计算机软件开发生产、系统集成、应用服务和其他相应技术服务为其经营业务和主要经营收入,具有一种以上由本企业开发或由本企业拥有知识产权的软件产品,或者提供通过资质等级认定的计算机信息系统集成等技术服务的企业。软件行业包括软件产品和软件服务两大部分。计算机软件产品是能被计算机存储和读入并指示计算机从事特定工作的编码程序,主要包括系统软件、支撑软件和应用软件三大类;计算机软件服务是指与计算机软件相关的服务内容,主要包括信息系统集成、信息系统运行与维护服务、数据中心与资源外包服务、数据加工与处理服务、信息系统咨询与评估服务、信息系统工程监理、软件与信息系统管理人才工程化培训等。

节能环保产业是指为节约能源资源、发展循环经济、保护环境提供技术基础和装备保障的产业,主要包括节能产业、资源循环利用产业和环保装备产业,涉及节能环保技术与装备、节能产品和服务等;其六大领域包括:节能技术和装备、高效节能产品、节能服务产业、先进环保技术和装备、环保产品与环保服务。按照国家统计局《战略性新兴产业分类(2012)(试行)》，与国民经济行业分类中行业相对应，节能环保行业主要包括高效节能产业、先进环保产业、资源循环利用产业、节能环保综合管理服务。

高端装备制造业是指生产制造高技术、高附加值的先进工业设施设备的行业。高端装备主要包括传统产业转型升级和战略性新兴产业发展所需的高技术高附加值装备，是以高新技术为引领，处于价值链高端和产业链核心环节，决定着整个产业链综合竞争力的战略性新兴产业。一般认为，高端装备制造产业指装备制造业的高端领域，"高端"主要表现在三个方面：第一，技术含量高，表现为知识、技术密集，体现多学科和多领域高精尖技术的集成；第二，处于价值链高端，具有高附加值的特征；第三，在产业链占据核心部位，其发展水平决定产业链的整体竞争力。由于技术发展和产业升级，高端装备制造业具有动态性。按照国家统计局《战略性新兴产业分类(2012)(试行)》，与国民经济行业分类中行业相对应，高端装备制造业主要包括航空装备产业、卫星及应用产业、轨道交通装备产业、海洋工程装备产业、智能制造装备产业等。

新能源是指处于开发利用或正在积极研究、有待推广的能源，如太阳能、地热能、风能、海洋能、生物质能和核聚变能等。新能源产业主要是源于新能源的发现和应用，既是衡量一个国家和地区高新技术发展水平的重要依据，也是新一轮国际竞争的战略制高点，世界发达国家和地区都把发展新能源作为顺应科技潮流、推进产业结构调整的重要举措。按照国家统计局《战略性新兴产业分类(2012)(试行)》，与国民经济行业分类中行业相对应，新能源产业主要包括核电产业、风能产业、太阳能产业、生物质能及其他新能源产业、智能电网产业、新能源产业工程及研究技术服务等。

新材料是指新出现的或正在发展中的,具有传统材料所不具备的优异性能和特殊功能的材料;或采用新技术(工艺、装备),使传统材料性能有明显提高或产生新功能的材料;一般认为,满足高技术产业发展需要的一些关键材料也属于新材料的范畴。与传统材料相比,新材料产业具有技术高度密集、研究与开发投入高、产品的附加值高、生产与市场的国际性强、应用范围广、发展前景好等特点,其研发水平及产业化规模已成为衡量一个国家经济、社会发展、科技进步和国防实力的重要标志,世界各国特别是发达国家都十分重视新材料产业的发展。按照国家统计局《战略性新兴产业分类(2012)(试行)》,与国民经济行业分类中行业相对应,新材料产业主要包括新型功能材料产业、先进结构材料产业、高性能复合材料产业、前沿新材料产业、新材料研究和技术服务等。

生物医药产业由生物技术产业与医药产业共同组成。制药产业与生物医学工程产业是现代医药产业的两大支柱。生物医药产业具有创新成本高、投资风险大、研发周期长等特点;产业技术新知识、新方法、新领域层出不穷,相关人员只有相互学习,才能保证知识及时更新。生物技术是以现代生命科学理论为基础,利用生物体及其细胞、亚细胞和分子的组成部分,结合工程学、信息学等手段开展研究及制造产品,或改造动物、植物、微生物等,并使其具有所期望的品质、特性,进而为社会提供商品和服务手段的综合性技术体系。其主要内容包括:基因工程、细胞工程、发酵工程、酶工程、生物芯片技术、基因测序技术、组织工程技术、生物信息技术等。生物技术产业涉及医药、农业、海洋、环境、能源、化工等多个领域。应用生物技术生产出相应的商品,这类商品在市场上形成一定的规模后才能形成产业,因此,生物技术产业的内涵应包括生物技术产品研制、规模化生产和流通服务等。制药是多学科理论及先进技术的相互结合,采用科学化、现代化的模式,研究、开发、生产药品的过程。除了生物制药外,化学药和中药在制药产业中也占有一定的比例。生物医学工程是综合应用生命科学与工程科学的原理和方法,从工程学角度在分子、细胞、组织、器官乃至整个人体系统多层次认识人体的结构、功能和其他生命现象,研究用于防病、治病、人体功能辅助及卫生保健的人工材料、制品、装置和系统技术的总称。生物医学工程产业包括:生物医学材料制品、(生物)人工器官、医学影像和诊断设备、医学电子仪器和监护装置、现代医学治疗设备、医学信息技术、康复工程技术和装置、组织工程等。

文化创意行业是指依靠创意人的智慧、技能和天赋,借助于高科技对文化资源进行创造与提升,通过知识产权的开发和运用,生产出高附加值产品,具有创造财富和就业潜力的产业。联合国教科文组织认为文化创意行业包含文化产品、文化服务与智能产权三项内容。文化创意行业属于知识密集型新兴产业,它主要具备高知识性、高附加值、强融合性等特征。涉及的领域包括:文化艺术,包括表演艺术、视觉艺术、音乐创作等;创意设计,包括服装设计、广告设计、建筑设计等;传媒产业,包括出版、电影及录像带、电视与广播等;软件及计算机服务。

金融机构是指从事金融服务业有关的金融中介机构,为金融体系的一部分,金融服务业包括银行、证券、保险、信托、基金等行业,与此相应,金融中介机构也包括银行、证券公司、保险公司、信托投资公司和基金管理公司等。金融服务业具有许多显著的特征，一是金融服务业的实物资本投入较少，难以找到一个合适的物理单位来度量金融服务的数量，这就无法准确定义其价格，从而也无法编制准确的价格指数和数量指数，因此金融服务业的产出也就难以确定和计量。二是传统金融服务业的功能是资金融通的中介，而现代金融服务业则具有越来越多的与信息生产、传递和使用相关的功能，特别是由于经济活动日益"金融化"，所以，金融信息越来越成为经济活动的重要资源之一。三是金融服务业传统上是劳动密集型产业，而随着金融活动的日趋复杂化和信息化，金融服务业逐渐变成了知识密集和人力资本密集的产业，人力资本的密集度和信息资源的多寡在现代金融服务业中已经成为决定金融企业创造价值的能力以及金融企业生存和发展前景的重要因素。四是在当今这样一个国内和国际竞争加剧的时代，金融服务业正处于大变革的过程之中，信息技术、放松管制和自由化的影响已经永远改变并在不断重新塑造着金融服务业领域，而且这种趋势还将持续下去。

专业技术服务是指某个组织或个人，应用某些方面的专业知识和专门知识，按照客户的需要和要求，为客户在某一领域内提供特殊服务，其知识含量和科技含量都很高，是已经获得和将要继续获得巨大发展的行业。专业技术服务可以分为生产者专业技术服务和消费者专业技术服务。具体包括：法律服务、会计、审计和簿记服务、税收服务、咨询服务、管理服务、与计算机相关的服务、生产技术服务、工程设计服务、集中工程服务、风景建筑服务、城市规划服务、旅游机构服务、公共关系服务、广告设计和媒体代理服务、人才猎头服务、市场调查服务和其他。

现代农业是在现代工业和现代科学技术基础上发展起来的农业，其主要特征是广泛地运用现代科学技术，由顺应自然变为自觉地利用自然和改造自然，由凭借传统经验变为依靠科学，成为科学化的农业，使其建立在植物学、动物学、化学、物理学等科学高度发展的基础上；把工业部门生产的大量物质和能量投入到农业生产中，以换取大量农产品，成为工业化的农业；农业生产走上了区域化、专业化的道路，由自然经济变为高度发达的商品经济，成为商品化、社会化的农业。

（二）样本的行业和城市分布

2016 年的调查共回收有效问卷 1901 份，共涉及 10 个行业（见表 1-1）。

表 1-1 2016 年样本的行业分布

行业	有效问卷（份）	比重（%）
高端装备制造	119	6.26
节能环保	82	4.31
金融服务	260	13.68
软件	263	13.83
生物医药	112	5.89
文化创意	83	4.37
新材料	237	12.47
新能源	153	8.05
信息技术	320	16.83
专业技术服务	272	14.31
总体	1901	100.00

该期调查创业企业主要来自6个城市(见表1-2)。

表1-2 2016年样本的区域分布

区域	有效问卷(份)	比重(%)
北京市	659	34.67
杭州市	294	15.47
上海市	352	18.52
深圳市	261	13.73
武汉市	209	10.99
西安市	126	6.63
总体	1901	100.00

2018年的调查共收到有效问卷4004份(见表1-3),其中信息技术和软件行业最多,有效问卷数分别为1083份和845份,合计占比接近一半,达48.15%,节能环保、新能源、新材料相对偏少,有效问卷数分别为56份、58份和41份,占比均不到2%。样本的区域分布中(见表1-4),北京市样本数量最多,武汉市和西安市样本相对较少,这一方面与样本库有关,另一方面也反映了我国创业企业的区域分布情况。

表1-3 2018年样本的行业分布

行业	有效问卷数(份)	比重(%)
信息技术	1083	27.05
软件	845	21.10
节能环保	56	1.40
高端装备制造	304	7.59
新能源	58	1.45
新材料	41	1.02
生物医药	311	7.77

续表

行业	有效问卷数(份)	比重(%)
文化创意	447	11.16
金融服务	508	12.69
专业技术服务	261	6.52
现代农业	90	2.25
总体	4004	100.00

表 1-4　2018 年样本的区域分布

区域	有效问卷数(份)	比重(%)
上海市	974	24.33
北京市	1287	32.14
深圳市	810	20.23
杭州市	441	11.01
武汉市	309	7.72
西安市	183	4.57
总体	4004	100.00

2018 年调查的 4004 家创业企业的资产规模和员工规模情况如表 1-5、表 1-6 所示。

表 1-5　2018 年样本的资产分布

资产规模(元)	企业数量(家)	比重(%)
50 万以下	117	2.92
50 万—300 万以下	805	20.10
300 万—1000 万以下	1694	42.31
1000 万—2000 万以下	567	14.16
2000 万及以上	821	20.50
总体	4004	100.00

表 1-6　2018 年样本的员工人数分布

员工规模(人)	企业数量(家)	比重(%)
10 以下	791	19.76
10—20 以下	715	17.86
20—100 以下	2326	58.09
100—300 以下	132	3.30
300 及以上	40	1.00
总体	4004	100.00

2019 年的调查共收到有效问卷 3114 份。问卷的行业分布中(见表 1-7),信息技术和专业技术服务最多,有效问卷数分别为 892 份和 956 份,合计占比接近六成,达 59.34%,新能源和现代农业相对偏少,有效问卷数分别为 40 份和 47 份,占比均不到 2%。样本的区域分布方面,2019 年,在上两期调研的 6 个城市的基础上,新增加了广州市、成都市、长春市、郑州市 4 个城市,该期共在 10 个城市展开调查。调查的区域分布方面,如表 1-8 所示,北京市样本数量最多,武汉市、西安市和长春市样本相对较少,这一方面与样本库有关,另一方面也反映了我国创业企业的区域分布情况。

表 1-7　2019 年样本的行业分布

行业	有效问卷数(份)	比重(%)
信息技术	892	28.64
软件	367	11.79
节能环保	75	2.41
高端装备制造	106	3.40
新能源	40	1.28
新材料	80	2.57

续表

行业	有效问卷数(份)	比重(%)
生物医药	139	4.46
文化创意	292	9.38
金融服务	120	3.85
专业技术服务	956	30.70
现代农业	47	1.51
总体	3114	100.00

表 1-8　2019 年样本的区域分布

区域	有效问卷数(份)	比重(%)
北京市	674	21.64
上海市	448	14.39
广州市	311	9.99
深圳市	470	15.09
杭州市	300	9.63
西安市	179	5.75
武汉市	179	5.75
成都市	216	6.94
长春市	154	4.95
郑州市	183	5.88
总体	3114	100.00

2019 年调查的 3114 家创业企业的资产规模和员工规模情况如表 1-9、表 1-10 所示。

表 1-9　2019 年样本的资产分布

资产规模(元)	企业数量(家)	比重(%)
50 万以下	452	14.52
50 万—300 万以下	743	23.86

续表

资产规模(元)	企业数量(家)	比重(%)
300 万—1000 万以下	889	28. 55
1000 万—2000 万以下	260	8. 35
2000 万及以上	770	24. 73
总体	3114	100. 00

表 1-10　2019 年样本的员工人数分布

员工规模(人)	企业数量(家)	比重(%)
10 以下	1575	50. 58
10—20 以下	751	24. 12
20—100 以下	692	22. 22
100—300 以下	68	2. 18
300 及以上	28	0. 90
总体	3114	100. 00

三、研究思路概述

按照项目设计,本书第二章至第六章在分别从创业者的企业家精神、创业企业的发展环境、创业企业的发展水平、创业企业的创新能力和创业企业的发展潜力五个方面对 2019 年调查的创业企业的情况进行分析的基础上,考虑跟踪企业调查的具体情况以及调查问卷的随机性,对 2016 年、2018 年和 2019 年三期调查的总样本企业进行了整体比较,以期全面地向读者反映我国创业企业的特性与发展规律。第七章重点总结了 500 多家持续跟踪调查企业所呈现的特点,以期更系统地反映我国创新创业企业的成长规律。

第四节　创业的理论基础与研究历程

一、创业的定义

从国外研究来看，“创业”（Entrepreneurship）一词是从企业家或“创业者”（Entrepreneur）一词演化而来，由于创业与企业家概念相关联，因而“Entrepreneurship”一词有了创业的含义。爱尔兰经济学家和金融家理查德·坎蒂隆（Richard Cantillon）于18世纪首次提出了“创业者”（Entrepreneur）一词，自此创业研究开始兴起。1911年，熊彼特最早给出了创业的定义，他将创业视为一个“破坏性”的过程，认为创业是将生产要素按照新的技术进行重新组合的行为，这种新的组合会产生新产品进而促进经济增长。类似地，美国学者德鲁克将创业理解为那些能够创造出具有价值的、与众不同的新东西的活动。朗斯塔特和罗伯特（Ronstadt 和 Robert，1984）①则认为，创业是一个不断实现财富增加的动态过程。赫里斯和彼得斯认为，创业是一个通过自主创造有价值的新产品而得到货币报酬与个人满足的过程，这个过程的实现需要时间和努力的付出以及经济、心理和社会等各种风险的承担。在创业研究中，众多学者关注了创业机会，并将创业视为“一种创业者发现并抓住创业机会的经济活动”，认为创业同时需要有利的机会和有进取心的个体。其中，柯斯纳（Kirzner，1973）②基于熊彼特的创业定义，提出创

---

① Ronstadt，Robert，*Entrepreneurship：Text，Cases and Notes*，Dover，MA：Lord Publishing，1984.

② Kizner，Israel M.，*Competition and Entreperneurship*（1973），University of Chinis at Urbana－Champaign's Academy for Entrepreneurial Leadership tlistorical Rescarch Reference in Entrepreneurship.

业是指具有创新精神的人发现、捕捉经济运行过程中的商业机会并实现盈利的全过程。加特纳(Gartner,1985)①认为,创业是一个以新产品和服务的创造和价值的实现为目的,以追寻创业机会为核心的过程。蒂蒙斯(Timmons,1999)②提出,创业是一个包含思考、推理及行动的复杂过程,它不仅需要创业者自身拥有优秀的领导能力和计划制订能力,还不可避免地要受到创业机会的影响。谢恩和文卡塔拉曼(Shane 和 Venkataraman,2000)③认为,创业是包含机会发现、挖掘与利用在内的一系列过程。埃斯等(Acs 等,2003)④认为,创业是一种个人行为,是创业者利用市场创造的机会将现有的资源、技术和方法进行整合从而创造和培育新企业的过程。

从国内研究来看,"创业"一词在《辞海》中的解释为"创立基业"或"开创建立基业、事业",在《现代汉语词典》中,创业则被定义为"开创""首创",着重突出了创业在突破资源约束方面的特征。国内学者大多是直接采用国外学者的定义,但也有部分学者在借鉴国外学者研究的基础上从创业者、创业过程和创业机会等视角对创业进行了定义。李志能(2001)⑤认为,创业是一个通过发现并利用机会创造出新产品和服务,从而实现其价值的过程。张玉利(2003)⑥认为,创业是高度综合的管理活动,即创业者在有

---

① Gartner, William B., "A Conceptual Framework for Describing the Phenomenon of New Venture Creation", *Academy of Management Review*, Vol.10, No.4, 1985, pp.696-706.

② Timmons, Jeffry A., Stephen Spinelli, Yinglan Tan., *New Venture Creation: Entrepreneurship for the 21st Century*, New York: McGraw-Hill/Irwin, 1999.

③ Shane, Scott, and Sankaran Venkataraman, "The Promise of Entrepreneurship as a Field of Research", *Academy of Management Review*, Vol.25, No.1, 2000, pp.217-226.

④ Acs, Zoltan J., Mary C.Boardman, and Connie L.McNeely., "The Social Value of Productive Entrepreneurship", *Small Business Economics*, Vol.40, No.3, 2003, pp.785-796.

⑤ 李志能:《企业创新——孵化的理论与组织管理》,复旦大学出版社 2001 年版。

⑥ 张玉利:《企业家型企业的创业与快速成长》,南开大学出版社 2003 年版。

限可控资源的条件下，通过感知和抓住机会最终实现新企业生存与成长的市场驱动行为过程。葛建新（2004）①则将创业定义为一种经济活动。具体来说，创业是一种通过新企业的创建和各种经济要素的创新式整合而实现价值创造的经济活动。斯晓夫等（2017）②指出，创业是创业者在资源缺乏的情况下，通过商业机会的发现和识别以及各种资源的组织，提供产品和服务以创造价值的过程。

综合国内外学者的研究，从狭义角度来看，创业是新商业的诞生，是市场参与者根据商业发展状况不断创新产品的行为；而从广义角度来看，创业既是创业主体对创业机会的识别和利用过程，又是一个企业相关要素进行重新组合的创新过程。因此，创业的内涵应至少包含三个关键要素：第一，有进取心的创业主体。有进取心的创业主体是创业活动的基础，创业主体的创业动机是推动创业者实施创业行为的主观理念和意识，是创业活动发生的"启动阀"。第二，创业机会。创业机会是创业活动产生的关键，创业离不开创业者对创业机会的识别与利用，即创业主体基于自身优势发现或创造商业机会以及管理创业企业的过程。第三，创新过程。创新和创业是相辅相成的，二者无法割裂，创新是创业的手段和基础，而创业是创新的载体，特定领域的创业行为必然伴随着创新，因而创业往往也是一个创新的过程。

二、创业的理论基础

创业现象或创业行为是人类较早的实践活动之一，有学者考

① 葛建新：《创业学》，清华大学出版社 2004 年版。

② 斯晓夫、钟筱彤、罗慧颖等：《如何通过创业来减少贫穷：理论与实践模式》，《研究与发展管理》2017 年第 6 期。

证，最早对创业现象的研究开始于18世纪中期的西方，但对创业较为广泛的关注与研究则在20世纪初期熊彼特的创新理论提出后。熊彼特认为，企业家精神是创造新的生产和产品组合，打破原有均衡的重要原因，由此，企业家精神开始成为创业研究的热点话题。后来的研究者先后从经济学、心理学、社会学等不同的学科和角度探讨创业者所具备的企业家精神，形成了以创业者特质理论为代表的理论派别。20世纪80年代开始，从研究对象和学者的相对稳定性来看，创业开始成为一个公认的学术研究领域。自20世纪80年代末开始，学者们的研究重点逐渐由企业家精神转向创业过程和创业本质，由此产生了创业胜任力理论、创业机会理论和创业知识外溢理论等。创业理论对未来经济发展的指导作用非常重要，随着学者们对创业研究的不断深入，创业理论的研究范围也日益扩大。从创业研究的整体来看，学者们对创业的研究已经从静态的讨论向创业机会、创业环境等要素的相互作用过渡。这一节，我们主要介绍与创业相关的主流理论。考虑到创新和创业是相辅相成的，二者无法割裂，创新是创业的手段和基础，而创业是创新的载体，我们首先对与创新相关的理论进行介绍，然后介绍与创业相关的理论。

（一）创新理论

1. 熊彼特创新理论

熊彼特的创新理论提出于其《经济发展理论》一书中①，该书

① Schumpeter, J.A., 1934(2008), *The Theory of Economic Development: An Inquiry into Profits, Capital, Credit, Interest and the Business Cycle*, Translatedfrom the German by Redvers Opie, New Brunswick(U.S.A) and London(U.K.): Transaction Publishers.

基于破坏性理论建立了动态的、以创新为特色的经济发展理论，该理论弥补了传统新古典增长理论的不足，阐释了经济持续增长的动力和不同时期经济增长率的差异，对传统的经济理论形成了巨大的挑战。首先，熊彼特对经济增长与经济发展的本质区别进行了深入的剖析。他指出，由增加要素投入所带来的经济总量的增加和经济指标的改善只是粗放式的经济增长，不属于经济发展，只有由可以创造新价值的技术进步和创新所带来的经济总量的增加和经济指标的改善才能被称为经济发展，因此，经济增长与经济发展的本质区别在于创新。

其次，熊彼特认为创新区别于以前任何生产方式的地方在于它是企业生产过程中具有"革命性"的内生变量，由此创新具有一定的"破坏性"，从而提出了创造性破坏理论。该理论提出，与传统的静态经济循环流不符，经济发展过程中会出现非连续的变化，经济循环流转由不均衡走向均衡的过程就是创新发生作用的过程，因此创新是经济发展的本质。创新产生的新生产力组合不仅可以破坏现有的经济均衡，还可以在一段时间后促使经济又逐渐恢复至均衡状态。创新源于竞争，企业家在竞争过程中为获取经济利润而进行的技术改造是其发展的动力。创新一方面可以通过竞争淘汰旧的技术和生产体系，破坏旧的资本和企业；另一方面又可以创造新的技术和生产体系，形成新的资本与企业，从而促进经济波动式的增长。熊彼特在其著作《经济发展理论》中提出了创新的五种方式：一是研发一种崭新的产品；二是采用一种新的工艺生产原有产品；三是开发一个新的市场；四是控制可以用来生产原有产品的新材料；五是采用新的组织管理制度。

最后,熊彼特还对“经理”和“企业家”在经济发展过程中的作用进行了对比分析。他认为“经理”和“企业家”之间最大的差异就在于能否创造新的生产组合,其中,“经理”是指通过合理组合社会中的各种生产要素而进行生产活动的人,而“企业家”则是在原有生产要素组合的基础上通过创新产生新的生产组合的人。“经理”和“企业家”不是一成不变的,二者可以互相转化,如果“经理”通过创新在原有生产组合的基础上又创造了新的生产组合,那么“经理”就会变成“企业家”,而“企业家”如果不进行创新,只是按照原有的生产组合进行生产,那么他也可能变成“经理”。熊彼特认为,“企业家”是社会中的稀缺人才,他们可以突破主观思维、顽固势力和社会环境等阻碍,通过创造新的生产模式和生产组合而获得超额利润。“企业家”都是以一种非连续、偶然、成群的形式出现,如果“企业家”的创新生产模式被其他生产者关注并在其基础上继续进行创新,就会形成“企业家”集群现象,企业家集群的交替出现就是经济波动的根本原因。

2. 创新驱动理论

创新驱动理论最早是由美国的管理学家迈克尔·波特在其1990年发表的论文《国家竞争优势》[①]中提出的。迈克尔·波特根据国家的发展历程与不同的驱动因素创造性地将一国的经济发展分为四个阶段:第一个阶段是生产要素驱动阶段,在这一阶段,一国的经济增长主要依靠资本、劳动和土地等生产要素的投入;第二个阶段是投资驱动阶段,在这一阶段,一国的经济增长主要依靠低消费率和高投资率所形成的大规模投资;第三个阶段是创新驱

① Porter, M.E., “The Competitive Advantage of Nations”, Harvard Business Review 68, No.2, March-April 1990, pp.73-93.

动阶段，在这一阶段，一国的经济增长主要依靠自主研发、设计、生产及创造知识，是推动经济增长的引擎阶段；第四个阶段是财富驱动阶段，在这一阶段，一国逐步由实业投资向金融投资转变，经济增长主要依靠以国家已积累起来的财富所进行的金融投资。这四个阶段是由低至高逐步发展的，其中，生产要素驱动阶段和投资驱动阶段为粗放型的发展模式，而创新驱动阶段和财富驱动阶段则为集约型的发展模式，创新驱动阶段是一国经济发展的核心阶段。

创新驱动阶段是在要素驱动阶段和投资驱动阶段之后的，经济发展中一个更为高级的阶段。波特指出，在这一发展阶段，企业创新是驱动经济发展的主导力量，经济发展中的技术水平和生产效率较之前的发展阶段有明显的提升。创新驱动的核心是科技创新。科技创新的来源包括主动的研发活动和对外来技术的引进、吸收与再创新。此时，一国的竞争优势开始由主要依靠劳动力、资本和土地等基本生产要素的大规模投入和资本的大规模扩张转向主要依靠企业的科技创新，比起投入规模的扩张，这一阶段更加强调基于先进技术的生产效率的提升，国家竞争的焦点也逐步转移至技术与产品差异。产品竞争依赖于国家和企业的技术创新意愿和能力。此时，钻石体系在许多产业中得以体现，关键要素自身的作用以及要素之间的相互作用均可以得到充分的发挥，在此背景下，技术密集型产业开始逐步替代资源和资本密集型产业成为一国的优势产业。除提升生产效率之外，创新驱动更为核心的内容是对知识、人才以及制度等无形要素进行重新组合，形成支持科技创新的体制机制，加速科技成果向现实生产力的转化，从而形成新的经济增长动力。

（二）创业理论

1.创业者特质理论

创业者特质学派诞生于20世纪50年代至80年代。创业者特质学派源于熊彼特的创新理论，他们认为创业者的个人特质是其能否取得创业成功最为关键的因素（张玉利和杨俊，2009）。[①]创业者和非创业者之间在心理素质、风险承担偏好、天赋、成功欲望等个人特质方面存在不同，具有更好的心理素质、更高的风险承担偏好、更高的天赋或更强成功欲望的创业者更有可能获得创业成功。因此，创业特质学者们的研究重点在于创业者和非创业者在心理素质、风险承担偏好、天赋、成功欲望等个人特质上是否存在显著差异。在相当长的一段时期内，创业者特质论的观点都处于创业研究的中心位置，研究者将创业视为是只有少数人才能从事的天才性活动，重点关注了哪些人可以成为创业者，尝试识别并总结创业者与普通大众，以及创业企业与成熟企业之间的差异。尽管创业者与普通大众之间、创业企业与成熟企业间确实存在差异，但是这种差异也同样存在于创业者之间以及创业企业之间（Bhide，1992）[②]。因此，加特纳（1985）[③]认为，由于创业者特质理论没有形成对创业者的统一定义，样本选择标准众多，据此识别出的创业者特质只是普通大众的一般性特征，并不能揭示创业的本

① 张玉利、杨俊：《试论创业研究的学术贡献及其应用》，《外国经济与管理》2009年第1期。

② Bhide，Amar，“Bootstrap Finance：The Art of Start-Ups”，*Harvard Business Review*，Vol.70，No.6，1992，pp.109-117.

③ Gartner，William B.，“A Conceptual Framework for Describing the Phenomenon of New Venture Creation”，*Academy of Management Review*，Vol.10，No.4，1985，pp.696-706.

质，研究者并不能总结出成功创业者之间或创业企业之间所拥有的一般性特征。

2. 创业者资源禀赋理论

由于一些学者研究发现创业者特质并不能显著影响创业者的创业决策（Gartner，1985[①]；Sexton 和 Bowman，1985[②]），在创业者特质理论之后又产生了创业者资源禀赋理论。该理论认为，创业的前提是匮乏的资源条件，因而，作为创业的关键资源，创业者的资源禀赋在创业过程中具有重要作用，可能会影响创业者在创业过程中的行为特征以及创业企业的资源结构（杨俊和张玉利，2004）。[③] 菲尔金（Firkin，2001）[④]基于国际贸易理论中资源禀赋的概念对创业者资源禀赋的内容进行了界定，认为创业者的资源禀赋应包括经济资本、人力资本和社会资本三个部分，其中，经济资本是各种财务资产的总和，包括创业者可以直接变现的存款和有价证券等；人力资本分为一般人力资本与特殊人力资本两种，一般人力资本强调创业者的教育状况、工作经历及个体特质，而特殊人力资本是指与特定行业相关的知识和技能，包括产业人力资本与创业人力资本；社会资本是一种源于所处社会网络的信息和资源优势，它与创业者所处网络关系的结构和特征密切相关。杨俊和张玉利（2004）[⑤]肯定了菲

---

① Gartner, William B., "A Conceptual Framework for Describing the Phenomenon of New Venture Creation", *Academy of Management Review*, Vol.10, No.4, 1985, pp.696-706.

② Sexton, Donald L., Nancy Bowman, "The Entrepreneur: A Capable Executive and More", *Journal of Business Venturing*, Vol.1, No.1, 1985, pp.129-140.

③ 杨俊、张玉利：《基于企业家资源禀赋的创业行为过程分析》，《外国经济与管理》2004年第2期。

④ Firkin, Patrick, *Entrepreneurial Capital: A Resource - Based Conceptualisation of the Entrepreneurial Process*, Labour Market Dynamics Research Programme, Massey University, 2001.

⑤ 杨俊、张玉利：《基于企业家资源禀赋的创业行为过程分析》，《外国经济与管理》2004年第2期。

尔金的观点,并利用创业者资源禀赋理论进一步对创业行为进行了研究。研究表明,除了创业机会,创业行为与创业者资源禀赋的变化密切相关,创业行为不同的核心在于创业者不同的资源禀赋。彭华涛和谢科范(2005)[①]则研究了创业者资源禀赋与资本积聚、机会认知和创业决策的关系,研究同样发现创业者资源禀赋具有重要意义。崔祥民和梅强(2010)[②]进一步丰富了菲尔金提出的企业家资源禀赋内容,构建了包含心理资本、人力资本与社会资本在内的创业者资源禀赋评价指标体系,为创业投资决策提供了重要依据。创业者资源禀赋理论较创业者特质理论更加全面地反映了创业者的特质和能力,有利于更为深入地挖掘创业行为的规律。

3. 创业胜任力理论

加特纳早在 1988 年就提出,创业研究的重点应是创业者的行为而不是创业者的特质。这一观点得到许多研究者的认同(Low 和 Macmillan,1988[③];Shaver 和 Scott,1992[④]),此后,创业学者逐渐将关注从创业者特质转变为创业者行为上。一些学者基于创业管理的实践,基于前期与创业者相关的理论提出了创业胜任力的概念。钱德勒和汉克斯(Chandler 和 Hanks,1994)[⑤]最早界定了创业胜任力的概念,认为创业胜任力是一种发现、预判并捕获机会的能

① 彭华涛、谢科范:《创业社会网络的概念界定及拓展分析》,《学术论坛》2005 年第 2 期。

② 崔祥民、梅强:《基于创业投资视角的创业企业家资源禀赋模糊综合评》,《科技进步与对策》2010 年第 9 期。

③ Low, Murray B., Ian C. MacMillan, "Entrepreneurship: Past Research and Future Challenges", *Journal of Management*, Vol.14, No.2, 1988, pp.139-161.

④ Shaver, Kelly G., Linda R.Scott, "Person, Process, Choice: The Psychology of New Venture Creation", *Entrepreneurship Theory and Practice*, Vol.16, No.2, 1992, pp.23-46.

⑤ Chandler, Gaylen N., Steven H.Hanks, "Founder Competence, the Environment, and Venture Performance", *Entrepreneurship Theory and Practice*, Vol.18, No.3, 1994, pp.77-89.

力。与创业者特质不同，创业胜任力是包含了创业者个人特质、技能和知识的综合特征。伯德（Bird，1998）[①]认为，创业胜任力不是创业者内在的心理特质，而是创业者可以被外界观察到的行为特征，与此同时，创业胜任力也不是一成不变的，可以通过学习获得。曼等（Man 等，2002）[②]进一步提出了创业胜任力的结构模型，该模型认为，创业胜任力包含机会、关系、概念、组织、战略、承诺六种胜任力。张炜和王重鸣（2007）[③]又进一步在曼等研究的基础上补充了情绪和学习两种胜任力。冯华和杜红（2005）[④]认为，创业胜任力表现为创业过程中的一种综合能力。具体来说，包括识别和捕获机会以及获取和整合资源的能力。艾哈迈德（Ahmad，2007）[⑤]在曼等研究基础上又增加了学习、个人和技术 3 种胜任力。与创业者特质理论和创业者资源禀赋理论相比，创业胜任力理论从行为层面出发剖析创业者的特征，可以更好地反映创业者的综合素质。

4. 创业认知理论

创业胜任力理论等对创业行为过程的研究认为在特定创业阶段采取相应的行为过程会更容易取得创业的成功，从而有助于对创业过程进行阶段的划分，更好地概括和总结创业活动的特征。

---

① Bird，Barbara J.，G. Page West III.，"Time and Entrepreneurship"，*Entrepreneurship Theory and Practice*，Vol.22，No.2，1998，pp.5-9.

② Man，Thomas W.Y.，Theresa Lau，and K.F.Chan，"The Competitiveness of Small and Medium Enterprises：A Conceptualization with Focus on Entrepreneurial Competencies"，*Journal of Business Venturing*，Vol.17，No.2，2002，pp.123-142.

③ 张炜、王重鸣：《高技术企业智力资本形成机制的实证研究》，《科学学研究》2007 年第 4 期。

④ 冯华、杜红：《创业胜任力特征与创业绩效的关系分析》，《技术经济与管理研究》2005 年第 6 期。

⑤ Ahmad，Noor Hazlina，*A Cross Cultural Study of Entrepreneurial Competencies and Entrepreneurial Success in SMEs in Australia and Malaysia*，Diss，2007.

但是,创业者的行为在实践过程中往往是不固定的,而且没有规律可循,存在一定的突变性,即使是行为相似,结果也可能大相径庭,因此,创业过程研究领域的成果在解释和预测创业现象上的效果并不尽如人意(Moroz 和 Hindle,2012)。[①] 为此,近年来,创业研究开始逐步由对创业者行为的关注转到研究创业者在认知和思维方面的特征及其对创业者创业行为的影响,这被称为创业研究的认知学派(Mitchell 等,2004[②];2007[③])。创业认知学派认为,创业活动的特殊性并不在于外层的创业者行为过程,而是在独特创业情境下,创业者深层的认知和思维过程(Venkataraman 等,2012)。[④] 由于创业过程存在较大的不确定性,创业者的认知和思维在时间和资源的约束条件下会表现出一定的突发性,从而影响创业决策过程(杨俊等,2015)。[⑤] 研究指出,虽然成功创业者的表层创业行为在不确定的创业环境下存在很大的差异性,但创业者的深层认知和思维模式却具有一定的共性,即他们均能在不确定的环境下表现出良好的认知和思维能力(Sarasvathy,2004)。[⑥] 伯德等(Bird

① Moroz, Peter W., Kevin Hindle, "Entrepreneurship as a Process: Toward Harmonizing Multiple Perspectives", *Entrepreneurship Theory and Practice*, Vol.36, No.4, 2012, pp.781-818.

② Mitchell, Ronald K., et al., "The Distinctive and Inclusive Domain of Entrepreneurial Cognition Research", *Entrepreneurship Theory and Practice*, Vol.28, No.6, 2004, pp.505-518.

③ Mitchell, Ronald K., et al., "The Central Question in Entrepreneurial Cognition Research 2007", *Entrepreneurship Theory and Practice*, Vol.31, No.1, 2007, pp.1-27.

④ Venkataraman, Sankaran, et al., "Reflections on the 2010 AMR Decade Award: Whither the Promise? Moving Forward with Entrepreneurship as a Science of the Artificial", *Academy of Management Review*, Vol.31, No.7, 2012, pp.21-33.

⑤ 杨俊、张玉利、刘依冉:《创业认知研究综述与开展中国情境化研究的建议》,《管理世界》2015 年第 9 期。

⑥ Sarasvathy, Saras D., "Making it Happen: Beyond Theories of the Firm to Theories of Firm Design", *Entrepreneurship Theory and Practice*, Vol.28, No.6, 2004, pp.519-531.

等,2012)[①]进一步指出,我们所能观察到的仅是创业者表现出的表层行为,但外在的行为会受到内在不可见的认识和思维的深刻影响。因此,创业认知学派注重从“情境—思维—行为”的逻辑入手,从更深层面剖析“情境如何通过影响创业者的认知和思维影响创业者的决策过程,从而影响创业者不同的行为过程”这一问题(Mitchell 等,2007)。[②]

5. 创业机会理论

从创业活动的过程出发,部分研究者认为相较于创业者,创业机会对于创业活动更为重要,并认为创业的本质就是一个识别、捕获创业机会并将其转化成为市场价值的过程,基于此,创业机会学派诞生。自此,创业研究对于创业者的关注开始逐步转向对创业机会的关注。创业机会学派认为,创业是一种偶然的、暂时的社会现象,创业者的个体特质并不能很好地解释创业活动(Baumol,1996[③];朱仁宏,2004[④]),而创业机会才是创业活动成功的关键因素。因此,相较于创业者的个人特质,识别和利用创业机会在创业过程中具有更加突出的意义。辛格(Singh,2001)[⑤]认为,一直以来创业研究的边界并不清晰,具有独特意义的核心变量缺乏,创业机

---

① Bird, Barbara, Leon Schjoedt, and J. Robert Baum, "Editor's Introduction. Entrepreneurs' Behavior: Elucidation and Measurement", *Entrepreneurship Theory and Practice*, Vol.36, No.5, 2012, pp.889-913.

② Mitchell, Ronald K., et al., "The Central Question in Entrepreneurial Cognition Research 2007", *Entrepreneurship Theory and Practice*, Vol.31, No.1, 2007, pp.1-27.

③ Baumol, William J., "Entrepreneurship: Productive, Unproductive, and Destructive", *Journal of Business Venturing*, Vol.11, No.1, 1996, pp.3-22.

④ 朱仁宏:《创业研究前沿理论探讨——定义、概念框架与研究边界》,《管理科学》2004年第4期。

⑤ Singh, Robert P., "A Comment on Developing the Field of Entrepreneurship through the Study of Opportunity Recognition and Exploitation", *Academy of Management Review*, Vol.26, No.1, 2001, pp.10-12.

会理论关注了识别和利用创业机会的重要性，从而使得创业机会成为创业研究中的核心变量。创业机会理论产生于经济的非均衡性，在经济非均衡和经济人非完全理性的情况下，资源无法实现最优配置，此时，识别机会、利用机会、整合资源可以使资源达到最优配置，从而成为创业的核心（邓强，2009）[①]，因此，机会在创业研究中具有重要地位。谢恩和文卡塔拉曼是创业研究领域的著名学者，他们提出的机会视角下的创业研究框架对创业理论和实践的发展都具有重要的意义。谢恩和文卡塔拉曼（2000）[②]认为，对创业机会的研究是创业研究的关键领域，创业机会不仅是创业活动的开端，它还贯穿于创业活动的整个过程，是创业活动的核心。在对创业机会的相关问题进行总结和梳理的基础上，他们提出了创业者—机会耦合分析框架，基于最初的个体和背景两维度进一步引入了机会维度，构建了创业研究的三维框架。这一框架较为全面地概括了创业机会的内容，阐述了从机会存在到发现再到利用的创业全过程，清晰地揭示了创业的机制，产生了广泛而深远的影响。自此，创业机会研究开始成为创业研究的主流，后续学者大多数沿着他们的问题展开研究。

6. 创业知识外溢理论

创业知识外溢理论是罗默的知识外溢理论的衍生和拓展，这一理论主要关注了创业活动对经济增长的影响。根据创业机会理论，创业机会是创业的核心，创业就是一个机会的识别和利用过程，而知识和决策在创业机会的发现和利用中又具有重要的作用。

① 邓强：《创业与经济增长理论评述及启示》，《生产力研究》2009 年第 1 期。

② Shane, Scott, Sankaran Venkataraman, "The Promise of Entrepreneurship as a Field of Research", *Academy of Management Review*, Vol.25, No.1, 2000, pp.217-226.

一方面，知识是创业机会的重要来源，那些没有被商业化或还没有被彻底商业化的、在已经存在的企业中被创造出来的知识可以带来创业机会（Audretsch 和 Keilbach，2007）①；另一方面，创业又是知识溢出的重要机制，创业活动中所包含的新知识可以通过创业这一途径实现商业化，从而在更大范围内进行溢出（Varga 和 Schalk，2004②；Acs 和 Plummer，2005③；Acs 等，2016④）。创业主要通过以下三种形式实现知识的溢出：一是创业者独自创业，通过成立新的企业组织实现新知识的商业化开发；二是雇员离开原公司，成立自己的新企业，利用自身原有的工作经验和新知识实现由雇员到企业家的蜕变；三是科研人员离开大学或科研机构创立自己的企业，将自己的研究成果商业化，获得经济价值。企业为了获得最大的经济利益，往往会积极地进行研发和专利申请，并进行商业化运作。但知识在研发和创业之间的分配会带来不同的经济利益，在这一分配过程中，创业者会比较自身是创业者和雇员两种情况下所带来的预期净回报的差异，这两类净回报的差异是劳动者选择创业还是作为雇员进行研发的主要依据。创业活动是将知识和技术转化为商业价值的重要机制，创业活动能够将企业自身没有激励机制的新知识转化为具有激励机制的企业内部发展动力，从而使技术创新和知识外溢成为经济增长的重要驱动力。

---

① Audretsch，David B.，Max Keilbach，"The Theory of Knowledge Spillover Entrepreneurship"，*Journal of Management Studies*，Vol.44，No.7，2007，pp.1242-1254.

② Varga，Attila，Hans Schalk，"Knowledge Spillovers，Agglomeration and Macroeconomic Growth：An Empirical Approach"，*Regional Studies*，Vol.38，No.8，2004，pp.977-989.

③ Acs，Zoltan J.，Lawrence A. Plummer，"Penetrating the 'Knowledge Filter' in Regional Economies"，*The Annals of Regional Science*，Vol.39，No.3，2005，pp.439-456.

④ Acs，Zoltán J.，et al.，"National Systems of Entrepreneurship"，*Small Business Economics*，Vol.46，No.4，2016，pp.527-535.

三、中国创业研究历程[①]

新中国成立70年不断创造伟大奇迹的发展史就是一部波澜壮阔的创业史。在中国从计划经济走向社会主义市场经济的过程中，随着社会、经济、科技和政策环境的不断变迁，中国经历了四波创业浪潮，目前正处于第五波创业浪潮之中。在此过程中，创业研究吸引了越来越多的学者关注。实践是理论之源，相应于五次创业浪潮，中国创业研究历程也可划分为五个阶段：1949—1978年的计划经济创业研究阶段，1978—1992年的市场经济初期的创业研究阶段，1992—2000年的以知识分子为主的创业研究阶段，2000—2014年的互联网创业研究阶段，2014年至今的大众创业研究阶段。不同的创业阶段有着不同的时代背景，拥有不同的创业特征，学界也对之展开了相应的创业研究。

在新中国成立初期到改革开放之前，中国处于计划经济时代，当时强调发展社会主义公有制经济，对非公有制经济采取逐步取消的态度。此阶段创业研究论文较少，学界在创业理论研究方面几乎为空白，主要集中于对创业历程、创业经验、“大寨精神”和“大庆精神”的研究（郑思世，1975[②]；中共南京凤凰山铁矿委员会，1978[③]）。

改革开放后，随着个体经济和私营经济在政治上尤其是在法律上合法地位的先后确立，以及鼓励个体经济和私营经济发展政策的相继出台，中国缓慢进入了逐渐认可“个体经济”和“私

① 朱承亮、雷家骕：《中国创业研究70年：回顾与展望》，《中国软科学》2020年第1期。

② 郑思世：《用大寨精神实现农业机械化——学习〈关于农业合作化问题〉的体会》，《北京师范大学学报（社会科学版）》1975年第6期。

③ 中共南京凤凰山铁矿委员会：《靠大庆精神创业，加快新矿山建设》，《金属矿山》1978年第1期。

营经济”的创业时代。在这一阶段，成千上万的农民离开土地，踊跃务工、经商，经营运输、建筑、服务等行业，逐渐形成以能人经商、城市边缘人群和农民创办乡镇企业、城镇个体户和私营企业得以发展为特征的浪潮。在这一创业阶段，学界的创业研究有所增加，主要聚焦于个体户（时宪民，1992）[①]、私营经济（龚诗庆，1992）[②]和乡镇企业（卢新生，1992）[③]的研究。此阶段，一些学者对这一阶段创业的行为特征、现状问题、政策建议等进行了分析。但相应的创业理论研究十分欠缺，主要以创业经验（赵北望和杨仑，1989）[④]和创业精神（肖灼基，1989）[⑤]等创业者特质研究为主。

1992 年邓小平南方谈话之后，中国开始建设社会主义市场经济。此后，非公有制经济从“必要补充”变成了“重要组成部分”，其地位得到了进一步确立和巩固。在此背景下，不少体制内的知识分子（科技人员和机关干部）下海经商，开创了中国以知识分子创业为主要特征的创业浪潮。与前两个阶段相比，该阶段学界的创业研究成果呈现快速增长态势，主要聚焦于创业投资（沈沛，2000）[⑥]、二次创业、企业家精神、创业过程等领域研究。其中，在创业投资研究方面，主要关注风险控制（司春林和王善造，2000）[⑦]、投

① 时宪民：《北京市个体户的发展历程及类别分化——北京西城区个体化研究》，《中国社会科学》1992 年第 5 期。

② 龚诗庆：《浅析我国现阶段私营企业的几个特点》，《理论与改革》1992 年第 4 期。

③ 卢新生：《乡镇企业的行为特征及宏观调控政策研究》，《人文杂志》1992 年第 6 期。

④ 赵北望、杨仑：《艰苦创业　开拓奋进——北方车辆研究所 30 年》，《科学学与科学技术管理》1989 年第 11 期。

⑤ 肖灼基：《中国科技企业家的创业精神——北京中关村电子一条街企业家的成长》，《中国工业经济》1989 年第 3 期。

⑥ 沈沛：《创业投资事业的发展与现代投资银行的作用》，《经济研究》2000 年第 12 期。

⑦ 司春林、王善造：《创业投资过程的风险控制》，《研究与发展管理》2000 年第 5 期。

资模式[创业(风险)资本研究课题组,1999][1]、体制机制建设(刘健钧,1999)[2]、政府作用(黄宪等,2000)[3]、国外经验借鉴(张小蒂,1999)[4]等。此外,针对一次创业存在的问题,民营企业提出了"二次创业"概念,一些研究对此进行了深入分析(刘芳震,1999[5];王如富和陈劲,1999[6])。还有不少研究聚焦于高技术产业发展研究(肖汉平,1998)。[7]

2001年中国加入世界贸易组织后,随着互联网技术、风险投资的发展,以互联网技术发展和应用为特征的创业掀起了中国又一波创业浪潮。其间,百度、阿里巴巴、新浪、搜狐、腾讯、网易、京东等企业成立并成长,深刻地影响着中国的经济结构和人们的生活方式。在互联网创业阶段,创业研究在中国得到了蓬勃发展,创业研究文献数量持续增加。在创业理论方面,学界不仅吸收借鉴国外的创业理论,也不断探索和构建基于中国情境的创业研究框架。在分析层次方面,不仅关注个体和企业微观层面的创业,还涉及产业中观层面以及区域、国家、社会宏观层面的创业。

2014年中国经济进入新常态,大众创业、万众创新成为推动经济结构调整、打造发展新引擎、增强发展新动力的重要抓手和突

---

① 创业(风险)资本研究课题组:《中国创业投资发展模式选择》,《中国工业经济》1999年第12期。

② 刘健钧:《正确认识创业资本,努力推进创业投资体制建设》,《管理世界》1999年第4期。

③ 黄宪等:《政府对创业投资的扶植分析》,《中国软科学》2000年第2期。

④ 张小蒂:《美国创业投资业成功运作的主要因素及启示》,《金融研究》1999年第9期。

⑤ 刘芳震:《浅谈乡镇企业二次创业的困难、问题及对策》,《中国农村经济》1999年第5期。

⑥ 王如富、陈劲:《陈劲:民营企业二次创业初探》,《中国软科学》1999年第6期。

⑦ 肖汉平:《风险投资、创业基金与高科技产业发展》,《经济科学》1998年第4期。

破口。中央和地方各级政府从企业登记、“孵化器”、风险投资、融资、税收等多个方面出台了诸多鼓励政策，创业者如雨后春笋般涌现。在大众创业阶段，中国迎来了创业的春天，学界也迎来了创业研究的春天。此阶段，创业研究文献呈现爆发式增长。在理论研究方面，越来越多的学者关注中国情境下创业研究的理论框架研究；在实证研究方面，除了对创业过程和机制的计量检验分析，还出现了对创业政策（吴翌琳和黄筝，2018）[①]的定量评估研究。从研究主题看，主要聚焦于大众创业、创业商业模式、创业服务体系、众创空间、创业社会关系网络、创业生态系统、创业政策等领域。

通过对中国创业研究历程的梳理可以发现，虽然各阶段创业特征相异、创业研究主题相对多元，但从其中能够较为清晰地看到中国创业研究主题的变迁。在计划经济创业阶段和市场经济开放初期创业阶段，创业研究主要关注创业者特质研究，即怎样才能成为创业者。在以知识分子为主创业阶段，创业研究主要关注创业过程及要素研究，即怎样才能创办新企业。在互联网创业阶段和大众创业阶段，创业研究主要关注创业机会识别、创业活动及其内在联系、创业企业成长路径研究，即什么才是创业过程的内在机理。此外，创业研究主题还呈现从个体创业延伸至公司创业；从创业活动本身扩展至创业活动环境；从宏观层面关注创业经济功能转换到微观层面提炼创业规律。总体而言，纵观新中国成立 70 年来中国创业研究的发展脉络可以发现，创业研究已经从简单描述创业过程逐渐发展到深入揭示创业过程的内在机理，更加重视创

① 吴翌琳、黄筝：《基于倾向得分匹配法的创业政策实证研究——以财税政策评估为例》，《宏观经济研究》2018 年第 9 期。

业现象的研究(张玉利和杨俊,2009)①,但机会识别与开发和创业企业生成一直是创业研究的核心主题。

① 张玉利、杨俊:《试论创业研究的学术贡献及其应用》,《外国经济与管理》2009年第1期。

第二章　创业者的企业家精神调查

企业家精神是指企业家组织建立和经营管理企业的综合才能的表述方式，它是一种重要而特殊的无形生产要素，是就业、创新和经济增长的驱动力。企业家精神包括创新、冒险、合作、敬业、学习、宽容等。本部分从创业者基本特征、创业者前瞻性和员工主人翁意识程度等方面分析初创企业的企业家精神。

本章对 2016 年、2018 年及 2019 年关于企业家精神的三次调查结果进行分析，创业企业的企业家精神从创业者的基本特征、创业者的前瞻性、员工主人翁意识程度方面进行综合对比分析。因三次调查过程中，问卷问题有适度变化与修改，本章仅就可比的问题间的情形进行对比分析。对于 2016 年未调查，而 2018 年、2019 年新增的调查问题，仅就 2018 年与 2019 年的情景进行对比分析。

第一节　创业者的基本特征

本部分从创业者的个人特征、家庭背景、教育和工作背景、社会活动等方面分析2016年、2018年与2019年调查企业家的基本特征。

一、个人特征

创业者的个人特征包括性别、年龄、出生地和性格特征，该调查从多方面、多维度探知创业者的个人特征。

（一）创业者的性别构成

对于创业者性别构成，2016年、2018年与2019年调查中创业者均是以男性为主，2019年女性增长幅度较大。2016年，男性占比接近八成，2018年男性占比超过八成，而2019年男性占比降至七成，女性创业者占比有明显提升，北京市和深圳市的女性创业者超过三成，不同行业的男女构成略有不同。整体来说，创业城市性别构成变化不大，依旧以男性为主，但是各大城市中的女性创业者逐渐开始活跃，尤其是经济、文化较为发达的城市。

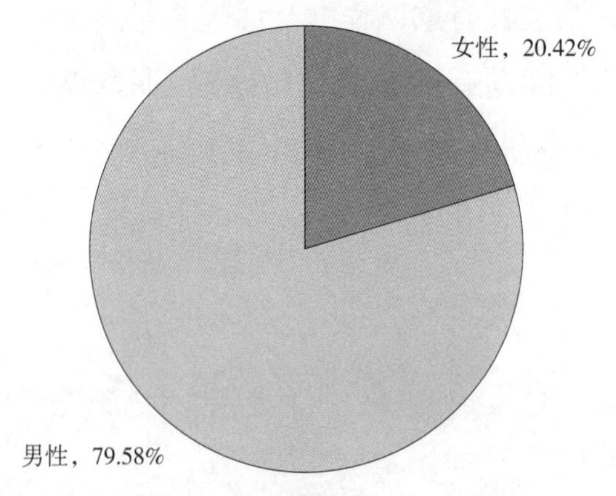

图2-1 2016年创业者性别构成

表 2-1　2016 年按行业分创业者的性别构成　（单位:%）

行业	女	男
生物医药	24. 15	75. 85
文化创意	25. 32	74. 68
金融服务	17. 16	82. 84
节能环保	17. 50	82. 50
高端装备制造	19. 92	80. 08
新能源	27. 45	72. 55
新材料	25. 51	74. 49
软件	18. 21	81. 79
信息技术	16. 71	83. 29
专业技术服务	17. 72	82. 28

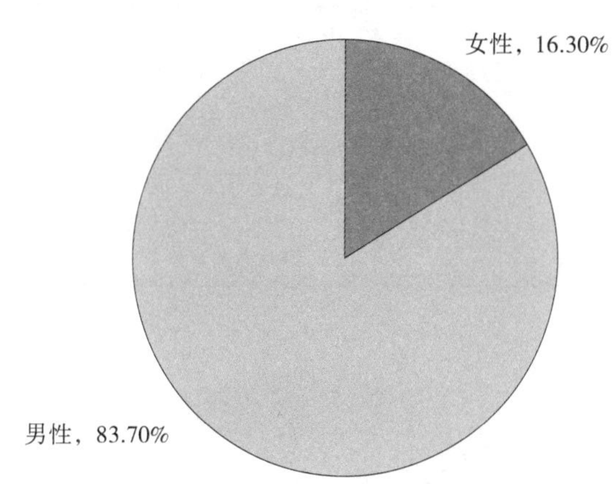

图 2-2　2018 年创业者性别构成

表 2-2　2018 年按行业分创业者的性别构成　（单位:%）

行业	女	男
信息技术	14. 91	85. 09
软件	17. 81	82. 19
节能环保	19. 64	80. 36
高端装备制造	12. 87	87. 13

续表

行业	女	男
新能源	17. 24	82. 76
新材料	14. 63	85. 37
生物医药	17. 42	82. 58
文化创意	17. 94	82. 06
金融服务	17. 72	82. 28
专业技术服务	15. 33	84. 67
现代农业	11. 11	88. 89

表 2-3　2018 年按区域分创业者的性别构成　（单位：%）

区域	女	男
北京市	15. 40	84. 60
上海市	19. 32	80. 68
深圳市	17. 55	82. 45
杭州市	13. 86	86. 14
西安市	11. 48	88. 52
武汉市	13. 59	86. 41

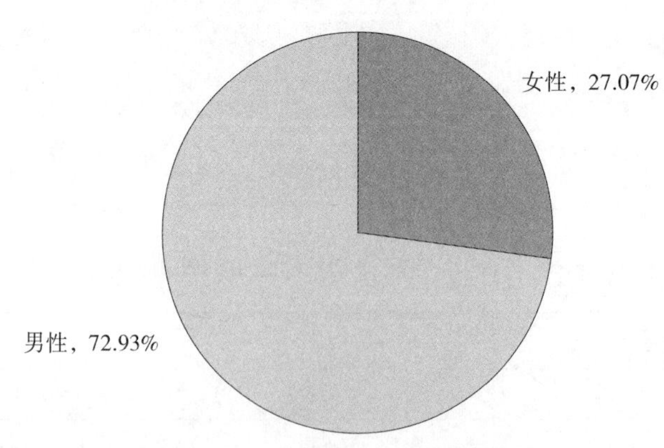

图 2-3　2019 年创业者性别构成

表 2-4 2019 年按行业分创业者的性别构成 (单位:%)

行业	女	男
信息技术	24.69	75.31
软件	23.71	76.29
节能环保	22.67	77.33
高端装备制造	17.92	82.08
新能源	25.00	75.00
新材料	21.25	78.75
生物医药	32.37	67.63
文化创意	30.82	69.18
金融服务	30.00	70.00
专业技术服务	29.91	70.09
现代农业	34.04	65.96

表 2-5 2019 年按区域分创业者的性别构成 (单位:%)

区域	女	男
北京市	34.67	65.33
深圳市	31.91	68.09
上海市	25.45	74.55
广州市	32.15	67.85
杭州市	19.67	80.33
成都市	16.67	83.33
郑州市	24.18	75.82
武汉市	18.99	81.01
西安市	19.10	80.90
长春市	24.68	75.32

2016 年和 2018 年男性创业者占比均在 3/4 以上,而 2019 年男性创业者占比也接近 3/4,其中 2016 年和 2019 年女性创业者的比例均超过 20%。分区域来看,2019 年较 2018 年,各个城市的创业者仍以男性为主,女性创业者有明显增长。其中,北京市和深圳

市女性创业者占比超三成，增长幅度为125%和82%，2018年6个城市男性创业者占比均在80%以上（见表2-6），而2019年总体男性占比已降至72.93%（见图2-3），2019年的调查新增成都市、广州市、郑州市和长春市4个主要城市，新增城市中男性占比最多的为成都市83.33%，其次为郑州市75.82%，最少的为广州市67.85%；2019年所有调查的城市中，创业大军主体均以男性创业者为主力，但男性占比下降较多，其中北京市下降19.27%，深圳市下降14.36%；北京市、广州市、深圳市女性创业者占比较高，均占三成以上。整体来说，各大城市中女性创业者逐渐活跃，尤其是经济、文化较为发达的城市。

表2-6　2018年和2019年按区域分创业者的性别构成　（单位:%）

区域	女性			男性		
	2018年	2019年	变化幅度	2018年	2019年	变化幅度
北京市	15.40	34.67	19.27	84.60	65.33	-19.27
上海市	19.32	25.45	6.13	80.68	74.55	-6.13
深圳市	17.55	31.91	14.36	82.45	68.09	-14.36
杭州市	13.86	19.67	5.81	86.14	80.33	-5.81
西安市	11.48	19.10	7.62	88.52	80.90	-7.62
武汉市	13.59	18.99	5.40	86.41	81.01	-5.40
成都市	—	16.67	—	—	83.33	—
郑州市	—	24.18	—	—	75.82	—
广州市	—	32.15	—	—	67.85	—
长春市	—	24.68	—	—	75.32	—

（二）创业者的年龄分布与统计

对于创业者的年龄分布与统计，2016年、2018年与2019年创业者大军整体为中青年。2016年的创业大军整体为中青年，年龄分布在26—44岁，占比超过50%。2018年26—35岁的青年创业者比例最高，占比超过50%。2019年的创业大军整体为中青年，年龄分布以26—44岁为主，同时44岁以上创业者占比较2018年也有明显增加。软件和文化创业行业成为较“年轻”的行业。上海市的创业者呈现“高龄化”。

表2-7　2016年按行业分创业者的年龄分布与统计　　（单位：%）

行业	0—25岁	26—35岁	36—44岁	44岁以上	最大值	最小值	平均	中位数	众数
软件	0.96	20.45	29.07	49.52	59	25	44.10	44	41
信息技术	0.80	20.48	28.46	50.27	59	25	43.40	45	45
专业技术服务	1.27	21.59	29.52	47.62	59	25	43.20	44	51
节能环保	0.00	22.78	37.97	39.24	57	26	42.37	44	41
高端装备制造	0.42	13.45	39.50	46.64	59	25	45.30	45	45
新能源	0.97	17.48	39.81	41.75	60	25	42.70	44	41
新材料	1.27	21.59	29.52	47.62	59	25	43.20	44	47
生物医药	1.69	17.72	30.38	50.21	60	25	43.47	45	45
文化创意	0.00	11.49	34.89	53.62	60	26	44.71	46	46
金融服务	2.24	20.90	30.97	45.90	59	24	43.19	43	42
总体	0.96	18.79	33.01	47.24	60	24	43.56	44	45

表2-8　2018年按行业分创业者的年龄分布与统计　　（单位：%）

行业	0—25岁	26—35岁	36—44岁	44岁以上	最大值	最小值	平均	中位数	众数
信息技术	12.12	49.86	27.38	10.64	69	20	33.99	33	35
软件	9.96	50.42	28.35	11.27	69	18	34.52	34	30
节能环保	14.29	48.21	33.93	3.57	48	20	32.70	32	36
高端装备制造	13.82	50.66	26.32	9.21	69	19	33.30	32.5	30
新能源	6.90	44.83	39.66	8.62	58	21	35.43	35	41
新材料	7.32	43.90	34.15	14.63	62	22	36.71	35	42
生物医药	9.32	53.38	25.40	11.90	58	19	34.25	33	31

续表

行业	0—25 岁	26—35 岁	36—44 岁	44 岁以上	最大值	最小值	平均	中位数	众数
文化创意	10.09	50.67	28.92	10.31	69	18	34.43	34	30
金融服务	11.81	52.17	25.79	10.24	66	23	33.98	33	33
专业技术服务	11.49	47.51	32.18	8.81	57	20	34.02	34	35
现代农业	5.56	48.89	32.22	13.33	66	21	35.68	35	35
总体	11.01	50.42	28.05	10.51	69	18	34.18	33	30

表 2-9　2018 年按区域分创业者的年龄分布与统计　（单位:%）

区域	0—25 岁	26—35 岁	36—44 岁	44 岁以上	最大值	最小值	平均	中位数	众数
北京市	14.61	49.42	26.34	9.63	69	20	33.49	32	30
上海市	10.57	49.79	28.75	10.88	69	19	34.36	34	30
深圳市	7.04	53.95	28.64	10.37	69	23	34.62	34	35
杭州市	10.66	46.49	31.75	11.11	66	23	34.79	34	31
西安市	9.29	53.01	25.68	12.02	69	19	34.37	34	34
武汉市	9.39	51.46	27.51	11.65	62	20	34.33	34	33

表 2-10　2019 年按行业分创业者的年龄分布与统计　（单位:%）

行业	0—25 岁	26—35 岁	36—44 岁	44 岁以上	最大值	最小值	平均	中位数	众数
信息技术	2.93	38.06	40.88	18.13	66	20	37.75	37	35
软件	3.00	37.87	43.60	15.53	65	20	37.42	37	38
节能环保	5.33	25.33	42.67	26.67	60	21	39.31	39	35
高端装备制造	0.96	24.04	42.31	32.69	59	23	41.27	40	37
新能源	2.56	20.51	43.59	33.33	70	23	41.28	40	36
新材料	1.28	29.49	37.18	32.05	63	24	40.17	40	40
生物医药	2.17	25.36	36.23	36.23	78	22	41.32	40	30
文化创意	3.47	45.49	35.42	15.63	67	23	36.85	36	35
金融服务	4.20	33.61	35.29	26.89	67	23	38.78	38	40
专业技术服务	1.93	34.30	38.59	25.19	71	22	39.15	39	35
现代农业	4.55	18.18	45.45	31.82	60	23	40.91	40	36
总体	2.74	35.38	39.60	22.28	78	20	38.53	38	35

表 2-11　2019 年按区域分创业者的年龄分布及统计　（单位：%）

区域	0—25 岁	26—35 岁	36—44 岁	44 岁以上	最大值	最小值	平均	中位数	众数
北京市	2.67	39.23	35.51	22.59	70	20	38.66	37	35
上海市	0.67	19.91	41.61	37.81	67	22	41.77	42	45
深圳市	3.64	43.25	36.40	16.70	68	20	36.88	36	30
杭州市	3.00	43.33	37.67	16.00	65	23	36.75	36	35
西安市	2.81	33.71	45.51	17.98	64	23	38.60	38	35
武汉市	5.03	36.87	36.31	21.79	62	21	38.25	37	30
广州市	0.97	31.51	48.87	18.65	71	23	38.73	38	36
成都市	1.86	28.84	45.58	23.72	64	23	39.07	38	38
长春市	6.54	32.03	37.91	23.53	78	20	38.64	38	37
郑州市	3.83	43.16	37.16	15.85	56	22	36.48	36	30

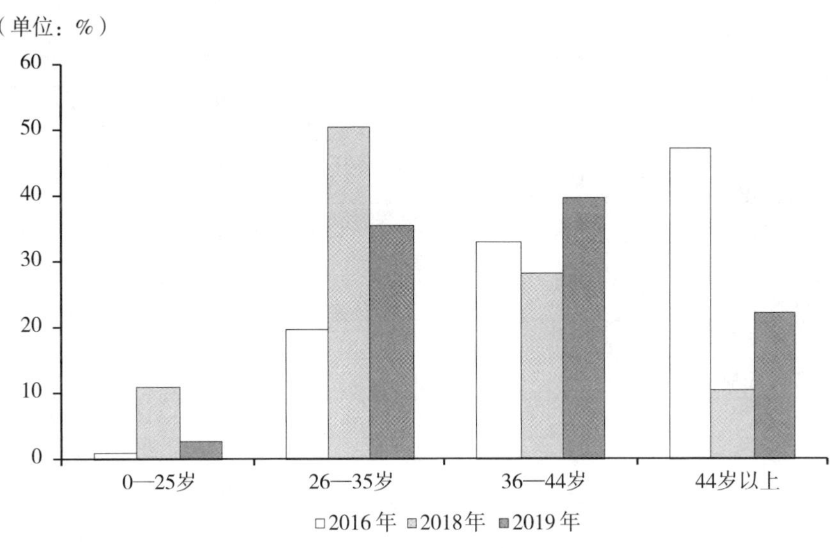

图 2-4　2016 年、2018 年和 2019 年创业者的年龄分布对比分析

对比 2016 年、2018 年及 2019 年的创业者年龄可知（见图 2-4），2018 年调查的企业中，创业者的年龄最年轻；而 44 岁以上创业者中，2016 年的占比最高；36—44 岁的创业者中，2019 年的占比最高。从年龄统计来看，2019 年较 2018 年年龄最大值增加 9 岁，年龄最小值增加 2 岁，年龄平均值由 34.18 岁增加至 38.53 岁，中位数增加 5 岁，众数也由 30 岁增加至 35 岁。整体来看，2019 年的创业者比 2018 年的较为年长，整体创业年龄有所推迟。

（三）创业者的出生地情况

对于创业者出生地，2016 年创业者来自中小城市的比例最高，2018 年创业者来自一线城市与省会城市或计划单列市居多，2019 年创业者出生地较 2018 年地县城市与农村有较快增长。

表 2-12　2016 年按行业分创业者的出生地　（单位：%）

行业	大城市	中等城市	小城市	农村
软件	9.90	45.69	43.77	0.64
信息技术	14.32	42.44	42.71	0.53
专业技术服务	11.43	44.13	42.86	1.59
生物医药	29.11	40.51	26.16	4.22
文化创意	32.05	38.89	24.36	4.70
金融服务	7.46	41.42	49.63	1.49
节能环保	33.75	37.50	22.50	6.25
高端装备制造	26.47	46.22	22.27	5.04
新能源	23.30	51.46	21.36	3.88
新材料	25.00	41.94	27.42	5.65
总体	21.28	43.02	32.30	3.40

表 2-13　2018 年按行业分创业者的出生地　（单位：%）

行业	一线城市	省会城市或计划单列市	地级城市	县级城市	农村
信息技术	38.06	24.72	17.78	13.98	5.46
软件	40.93	26.10	17.44	10.91	4.63
节能环保	44.64	26.79	23.21	3.57	1.79

续表

行业	一线城市	省会城市或计划单列市	地级城市	县级城市	农村
高端装备制造	38.16	27.30	16.45	10.53	7.57
新能源	29.31	31.03	27.59	12.07	0.00
新材料	29.27	51.22	7.32	9.76	2.44
生物医药	33.44	28.94	23.79	11.25	2.57
文化创意	37.44	28.70	17.26	10.54	6.05
金融服务	38.58	29.13	16.14	11.42	4.72
专业技术服务	35.25	29.12	17.62	11.88	6.13
现代农业	30.00	40.00	21.11	7.78	1.11
总体	37.80	27.55	18.01	11.64	5.00

表 2-14　2018 年按区域分创业者的出生地　（单位:%）

区域	一线城市	省会城市或计划单列市	地级城市	县级城市	农村
北京市	33.64	27.89	20.75	14.92	2.80
上海市	38.40	25.15	15.30	12.42	8.73
深圳市	45.31	25.56	19.75	4.94	4.44
杭州市	32.73	32.73	12.73	16.82	5.00
西安市	41.53	26.23	20.22	7.10	4.92
武汉市	38.51	32.36	16.83	8.41	3.88

表 2-15　2019 年按行业分创业者的出生地　（单位:%）

行业	一线城市	省会城市或计划单列市	地级城市	县级城市	农村
信息技术	16.88	16.88	23.86	20.26	22.12
软件	13.33	19.44	27.78	18.61	20.84
节能环保	13.33	18.67	26.67	16.00	25.33
高端装备制造	8.57	26.67	28.57	15.24	20.95
新能源	30.77	12.82	23.08	7.69	25.64
新材料	12.65	16.46	27.85	12.66	30.38
生物医药	16.79	20.44	17.52	24.09	21.16
文化创意	21.95	21.25	20.91	17.42	18.47
金融服务	25.42	14.41	28.81	18.64	12.72

续表

行业	一线城市	省会城市或计划单列市	地级城市	县级城市	农村
专业技术服务	22.95	16.06	20.69	16.92	23.38
现代农业	11.36	20.45	22.73	11.37	34.09
总体	18.57	17.53	23.38	18.18	22.34

表 2-16 2019 年按区域分创业者的出生地 (单位:%)

区域	一线城市	省会城市或计划单列市	地级城市	县级城市	农村
北京市	23.69	14.99	23.84	15.29	22.19
上海市	34.90	14.09	18.57	17.00	15.44
广州市	37.01	11.69	17.21	12.01	22.08
深圳市	15.63	8.57	23.77	20.99	31.05
杭州市	7.00	20.67	34.00	20.67	17.67
西安市	1.12	31.46	25.28	18.54	23.60
武汉市	11.17	28.49	21.23	24.58	14.53
成都市	8.33	25.00	25.00	19.91	21.76
长春市	4.58	33.99	25.49	20.26	15.69
郑州市	3.30	15.93	21.98	20.33	38.46

2016 年创业者来自中小城市的比例最高(见表 2-12),占比超过 75%,创业者出生地在大城市的占比为 21.28%;来自农村的创业者仅占 3.40%。2018 年(见表 2-13)创业者来自一线城市和省会城市或计划单列市的居多。来自一线城市和省会城市或计划单列市的创业者占比超过 65%,来自地级城市的创业者占比为 18.01%;来自县级城市的创业者占比为 11.64%;来自农村的创业者占比为 5.00%。2019 年(见表 2-19)创业者的出生地占比较为均匀,其中来自农村的创业者增幅较大。来自一线城市的占比为 18.57%,来自省会城市或计划单列市的占比为 17.53%,来自地级城市的占比为 23.38%,来自县级城市的占比为 18.18%,来自农村的创业者占比为 22.34%。总体来说,2019 年来自一线城市与省

会城市或计划单列市的创业者较2018年大幅减少(见图2-5),来自地级城市与县级城市的创业者有不同程度的增加,来自农村的创业者有大幅增加,占比增加达到17.34%。

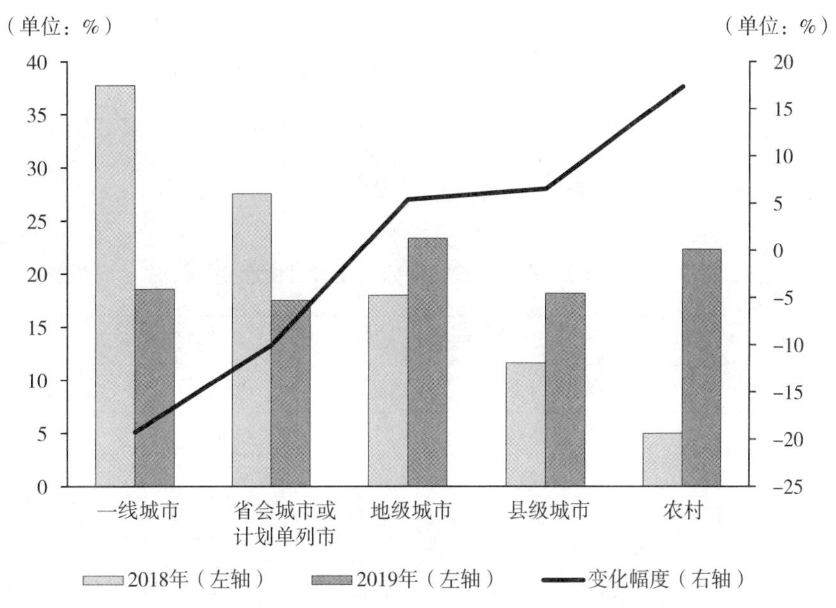

图2-5 2018年和2019年创业者的出生地对比分析

2018年与2019年根据创业者出生地按行业进行比较,可以得出不同结果(见表2-17)。首先与样本总体呈现的特征相同,地级城市、县级城市和农村创业者占比增加幅度为正,一线城市、省会城市或计划单列市创业者占比的增加幅度为负,其中节能环保行业为一线城市创业者占比减少幅度最大的行业,减少幅度为31.31%;新材料为省会城市或计划单列市创业者占比减少幅度最大的行业,减少幅度为34.76%;对于地级城市、县级城市和农村,占比变化最大的行业为新材料(20.53%)、生物医药(12.84%)和现代农业(32.98%),尤其是新材料的变化,表明2019年省会城市和计划单列市不再是新材料创业的热点,而来自地级城市的创业者对新材料行业的创业富有热情与动力。对于农村创业者来说,2019 年的创业热点为现代农业,农村创业者更加富有专业素养与农业背景。对于各类型城市来说,变化幅度较小的产业表示该产业两年来创业者的身份与背景较为稳定,一线城市变化最小的为新能源(1.46%),省会城市或计划单列市为高端装备制造(-0.63%),地级城市为现代农业(1.62%),县级城市为新材料(2.90%),农村创业者 2019 年均增幅较大,所以增幅最小的金融行业仍增加了 8.00%。

表 2-17 2018 年和 2019 年按行业分创业者出生地变化情况 (单位:%)

创业者出生地	变化幅度最大		变化幅度最小	
	行业	幅度	行业	幅度
一线城市	节能环保	-31.31	新能源	1.46
省会城市或计划单列市	新材料	-34.76	高端装备制造	-0.63
地级城市	新材料	20.53	现代农业	1.62
县级城市	生物医药	12.84	新材料	2.90
农村	现代农业	32.98	金融服务	8.00

2018 年与 2019 年根据创业者出生地按区域进行比较,可以得出不同结果。首先,与样本总体呈现的特征相同,2018 年(见表 2-14)有较多出生在一线城市及省会城市或计划单列市的创业者在一线城市进行创业,2019 年(见表 2-15)更多出生地来自省会城市、计划单列市与地级城市的创业者在杭州市、西安市、武汉市、成都市、长春市这类城市进行创业。其次,所有样本城市中来自农村创业者明显增多,北京市、上海市、深圳市、西安市和武汉市增加幅度分别为 19.39%、6.71%、26.61%、18.68%和 10.65%。创业公司所在不同城市中,创业者出生地变化幅度较大表示该城市的创业者背景结构发生较大变化,例如,西安市的创业者中,来自一线

城市的占比 2019 年比 2018 年减少 40.41%，意味着西安市的创业者来自一线城市的减少近四成，不仅来自一线城市的创业者减少，来自省会城市或计划单列市的创业者也有所减少，深圳市（-16.99%）、杭州市（-12.06%）、北京市（-12.90%）、上海市（-11.06%）等城市都有不同程度的减少；杭州市来自地级城市的创业者增加近 20%；深圳市、北京市、西安市等地农村创业者在 2019 年增长趋势明显，平均增加两成。

（四）创业者的性格特征

对于创业者的性格特征，以“愿意与别人合作”和“外向”性格为主。

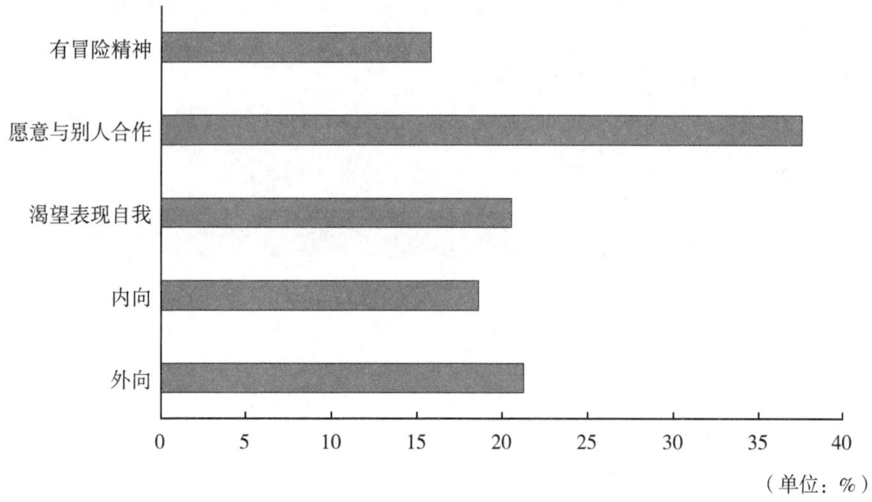

图 2-6　2016 年创业者的性格特点

表 2-18　2016 年按行业分创业者的性格特点　　（单位：%）

行业	外向	内向	渴望表现自我	愿意与别人合作	有冒险精神
软件	23.64	12.78	13.42	38.34	11.82
信息技术	18.62	10.11	11.44	49.20	10.64

续表

行业	外向	内向	渴望表现自我	愿意与别人合作	有冒险精神
专业技术服务	22.15	7.28	10.13	48.42	12.03
节能环保	14.04	16.37	22.81	29.24	17.54
高端装备制造	17.80	22.20	22.20	22.68	15.12
新能源	14.67	19.56	24.00	23.11	18.67
新材料	13.35	19.73	24.93	22.44	19.54
生物医药	29.91	37.18	42.74	28.21	25.21
文化创意	31.51	39.73	41.10	38.81	27.85
金融服务	20.52	11.57	8.21	51.49	8.21
总体	21.25	18.59	20.54	37.50	15.79

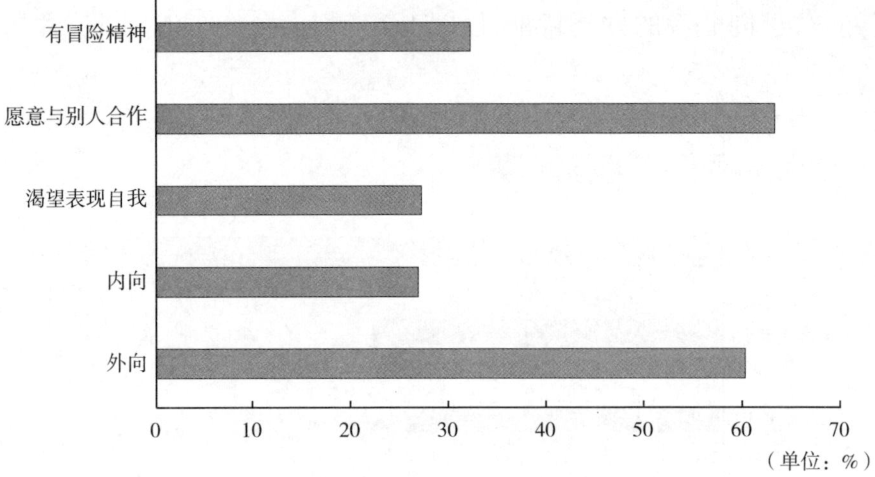

图 2-7　2018 年创业者的性格特点

表 2-19　2018 年按行业分创业者的性格特点　（单位:%）

行业	外向	内向	渴望表现自我	愿意与别人合作	有冒险精神
信息技术	62.63	26.83	29.05	63.37	32.56
软件	58.72	26.69	26.69	64.53	30.60
节能环保	50.00	33.93	26.79	66.07	37.50
高端装备制造	59.54	26.32	22.37	60.53	31.91
新能源	60.34	31.03	24.14	65.52	39.66

续表

行业	外向	内向	渴望表现自我	愿意与别人合作	有冒险精神
新材料	70.73	21.95	29.27	80.49	31.71
生物医药	58.52	29.58	27.65	64.31	34.41
文化创意	59.64	27.58	26.68	65.92	32.96
金融服务	61.22	23.62	28.35	61.22	30.12
专业技术服务	60.15	28.74	25.67	56.32	33.33
现代农业	58.89	28.89	27.78	66.67	33.33
总体	60.31	26.97	27.27	63.26	32.22

表 2-20　2018 年按区域分创业者的性格特点　（单位:%）

区域	外向	内向	渴望表现自我	愿意与别人合作	有冒险精神
北京市	60.30	27.12	28.67	65.19	33.18
上海市	57.80	27.41	26.80	60.78	31.52
深圳市	61.48	27.78	25.93	61.11	31.73
杭州市	63.04	26.08	24.94	63.27	30.39
西安市	62.84	26.23	28.96	67.21	35.52
武汉市	59.87	24.60	28.80	66.34	32.36

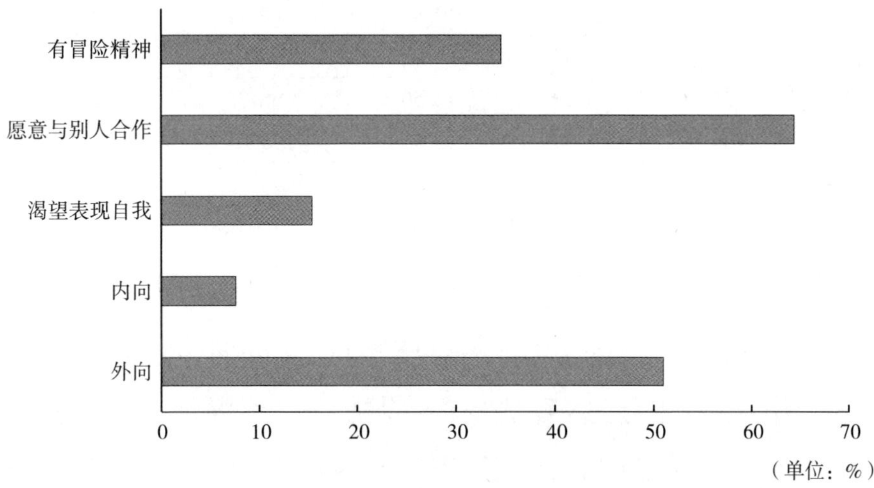

图 2-8　2019 年创业者的性格特点

表 2-21 2019 年按行业分创业者的性格特点 （单位:%）

行业	外向	内向	渴望表现自我	愿意与别人合作	有冒险精神
信息技术	50.41	13.15	13.74	66.12	37.95
软件	48.19	12.53	12.81	68.52	34.54
节能环保	48.00	8.00	10.67	62.67	41.33
高端装备制造	40.78	13.59	17.48	62.14	34.95
新能源	51.28	7.69	15.38	71.79	35.90
新材料	42.31	10.26	17.95	73.08	26.92
生物医药	44.53	12.41	11.68	61.31	35.04
文化创意	48.07	12.28	17.54	62.11	36.84
金融服务	55.08	11.02	21.19	66.10	37.29
专业技术服务	55.45	9.48	16.45	60.57	29.96
现代农业	61.36	2.27	20.45	68.18	38.64
总体	50.97	7.60	15.39	64.32	34.55

表 2-22 2019 年按区域分创业者的性格特点 （单位:%）

区域	外向	内向	渴望表现自我	愿意与别人合作	有冒险精神
北京市	48.12	16.84	14.74	60.30	33.53
上海市	57.92	7.01	11.09	57.69	24.43
广州市	53.05	10.93	23.79	58.52	27.65
深圳市	51.61	10.28	19.49	63.17	35.12
杭州市	56.00	8.67	8.67	74.00	46.00
西安市	36.36	11.36	12.50	65.34	35.80
武汉市	49.44	7.30	21.91	73.03	30.90
成都市	54.42	8.84	13.49	74.42	46.05
长春市	55.26	11.18	20.39	76.32	43.42
郑州市	38.51	14.37	8.62	60.34	35.63

三次的调查均显示,创业者性格特点是“外向”型与“愿意与别人合作”型占主导,然后是“有冒险精神”与“渴望表现自我”,“内向”型性格在三年中的占比均较低(见图 2-9)。2016 年,创业者性格的占比分别为“愿意与别人合作”(37.50%)、“外向”

(21.25%)、“渴望表现自我”(20.54%)、“内向”(18.59%)和“有冒险精神”(15.79%)。2019年较2018年“内向”性格与“渴望表现自我”的性格特点有明显减少。2019年与2018年相比“愿意与别人合作”的创业者占比变化较小,而性格“外向”的创业者减少10%左右,“有冒险精神”的创业者有轻微变化,而“渴望表现自我”与“内向”型性格的创业者明显减少,“内向”型占比减少近20%。

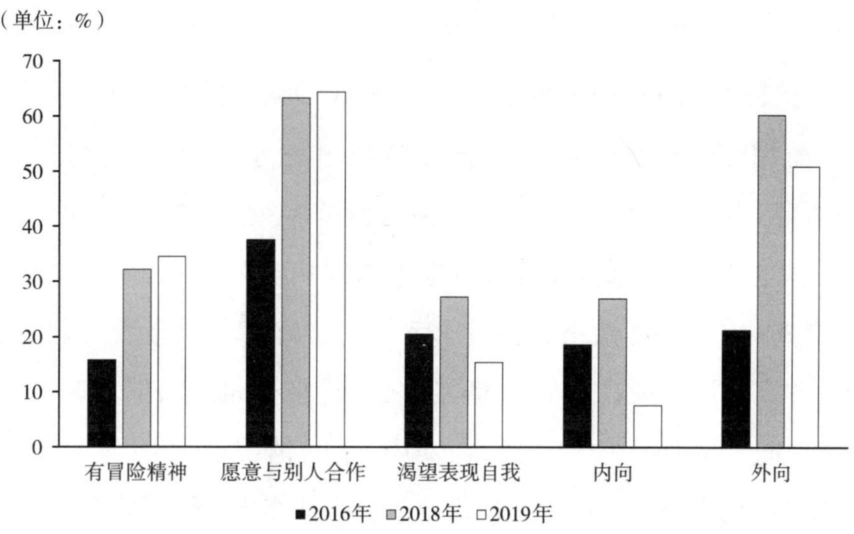

图2-9　2016年、2018年和2019年创业者的性格特点对比分析

按区域来分2019年较2018年创业者性格有较大变化,整体来说,“愿意与别人合作”和“有冒险精神”的创业者增加,“渴望表现自我”与“内向”的创业者有所减少。根据区域来看(见表2-23),杭州市具有“愿意与别人合作”的性格的创业者占比增加10.73%,有“冒险精神的”的创业者增加15.61%;西安市“外向”型减少26.48%,“有冒险精神”的创业者增幅也较小;整体“内向”型性格的创业者都大幅度减少,其中上海市减少程度最大,高达20.40%,北京市最少,但也有10.28%。

表 2-23　2018 年和 2019 年按城市分创业者性格特征变化情况

（单位:%）

性格特征	变化幅度最大		变化幅度最小	
	区域	幅度	区域	幅度
愿意与别人合作	杭州市	10.73	西安市	-1.87
外向	西安市	-26.48	上海市	0.12
有冒险精神	杭州市	15.61	西安市	0.28
渴望表现自我	西安市	-16.46	深圳市	-6.44
内向	上海市	-20.40	北京市	-10.28

按行业来分,2016 年、2018 年及 2019 年,所有行业中以“外向”和“愿意与别人合作”的性格特征占主导,与整体趋势一致。2016 年(见表 2-18),创始人性格特点并不突出,“愿意与别人合作”虽然是占比最高的性格,但也未达到 40%。而 2018 年与 2019 年调查的创业者,性格特点比较突出,“外向”与“愿意与别人合作”占比超过五成,“有冒险精神”在三成左右,而“渴望表现自我”与“内向”占比却小于三成,与 2016 年的情况有较明显的差异。2016 年,信息技术、金融服务和专业技术服务行业“愿意与别人合作”的创业者占比较多,均超过 40%,其中金融业这一比例占比为 51.49%,是所有行业中最高的,同时也是唯一一个占比超过 50%的。2018 年(见表 2-19)新材料的“外向”与“愿意与别人合作”的创业者占比较多,“有冒险精神”的创业者占比较多的为新能源行业;2019 年(见表 2-21)“愿意与别人合作”的创业者多属于新材料、新能源、软件、现代农业、信息技术、金融服务等,“外向”型创业者最多的是现代农业,“内向”型最少的为现代农业,仅为 2.27%;2019 年金融行业创业者替代新材料成为最渴望表现自我的一类人,节能环保行业创业者取代新能源成为最具冒险精神的一类人。

二、家庭背景

本部分从创业者的父母受教育程度和工作属性分析 2016 年、2018 年与 2019 年调查企业家的基本特征。

（一）创业者父母受教育程度情况

对于受教育程度来说，2016 年、2018 年与 2019 年三次调查中，创业者父母受教育程度多为中高等的高中/中专/技校或大专教育（见表 2-24 至表 2-33）。

表 2-24　2016 年按行业分创业者父亲的受教育程度　（单位：%）

行业	初中以下	初中	高中/中专/技校	大专	本科	研究生
软件	2. 24	15. 65	57. 83	6. 07	16. 93	1. 28
信息技术	2. 39	13. 79	57. 82	6. 90	17. 24	1. 86
专业技术服务	0. 32	15. 51	65. 82	3. 16	14. 24	0. 95
节能环保	7. 50	13. 75	45. 00	17. 50	10. 00	6. 25
高端装备制造	1. 26	7. 14	44. 12	27. 31	15. 55	4. 62
新能源	8. 65	13. 46	39. 42	25. 96	5. 77	6. 73
新材料	8. 10	16. 60	33. 60	25. 51	10. 53	5. 67
生物医药	1. 69	6. 75	46. 41	26. 16	14. 77	4. 22
文化创意	0. 43	3. 83	48. 51	23. 40	18. 30	5. 53
金融服务	7. 46	21. 27	44. 03	17. 91	5. 97	3. 36
总体	3. 40	13. 05	50. 09	16. 27	13. 70	3. 49

表 2-25　2016 年按行业分创业者母亲的受教育程度　（单位：%）

行业	初中以下	初中	高中/中专/技校	大专	本科	研究生
软件	9. 27	9. 58	50. 80	5. 11	16. 61	8. 63
信息技术	8. 49	7. 43	57. 03	5. 04	15. 65	6. 37

续表

行业	初中以下	初中	高中/中专/技校	大专	本科	研究生
专业技术服务	8.86	5.70	54.11	3.48	17.72	10.13
节能环保	13.75	13.75	37.50	8.75	18.75	7.50
高端装备制造	4.62	20.59	43.28	22.27	3.78	5.46
新能源	4.81	21.15	34.62	25.96	8.65	4.81
新材料	10.08	19.35	37.10	24.60	5.65	3.23
生物医药	2.95	26.16	37.55	23.63	4.22	5.49
文化创意	5.11	18.30	46.38	19.15	5.53	5.53
金融服务	8.96	19.78	40.30	25.37	1.87	3.73
总体	7.57	15.16	45.85	15.52	9.67	6.23

表 2-26　2018 年按行业分创业者父亲的受教育程度　（单位:%）

行业	初中以下	初中	高中/中专/技校	大专	本科	硕士研究生	博士研究生
信息技术	6.29	6.94	25.99	35.52	23.59	1.39	0.28
软件	4.27	6.76	25.98	38.08	22.89	1.42	0.59
节能环保	1.79	1.79	26.79	39.29	23.21	1.79	5.36
高端装备制造	4.93	7.24	29.28	33.55	22.70	1.64	0.66
新能源	3.45	6.90	22.41	46.55	20.69	0.00	0.00
新材料	0.00	7.32	21.95	41.46	26.83	0.00	2.44
生物医药	3.86	5.14	26.05	32.80	29.58	0.96	1.61
文化创意	8.30	6.73	27.35	35.43	21.52	0.22	0.45
金融服务	4.92	6.10	28.15	35.04	23.03	2.17	0.59
专业技术服务	4.98	5.75	26.82	37.55	22.99	1.15	0.77
现代农业	5.56	7.78	20.00	43.33	22.22	1.11	0.00
总体	5.37	6.52	26.55	36.19	23.43	1.30	0.65

表 2-27 2018 年按区域分创业者父亲的受教育程度 （单位:%）

区域	初中以下	初中	高中/中专/技校	大专	本科	硕士研究生	博士研究生
北京市	6.92	8.24	26.81	33.02	23.39	1.17	0.47
上海市	5.24	6.67	24.44	36.55	25.46	1.03	0.62
深圳市	5.06	4.07	32.47	34.44	21.11	1.73	1.11
杭州市	5.22	6.12	19.27	44.22	23.58	1.13	0.45
西安市	1.64	7.10	27.32	36.61	25.14	2.19	0.00
武汉市	2.59	5.50	26.54	41.10	22.01	1.29	0.97

表 2-28 2018 年按行业分创业者母亲的受教育程度 （单位:%）

行业	初中以下	初中	高中/中专/技校	大专	本科	硕士研究生	博士研究生
信息技术	8.42	8.42	33.30	29.42	19.33	0.74	0.37
软件	6.88	8.66	30.01	31.79	21.71	0.83	0.12
节能环保	5.36	5.36	17.86	42.86	23.21	3.57	1.79
高端装备制造	7.24	9.21	24.67	38.82	18.75	0.99	0.33
新能源	3.45	3.45	27.59	39.66	25.86	0.00	0.00
新材料	2.44	2.44	26.83	43.90	24.39	0.00	0.00
生物医药	6.75	8.36	27.65	38.59	18.33	0.00	0.32
文化创意	6.95	9.87	29.60	32.06	20.63	0.67	0.22
金融服务	5.71	11.81	29.33	32.48	20.47	0.20	0.00
专业技术服务	8.05	9.20	34.48	31.03	16.86	0.38	0.00
现代农业	7.78	1.11	31.11	38.89	21.11	0.00	0.00
总体	7.14	8.82	30.27	32.87	20.05	0.62	0.22

表 2-29 2018 年按区域分创业者母亲的受教育程度 （单位:%）

区域	初中以下	初中	高中/中专/技校	大专	本科	硕士研究生	博士研究生
北京市	10.02	11.66	34.03	26.73	16.47	0.62	0.47
上海市	6.47	8.83	27.82	33.26	22.69	0.82	0.10
深圳市	4.94	5.68	26.67	39.38	22.84	0.49	0.00
杭州市	8.62	8.84	34.92	29.25	17.23	0.68	0.45

续表

区域	初中以下	初中	高中/中专/技校	大专	本科	硕士研究生	博士研究生
西安市	3.83	4.92	22.95	44.81	23.50	0.00	0.00
武汉市	2.91	7.44	29.45	38.19	21.36	0.65	0.00

表 2-30　2019 年按行业分创业者父亲的受教育程度　（单位:%）

行业	初中以下	初中	高中/中专/技校	大专	本科	硕士研究生	博士研究生
信息技术	9.80	24.97	30.57	15.40	17.62	1.63	0.00
软件	11.11	20.56	32.22	17.50	17.50	0.83	0.28
节能环保	18.67	28.00	25.33	9.33	18.67	0.00	0.00
高端装备制造	3.88	28.16	37.86	13.59	12.62	2.91	0.97
新能源	7.69	35.90	23.08	17.95	15.38	0.00	0.00
新材料	19.48	35.06	28.57	9.09	7.79	0.00	0.00
生物医药	10.22	24.09	29.20	16.06	19.71	0.73	0.00
文化创意	7.67	21.60	38.68	17.07	13.24	1.39	0.35
金融服务	6.72	21.01	43.70	12.61	13.45	2.52	0.00
专业技术服务	13.84	30.38	31.24	14.16	9.95	0.32	0.11
现代农业	25.00	31.82	27.27	11.36	0.00	2.27	2.27
总体	11.56	26.10	32.22	14.99	13.92	1.04	0.16

表 2-31　2019 年按区域分创业者父亲的受教育程度　（单位:%）

区域	初中以下	初中	高中/中专/技校	大专	本科	硕士研究生	博士研究生
北京市	10.83	21.65	26.32	16.39	21.80	2.71	0.30
上海市	11.91	39.33	33.03	12.81	2.92	0.00	0.00
广州市	15.58	23.05	32.14	16.88	12.34	0.00	0.00
深圳市	14.22	22.63	36.42	15.30	10.99	0.22	0.22
杭州市	15.00	27.33	29.00	10.33	17.33	1.00	0.00
西安市	4.49	35.96	34.83	12.92	10.67	0.56	0.56
武汉市	8.94	23.46	39.11	18.44	9.50	0.00	0.56
成都市	10.19	16.67	27.31	22.69	21.76	1.39	0.00

续表

区域	初中以下	初中	高中/中专/技校	大专	本科	硕士研究生	博士研究生
长春市	10.00	19.33	36.00	13.33	18.00	3.33	0.00
郑州市	6.56	31.69	39.89	9.84	11.48	0.55	0.00

表 2-32　2019 年按行业分创业者母亲的受教育程度　（单位:%）

行业	初中以下	初中	高中/中专/技校	大专	本科	硕士研究生	博士研究生
信息技术	15.06	30.24	26.82	12.94	13.88	0.82	0.24
软件	16.94	25.56	29.17	14.17	13.33	0.83	0.00
节能环保	24.00	34.67	16.00	17.33	8.00	0.00	0.00
高端装备制造	13.59	27.18	30.10	17.48	9.71	1.94	0.00
新能源	21.62	27.03	27.03	16.22	8.11	0.00	0.00
新材料	25.97	41.56	19.48	9.09	3.90	0.00	0.00
生物医药	16.18	26.47	27.21	16.18	13.24	0.74	0.00
文化创意	11.97	23.94	36.97	16.20	9.51	1.06	0.35
金融服务	10.92	24.37	45.38	9.24	7.56	2.52	0.00
专业技术服务	21.77	31.62	27.46	11.38	7.33	0.44	0.00
现代农业	27.27	25.00	34.09	6.82	4.55	2.27	0.00
总体	17.85	29.27	28.84	12.99	10.18	0.78	0.10

表 2-33　2019 年按区域分创业者母亲的受教育程度　（单位:%）

区域	初中以下	初中	高中/中专/技校	大专	本科	硕士研究生	博士研究生
北京市	16.24	22.61	25.19	15.93	17.75	1.97	0.30
上海市	18.20	44.04	27.19	8.31	2.25	0.00	0.00
广州市	20.13	26.73	30.69	14.52	7.26	0.66	0.00
深圳市	21.01	28.67	29.98	12.47	7.66	0.22	0.00
杭州市	23.00	28.67	29.00	7.67	11.00	0.33	0.33
西安市	17.51	35.03	28.81	12.99	5.65	0.00	0.00
武汉市	13.97	29.61	35.75	16.76	3.35	0.56	0.00
成都市	13.02	20.47	25.58	21.40	18.60	0.93	0.00
长春市	15.44	22.15	32.21	11.41	16.78	2.01	0.00
郑州市	14.36	34.25	34.25	8.84	7.73	0.55	0.00

因问卷答案设置调整,详细比较仅限于2018年及2019年的情景。

2016年中创业者父母受教育程度为高中/中专/技校的比例最高,父亲为这一受教育程度的比例超过50%(见表2-24),母亲为这一受教育程度的比例超过45%(见表2-25)。2018年中父亲的受教育程度比例最高的为大专,占比超过三成(见表2-26),而2019年不足15%(见表2-30),减少近1倍;创业者父亲为本科的比例也减少近10%;父亲为硕士生与博士生的占比依旧较低。2019年与2018年从创业者父亲受教育程度对比可以得知(见图2-10),2019年创业者父亲高学历占比有所减少。创业者父亲为高中/中专/技校学历及以下学历的占比有所增加,其中初中学历增加了近20%。

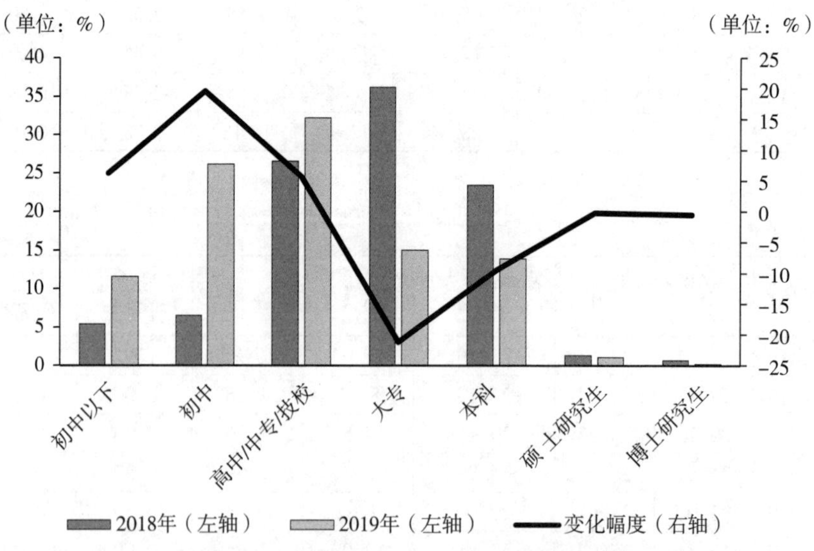

图2-10　2018年和2019年创业者父亲的受教育程度对比分析

2019年与2018年从创业者母亲受教育程度相比可以得知(见图2-11),2019年创业者母亲高等教育以上学历占比有所减少，创业者母亲为高中/中专/技校学历以下学历的占比有所增加，其中初中学历增加了近20%。2018年中母亲的受教育程度排名前两位的为大专和高中/中专/技校，二者共占所有创业者的六成，而2019年大专不足15%，减少幅度为20%；本科母亲的创业者占比减少幅度为10%；母亲为硕士生与博士生的占比依旧较低。整体来说，创业者母亲的受教育程度与父亲一样，2019年较2018年呈现受高等教育学历占比减少的现象，同时母亲的受教育程度整体仍然低于父亲。

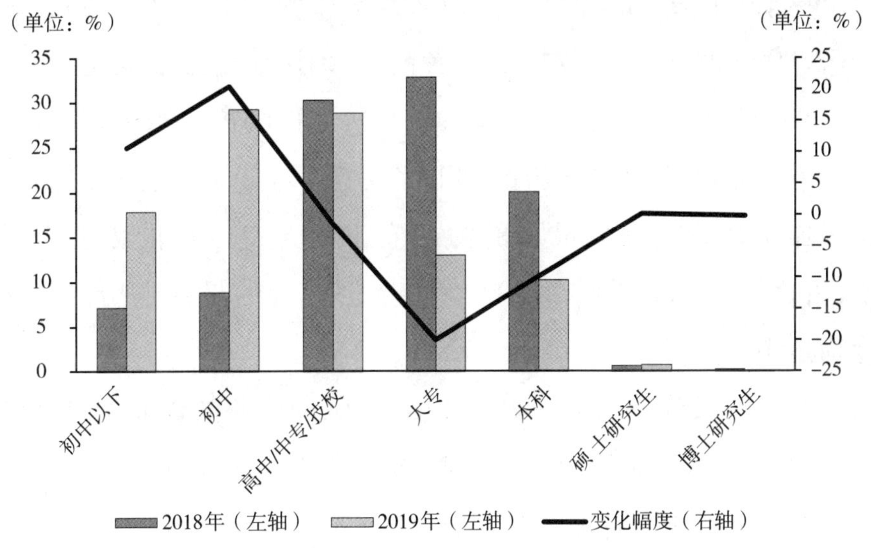

图2-11　2018年和2019年创业者母亲的受教育程度对比分析

按行业来分（见表2-24），2016年，所有行业创业者的父亲学历占比最高均为高中/中专/技校。2018年（见表2-26）所有行业的创业者父亲学历占比最高均为大专，其中新能源行业占比最高，达46.55%，其次为现代农业、新材料、专业技术服务业、节能环保和软件行业，占比近40%；学历占比第二的高中/中专/技校，占比整体不足30%。2019年按行业分则具有较大的差异性，金融服务、文化创意和高端装备制造的创业者父亲学历为高中/中专/技校的占比较多，近 40%，而新材料、新能源的初中学历父亲占比较高，近 35%。

按区域分，2019 年与 2018 年创业者父母受教育程度变化趋势与整体趋势相同，有个别城市有差异性，在北京市的创业者的父亲与母亲学历变化情况较小，创业者家庭背景较为稳定（见表 2-34）。2019 年对于 2018 年创业者父亲的受教育程度占比来说，增幅最大的为上海市的初中学历的创业者父亲，占比增加 32.66%，减少最多的为杭州市的大专学历的创业者父亲，占比减少 33.89%，北京市大多数创业者的父亲学历变化幅度均最小。2019 年对于 2018 年创业者母亲的受教育程度占比来说，增幅最大的为上海市的初中学历的创业者母亲（与父亲情况相同），占比增加 35.21%，减少最多的为西安市的大专学历的创业者母亲，占比减少 31.82%，北京市大多数创业者的母亲学历变化幅度均最小。

按行业来分（见表 2-25），2016 年所有行业的创业者母亲学历占比最高均为高中/中专/技校，信息技术行业占比最高（57.03%），新能源行业占比最低（34.62%）。新能源行业母亲受过高等教育的比重最高，达到 39.42%，而信息技术行业母亲受过高等教育的比例最低，为 27.06%。2018 年（见表 2-28）几乎所有行业的创业者母亲学历占比最高均为大专，其中新材料、新能源、高端装备制造、生物医药、节能环保和现代农业占比近 40%；学历占比第二的为高中/中专/技校，具体行业有生物医药、新材料、新能源、高端装备制造、软件、现代农业、金融服务和文化创意，占比均为二到三成。2019 年（见表 2-30）按行业分则具有较大的差异性，金融服务的高中/中专/技校占比较多，近45%，而文化创意的高中/中专/技校占比也达到了37%；新材料的初中学历占比在40%左右；其余行业的各种学历不具有明显分布趋势。

表2-34　2018年和2019年按区域分创业者父母受教育程度对比分析

（单位：%）

创业者父母	受教育程度	变化幅度最大		变化幅度最小	
		区域	幅度	区域	幅度
父亲	初中以下	杭州市	9.78	西安市	2.85
	初中	上海市	32.66	北京市	13.41
	高中/中专/技校	武汉市	12.57	北京市	-0.49
	大专	杭州市	-33.89	北京市	-16.63
	本科	上海市	-22.54	北京市	-1.59
	硕士研究生	西安市	-1.63	杭州市	-0.13
	博士研究生	深圳市	-0.89	北京市	-0.17
母亲	初中以下	深圳市	16.07	北京市	6.22
	初中	上海市	35.21	北京市	10.95
	高中/中专/技校	北京市	-8.84	上海市	-0.63
	大专	西安市	-31.82	北京市	-10.80
	本科	上海市	-20.44	北京市	1.28
	硕士研究生	北京市	1.35	西安市	0.00
	博士研究生	北京市	-0.17	深圳市、西安市、武汉市	0.00

（二）创业者父母的工作属性

对于创业者父母的工作属性来说，2016年创业者的父母以工薪阶层为主。2018年创业者的父母多以政府或事业单位、国有企业和民营企业为主，2019年以民营单位和务农为主（见表

2-35 至表 2-43）。

表 2-35　2016 年按行业分创业者父亲的工作属性　（单位:%）

行业	企业家	政府或事业单位	高校或科研院所	工薪阶层	务农	其他
软件	6. 39	23. 64	15. 65	42. 17	11. 82	0. 32
信息技术	5. 57	22. 28	16. 18	41. 64	13. 53	0. 80
专业技术服务	2. 53	23. 73	18. 99	43. 67	9. 81	1. 27
节能环保	25. 00	17. 50	3. 75	40. 00	13. 75	0. 00
高端装备制造	19. 83	16. 46	5. 06	30. 80	27. 85	0. 00
新能源	24. 04	24. 04	6. 73	36. 54	8. 65	0. 00
新材料	20. 56	26. 21	9. 27	32. 26	11. 69	0. 00
生物医药	21. 52	13. 08	4. 64	36. 29	24. 47	0. 00
文化创意	12. 34	24. 26	6. 38	30. 21	26. 81	0. 00
金融服务	17. 60	20. 97	3. 75	33. 71	23. 22	0. 75
总体	13. 39	21. 59	10. 33	37. 14	17. 14	0. 41

表 2-36　2016 年按行业分创业者母亲的工作属性　（单位:%）

行业	企业家	政府或事业单位	高校或科研院所	工薪阶层	务农	其他
软件	4. 15	23. 96	21. 41	37. 38	11. 50	1. 60
信息技术	3. 46	20. 48	18. 88	37. 50	19. 15	0. 53
专业技术服务	3. 17	24. 76	17. 78	38. 41	13. 33	2. 54
节能环保	15. 00	17. 50	3. 75	46. 25	17. 50	0. 00
高端装备制造	20. 25	18. 14	5. 49	28. 27	27. 85	0. 00
新能源	15. 38	21. 15	4. 81	26. 92	31. 73	0. 00
新材料	15. 73	15. 73	5. 24	34. 68	28. 63	0. 00
生物医药	17. 30	18. 14	3. 80	37. 13	23. 63	0. 00
文化创意	18. 30	18. 30	5. 11	28. 94	29. 36	0. 00
金融服务	14. 23	19. 85	1. 12	26. 22	37. 83	0. 75
总体	11. 38	20. 21	10. 36	33. 99	23. 36	0. 69

表 2-37 2018 年按行业分创业者父亲的工作属性 (单位:%)

行业	政府或事业单位	高校或科研院所	国有企业	民营企业	务农	其他
信息技术	25.90	3.70	23.40	27.94	6.85	12.21
软件	28.35	4.63	19.93	31.08	4.15	11.86
节能环保	33.93	8.93	17.86	32.14	0.00	7.14
高端装备制造	25.66	7.89	20.72	29.28	4.61	11.84
新能源	31.03	3.45	10.34	22.41	0.00	32.76
新材料	31.71	12.20	7.32	36.59	0.00	12.20
生物医药	25.72	4.50	18.97	32.80	3.86	14.15
文化创意	27.35	5.61	19.06	26.01	7.40	14.57
金融服务	27.17	6.30	18.31	30.91	4.33	12.99
专业技术服务	28.74	5.75	23.37	26.44	4.60	11.11
现代农业	25.56	5.56	11.11	42.22	1.11	14.44
总体	27.15	5.14	20.28	29.50	5.07	12.86

表 2-38 2018 年按区域分创业者父亲的工作属性 (单位:%)

区域	政府或事业单位	高校或科研院所	国有企业	民营企业	务农	其他
北京市	24.78	4.35	22.69	29.76	6.92	11.50
上海市	29.88	5.24	20.33	26.08	5.65	12.83
深圳市	27.78	7.65	16.91	30.12	3.21	14.32
杭州市	27.89	2.27	16.55	26.53	3.40	23.36
西安市	29.51	6.01	21.31	29.51	2.19	11.48
武汉市	24.27	5.18	21.36	33.01	2.91	13.27

表 2-39 2018 年按行业分创业者母亲的工作属性 (单位:%)

行业	政府或事业单位	高校或科研院所	国有企业	民营企业	务农	其他
信息技术	16.37	4.35	21.65	32.19	5.64	19.80
软件	18.03	6.52	18.98	31.79	4.39	20.28
节能环保	17.86	5.36	21.43	33.93	1.79	19.64

续表

行业	政府或事业单位	高校或科研院所	国有企业	民营企业	务农	其他
高端装备制造	16.12	6.91	18.42	32.89	3.62	22.04
新能源	24.14	6.90	17.24	25.86	0.00	25.86
新材料	26.83	9.76	14.63	31.71	0.00	17.07
生物医药	20.90	5.14	18.33	34.41	4.50	16.72
文化创意	15.25	6.28	20.18	33.63	7.17	17.49
金融服务	19.09	6.50	18.31	32.28	4.33	19.49
专业技术服务	19.16	5.75	20.69	30.27	6.51	17.62
现代农业	21.11	5.56	21.11	36.67	2.22	13.33
总体	17.83	5.77	19.76	32.42	4.95	19.28

表 2-40　2018 年按区域分创业者母亲的工作属性　（单位:%）

区域	政府或事业单位	高校或科研院所	国有企业	民营企业	务农	其他
北京市	16.32	4.35	24.32	29.37	7.77	17.87
上海市	19.92	5.65	18.79	35.32	5.03	15.30
深圳市	21.73	9.01	16.30	33.95	2.72	16.30
杭州市	10.20	2.95	16.55	26.53	3.40	40.36
西安市	22.40	6.56	16.94	37.16	0.55	16.39
武汉市	15.53	7.12	19.09	37.54	3.56	17.15

表 2-41　2019 年按行业分创业者父亲的工作属性　（单位:%）

行业	政府或事业单位	高校或科研院所	国有企业	民营企业	务农	其他
信息技术	10.09	3.13	19.61	24.48	19.26	23.43
软件	10.22	1.93	22.10	24.03	19.06	22.65
节能环保	9.33	2.67	14.67	29.33	24.00	20.00
高端装备制造	3.81	7.62	20.95	24.76	20.00	22.86
新能源	7.69	0.00	17.95	17.95	35.90	20.51

续表

行业	政府或事业单位	高校或科研院所	国有企业	民营企业	务农	其他
新材料	6.33	0.00	18.99	12.66	35.44	26.58
生物医药	10.95	5.84	19.71	19.71	19.71	24.09
文化创意	9.03	2.43	21.88	26.74	16.67	23.26
金融服务	8.40	3.36	21.85	33.61	11.76	21.01
专业技术服务	7.51	1.61	17.81	28.11	23.50	21.46
现代农业	2.27	2.27	9.09	29.55	43.18	13.64
总体	8.62	2.54	19.43	25.61	21.40	22.39

表 2-42　2019 年按区域分创业者父亲的工作属性　（单位:%）

区域	政府或事业单位	高校或科研院所	国有企业	民营企业	务农	其他
北京市	13.71	3.87	24.59	17.29	18.78	21.76
上海市	2.01	1.57	25.50	29.98	19.69	21.25
广州市	4.50	2.25	14.15	38.59	25.72	14.79
深圳市	7.45	1.06	14.89	28.94	25.74	21.91
杭州市	7.67	2.00	16.33	27.67	20.67	25.67
西安市	10.11	2.25	19.10	12.92	27.53	28.09
武汉市	7.87	2.81	18.54	33.71	12.92	24.16
成都市	14.81	6.02	18.98	23.61	12.50	24.07
长春市	12.99	2.60	20.13	21.43	18.83	24.03
郑州市	6.01	1.09	12.57	21.86	32.79	25.68

表 2-43　2019 年按行业分创业者母亲的工作属性　（单位:%）

行业	政府或事业单位	高校或科研院所	国有企业	民营企业	务农	其他
信息技术	7.10	2.56	16.65	20.14	24.10	29.45
软件	7.20	0.83	14.68	25.21	23.55	28.53

续表

行业	政府或事业单位	高校或科研院所	国有企业	民营企业	务农	其他
节能环保	5.33	5.33	12.00	20.00	28.00	29.33
高端装备制造	0.95	6.67	18.10	21.90	25.71	26.67
新能源	2.56	2.56	15.38	17.95	41.03	20.51
新材料	3.85	0.00	15.38	14.10	39.74	26.92
生物医药	7.30	2.19	12.41	21.90	24.09	32.12
文化创意	7.37	3.16	15.09	24.21	17.89	32.28
金融服务	5.04	1.68	20.17	34.45	12.61	26.05
专业技术服务	4.84	1.61	13.01	23.98	27.42	29.14
现代农业	2.27	2.27	6.82	20.45	45.45	22.73
总体	5.84	2.16	14.88	22.69	25.37	29.05

表 2-44　2019 年按区域分创业者母亲的工作属性　（单位:%）

区域	政府或事业单位	高校或科研院所	国有企业	民营企业	务农	其他
北京市	9.90	3.60	20.24	16.34	21.44	28.49
上海市	1.12	0.89	19.69	27.74	25.50	25.06
广州市	2.27	0.97	10.03	34.30	29.13	23.30
深圳市	4.26	1.28	11.73	23.45	29.64	29.64
杭州市	4.68	2.34	7.69	28.43	23.75	33.11
西安市	6.78	1.69	17.51	11.30	29.38	33.33
武汉市	5.59	1.68	12.85	26.26	18.99	34.64
成都市	9.30	4.65	17.21	19.07	14.88	34.88
长春市	10.39	3.90	14.94	22.08	21.43	27.27
郑州市	6.04	0.55	8.24	14.84	42.86	27.47

2016 年创业者的父母以工薪阶层为主。2016 年,37.14%的创业者父亲的工作属性是工薪阶层;其次是政府或事业单位,占比为 21.59%;创业者父亲的工作属性是务农的占比为 17.14%;创业者父亲的工作属性是企业家、高校或科研院所的比例分别为 13.39%和 10.33%。2018 年创业者父亲从事的工作属性基本以政府或事业单位(27.15%)、国有企业(20.28%)和民营企业(29.50%)为主,高校或科研院所(5.14%)、务农(5.07%)和其他(12.86%)仅占少数。2019 年较 2018 年创业者父亲的工作属性仍以民营企业为主(25.61%),但该占比仍然较 2018 年下降 3.89%,其他构成也发生较大变化,参与务农工作的父亲占比增加 16.33%,其他行业占比增加近 10%,政府或事业单位减少近 20%。2019 年较 2018 年创业者母亲的工作属性中,政府或事业单位占比下降近 12%,国有企业占比下降近 5%,民营企业占比下降近 10%,务农占比增加近 21%,其他占比增加近 10%(见图 2-12)。

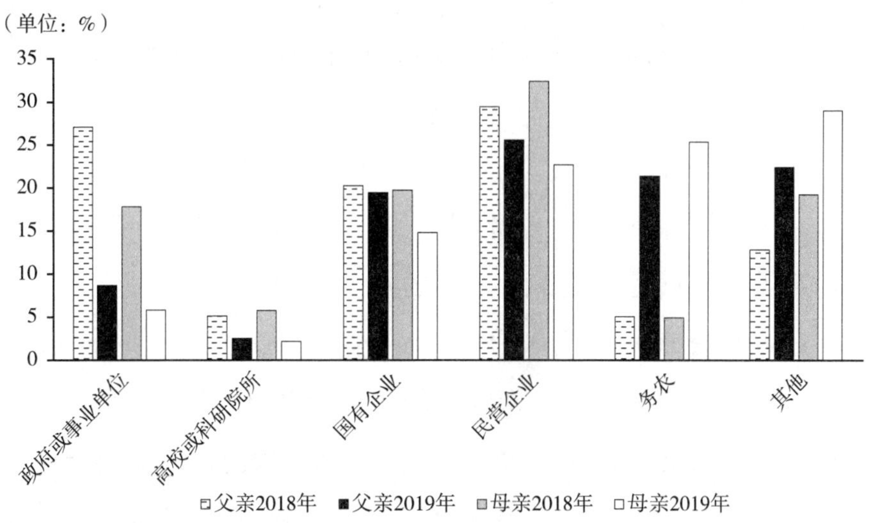

图 2-12　2018 年和 2019 年创业者父母的工作属性对比分析

按行业分,2016年(见表2-35)行业间的趋势较一致,10个行业均为父亲工作属性为工薪阶层的比例最高。软件、信息技术、专业技术服务、新能源、新材料、文化创意和金融服务行业的创业者父亲在政府或事业单位工作的比例超过20%,软件、信息技术、专业技术服务行业的创业者父亲在高校和科研院所工作的比例超过10%,其他行业该比例均未超过10%。2018年(见表2-37)创业者父亲的工作属性分布较为规律,但2019年的分布有较大差异性。2018年各行业创业者父亲的工作属性与整体趋势相似,主要以民营企业和政府或事业单位为主,其中有个别行业的情况有所不同,现代农业的创业者父亲工作属性为民营企业的占比高达42.22%,新能源的其他行业创业者父亲占比为32.76%,现代农业、新能源与新材料的国有企业的父亲占比较低,为10%左右。而2019年的分布差异性较大(见表2-41),以务农和民营企业为主,其中现代农业的务农占比超过40%,新能源和新材料的务农占比超过35%,民营企业各行业整体占比在20%—30%,政府或事业单位和高校或科研院所整体占比较低,小于10%。

按行业分,2016年(见表2-36)各行业创业者母亲的工作属性差距不大。除新能源、文化创意和金融服务外,其他行业的创业者母亲的工作属性均是工薪阶层居多。软件行业的创业者母亲来自高校或科研院所的比例是10个行业中最高的,达到21.41%。金融服务行业的创业者母亲务农的比例最高,达到37.83%。2018年创业者母亲的工作属性分布与父亲和整体趋势相似,整体分布较为规律,但2019年的分布有较大差异性。2018年(见表2-39)主要以民营企业为主,政府或事业单位、国有企业和其他占比较为接近，均在 20%左右，务农和高校或科研院所占比较少。而 2019 年(见表 2-43)的分布差异性较大，各行业的占比有所不同，没有行业规律性。新能源、新材料和现代农业的务农占比较大，文化创意、生物医药、信息技术、节能环保、专业技术服务和软件的其他行业占比接近 30%。

根据 2019 年较 2018 年按区域分的创业者父母工作属性的对比分析可得(见表 2-45)，对于创业者父亲来说，上海市呈现政府或事业单位性质的占比大幅减少(-27.87%)，国有企业占比有小幅回升(5.17%)；深圳市呈现高校和科研院所的占比有所减少(-6.59%)；西安市变化趋势与全国趋势相近，民营企业占比减少(-16.59%)，务农(25.34%)和其他行业(16.61%)占比大幅增加；而变化较小的有杭州市的高校或科研院所、国有企业以及其他行业占比，武汉市的民营企业和务农占比。对于创业者母亲来说，整体变化趋势与父亲情况相近，其中也是上海市呈现政府或事业单位性质的占比大幅减少(-18.80%)，变化幅度较父亲情况有所减弱，深圳市的高校或科研院所、杭州市的国有企业占比变化幅度都较大，有不同程度的减少；西安市变化趋势与父亲情况和全国趋势相近，民营企业占比减少(-25.86%)，务农占比大幅增加(28.83%)。而占比变化幅度较小的情况与父亲也具有相似性，有杭州市的政府或事业单位、高校或科研院所、民营企业和其他行业，西安市的国有企业和北京市的务农占比。

表 2-45　2018 年和 2019 年按区域分创业者父母工作属性对比分析

（单位:%）

创业者父母	工作属性	变化幅度最大		变化幅度最小	
		区域	幅度	区域	幅度
父亲	政府或事业单位	上海市	-27.87	北京市	-11.07
	高校或科研院所	深圳市	-6.59	杭州市	-0.27
	国有企业	上海市	5.17	杭州市	-0.22
	民营企业	西安市	-16.59	武汉市	0.70
	务农	西安市	25.34	武汉市	10.01
	其他	西安市	16.61	杭州市	2.31
母亲	政府或事业单位	上海市	-18.80	杭州市	-5.52
	高校或科研院所	深圳市	-7.73	杭州市	-0.61
	国有企业	杭州市	-8.86	西安市	0.57
	民营企业	西安市	-25.86	杭州市	1.90
	务农	西安市	28.83	北京市	13.67
	其他	武汉市	17.49	杭州市	-7.25

三、教育和工作背景

本部分从创业者的受教育程度、海外学习和培训情况、工作经历及担任领导情况分析 2016 年、2018 年与 2019 年调查企业家的基本特征。

（一）创业者的受教育程度

对于创业者的受教育程度，三次调查均显示，大多数创业者都接受过高等教育，整体创业者呈现逐渐“高学历化”趋势（见表 2-46 至表 2-50）。

表 2-46　2016 年按行业分创业者的受教育程度　(单位:%)

行业	高中/中专/技校	大专	本科	硕士研究生	博士研究生	其他
软件	14.06	20.13	59.74	2.88	3.19	0.00
信息技术	8.49	24.14	58.89	3.98	3.98	0.53
专业技术服务	11.71	23.42	60.44	1.27	2.85	0.32
节能环保	8.75	28.75	45.00	11.25	6.25	0.00
高端装备制造	14.29	26.47	33.61	15.97	9.66	0.00
新能源	13.46	28.85	35.58	10.58	11.54	0.00
新材料	11.29	26.21	39.52	12.50	10.48	0.00
生物医药	13.08	26.58	37.97	8.86	13.50	0.00
文化创意	12.82	16.24	44.44	10.26	16.24	0.00
金融服务	14.55	19.03	40.30	14.93	10.45	0.75
总体	12.28	23.31	47.55	8.40	8.26	0.20

表 2-47　2018 年按行业分创业者的受教育程度　(单位:%)

行业	初中以下	初中	高中/中专/技校	大专	本科	硕士研究生	博士研究生
信息技术	1.30	3.98	12.21	16.93	51.06	12.86	1.67
软件	0.95	2.49	14.35	19.57	50.42	11.39	0.83
节能环保	0.00	0.00	26.79	28.57	32.14	12.50	0.00
高端装备制造	1.32	3.29	15.13	18.09	46.05	15.46	0.66
新能源	0.00	6.90	22.41	25.86	32.76	12.07	0.00
新材料	2.44	14.63	7.32	26.83	29.27	17.07	2.44
生物医药	0.64	5.14	15.11	16.72	50.80	10.61	0.96
文化创意	0.45	3.81	12.56	19.28	51.12	10.76	2.02
金融服务	1.38	5.31	10.63	18.70	49.41	13.98	0.59
专业技术服务	1.15	5.36	15.33	19.54	44.83	12.64	1.15
现代农业	1.11	2.22	16.67	22.22	47.78	8.89	1.11
总体	1.05	4.00	13.59	18.76	49.05	12.39	1.17

表 2-48　2018 年按区域分创业者的受教育程度　　（单位:%）

区域	初中以下	初中	高中/中专/技校	大专	本科	硕士研究生	博士研究生
北京市	1.01	3.19	12.51	17.95	50.35	13.68	1.32
上海市	1.64	6.47	13.24	18.48	49.08	10.16	0.92
深圳市	0.25	1.48	14.69	16.05	49.75	16.30	1.48
杭州市	1.36	6.35	14.97	22.22	43.99	10.20	0.91
西安市	1.64	3.28	13.11	20.77	48.63	10.93	1.64
武汉市	0.65	3.24	14.56	23.95	49.19	7.77	0.65

表 2-49　2019 年按行业分创业者的受教育程度　　（单位:%）

行业	初中以下	初中	高中/中专/技校	大专	本科	硕士研究生	博士研究生
信息技术	0.00	1.16	5.92	16.94	54.06	17.52	4.41
软件	0.00	0.28	3.62	14.21	57.94	18.38	5.57
节能环保	0.00	1.33	1.33	18.67	56.00	20.00	2.67
高端装备制造	0.00	0.00	5.71	17.14	49.52	18.10	9.52
新能源	0.00	2.56	7.69	20.51	48.72	12.82	7.69
新材料	0.00	2.53	15.19	41.77	27.85	6.33	6.33
生物医药	0.00	1.46	4.38	18.25	44.53	16.79	14.60
文化创意	0.35	1.74	4.53	19.86	59.58	12.20	1.74
金融服务	0.00	0.00	5.88	19.33	51.26	18.49	5.04
专业技术服务	0.32	2.68	11.91	23.61	49.89	9.98	1.61
现代农业	0.00	4.55	13.64	22.73	43.18	9.09	6.82
总体	0.13	1.71	7.54	20.01	52.29	14.21	4.12

表 2-50　2019 年按区域分创业者的受教育程度　　（单位:%）

区域	初中以下	初中	高中/中专/技校	大专	本科	硕士研究生	博士研究生
北京市	0.00	1.04	6.57	12.09	47.76	25.97	6.57
上海市	0.00	3.12	12.05	27.01	50.00	6.25	1.56
广州市	0.65	3.55	11.29	25.16	50.32	8.06	0.97

续表

区域	初中以下	初中	高中/中专/技校	大专	本科	硕士研究生	博士研究生
深圳市	0.21	3.62	12.15	27.29	46.06	8.53	2.13
杭州市	0.00	0.00	2.67	16.00	62.33	15.00	4.00
西安市	0.00	1.12	4.49	21.35	58.43	10.11	4.49
武汉市	0.00	0.56	6.70	20.11	53.07	15.64	3.91
成都市	0.46	0.00	1.39	12.04	56.94	18.52	10.65
长春市	0.00	0.00	4.61	13.82	61.18	15.13	5.26
郑州市	0.00	0.55	3.30	24.18	57.69	10.99	3.30

三次调查显示大多数创业者都接受过高等教育。三次调查显示，创业者拥有本科学历是创业的主流，且拥有本科学历的创业者占比呈逐年上升趋势，2016 年该比例的创业者为 47.55%，2018 年增加至 49.05%，2019 年这一比例增加至 52.29%。

按行业来看，2016 年（见表 2-46）整体行业的创业者为本科生，其中，除软件、信息技术、专业技术服务行业的创业者的本科生率超过 50%外，其他行业均低于 50%；2018 年（见表 2-47）整体行业的创业者大多数仍是本科生，不同行业本科生占比有所不同，其中，信息技术、软件、生物医药、文化创意、金融服务和现代农业本科生占比近 50%，个别行业大专生占比也较多，如节能环保、现代农业、新材料和新能源，占比在 20%以上；2019 年（见表 2-49）整体行业本科生创业占比有所增加，个别行业达 60%左右，如软件和文化创意，节能环保行业达 56.00%，而除了新材料、生物医药和现代农业，其余行业占比近 50%，这与前两年相比，有较大区别；新材料行业本科生创业占比三年均处于一个较低水平，均低于 40%。

关于硕士、博士人群的创业专业，2016 年硕士从事高端装备制造业的比例最高，达到 15.97%，从事节能环保、新能源、新材料、文化创意和金融服务的比例也均超过 10%,从事其他行业的硕士创业者均未超过 10%;博士从事文化创意行业的比例最高,达到 16. 24%,其他如新能源、新材料、生物医药与金融服务行业,博士创业的比例也超过 10%。2018 年硕士从事创业的主要行业为新材料、高端装备制造和金融服务,博士从事创业的主要行业为新材料、文化创意和信息技术,而 2019 年有所变动,硕士从事创业的主要行业为节能环保、金融服务和软件,博士从事创业的主要行业为生物医药、高端装备制造和新能源。

根据 2019 年较 2018 年按区域分的创业者受教育程度的对比分析可得(见表 2-51),杭州市、上海市和西安市"低学历"创业者的占比大幅减少,深圳市大专、杭州市本科学历创业者大幅增加,北京市在"高学历"创业者占比方面增幅最为明显,与北京市为我国的科技中心密不可分。而深圳市在"低学历"创业者占比变化中改变幅度较小,上海市和西安市的"中、高学历"(大专及以上)创业者占比变化较小,表明上海市和西安市的知识密集型创业增长趋势较弱。

表 2-51　2018 年和 2019 年按区域分创业者的受教育程度对比分析

(单位:%)

受教育程度	变化幅度最大		变化幅度最小	
	区域	幅度	区域	幅度
初中以下	上海市、西安市	-1. 64	深圳市	-0. 04
初中	杭州市	-6. 35	深圳市	2. 14
高中/中专/技校	杭州市	-12. 30	上海市	-1. 19
大专	深圳市	11. 24	西安市	0. 58
本科	杭州市	18. 34	上海市	0. 92
硕士研究生	北京市	12. 29	西安市	-0. 82
博士研究生	北京市	5. 25	上海市	0. 64

（二）创业者的海外学习、培训情况

从三次调查的情况来看，创业者参与海外学习、培训情况占总体的比例不高（见表2-52至表2-56）。

表2-52　2016年按行业分创业者的海外学习、培训情况　（单位：%）

行业	有	没有
软件	24.26	75.74
信息技术	24.66	75.34
专业技术服务	21.68	78.32
节能环保	16.67	83.33
高端装备制造	15.00	85.00
新能源	12.50	87.50
新材料	15.38	84.62
生物医药	28.26	71.74
文化创意	28.38	71.62
金融服务	26.98	73.02
总体	22.34	77.66

表2-53　2018年按行业分创业者的海外学习、培训情况　（单位：%）

行业	有	没有
信息技术	9.26	90.74
软件	9.87	90.13
节能环保	14.29	85.71
高端装备制造	9.57	90.43
新能源	10.34	89.66
新材料	9.76	90.24
生物医药	6.13	93.87
文化创意	10.54	89.46

续表

行业	有	没有
金融服务	9.25	90.75
专业技术服务	9.20	90.80
现代农业	5.56	94.44
总体	9.30	90.70

表 2-54　2018 年按区域分创业者的海外学习、培训情况　（单位:%）

区域	有	没有
北京市	9.88	90.12
上海市	10.17	89.83
深圳市	9.65	90.35
杭州市	8.39	91.61
西安市	8.20	91.80
武汉市	5.19	94.81

表 2-55　2019 年按行业分创业者的海外学习、培训情况　（单位:%）

行业	有	没有
信息技术	14.48	85.52
软件	14.17	85.83
节能环保	16.00	84.00
高端装备制造	14.29	85.71
新能源	10.26	89.74
新材料	5.13	94.87
生物医药	24.64	75.36
文化创意	9.41	90.59
金融服务	19.33	80.67
专业技术服务	8.79	91.21
现代农业	6.82	93.18
总体	12.42	87.58

表 2-56　2019 年按区域分创业者的海外学习、培训情况　（单位:%）

区域	有	没有
北京市	17.49	82.51
上海市	13.17	86.83
广州市	5.79	94.21
深圳市	11.70	88.30
杭州市	14.72	85.28
西安市	9.55	90.45
武汉市	5.03	94.97
成都市	20.83	79.17
长春市	7.14	92.86
郑州市	6.01	93.99

2016 年,22.34%的创业者具有海外学习或培训的经历,2018 年,具有海外学习/培训经历的创业者仅占 9.30%,2019 年该比例为 12.42%。总体来说,具有海外学习或培训背景的创始人占比并不高,这与创业初期更多企业聚焦国内市场具有一定的联系。按行业分,2016 年(见表 2-52),除了节能环保、高端装备制造、新能源、新材料行业具有海外学习或培训经历的创始人比例未超过 20%以外,其他行业均超过 20%;2018 年(见表 2-53)节能环保(14.29%)、文化创意(10.54%)和新能源(10.34%)行业中有海外学习或培训经历的占比超过 10%,其余行业占比均未超过 10%,其中现代农业占比最少,仅 5.56%。按区域分,2018 年(见表 2-54)上海市有海外学习或培训经历的创业者占比超过 10%,其余城市均低于 10%,武汉市最低,仅为 5.19%。2019 年比 2018 年情况有所改善,很多行业的该占比都有大幅度提高(见表 2-55),其中生物医药占比增至 24.64%,金融服务增至 19.33%,节能环保增至 16.00%,最少的为新材料(5.13%);按区域分,2019 年(见表

2-56)成都市成为该占比最高的城市(20.83%),第二为北京市(17.49%),第三为杭州市(14.72%),最少的为武汉市(5.03%)。

(三)创业者的工作经历

因本题问卷设置变动,2016年的选项与后两年问卷选项并未一一对应(见表2-57至表2-61)。

表2-57 2016年按行业分创业者上一份工作类型 (单位:%)

行业	曾经有过创业经历	在创业的相关部门工作过	在政府部门或事业单位工作过	没有
软件	42.77	41.48	15.11	0.64
信息技术	42.67	45.87	11.20	0.27
专业技术服务	42.41	42.09	15.51	0.00
节能环保	38.75	45.00	16.25	0.00
高端装备制造	46.38	37.45	16.17	0.00
新能源	44.72	33.92	21.36	0.00
新材料	37.90	39.11	22.98	0.00
生物医药	45.57	40.08	14.35	0.00
文化创意	42.98	42.13	14.89	0.00
金融服务	39.18	39.55	21.27	0.00
总体	42.60	41.11	16.44	0.12

表2-58 2018年按行业分创业者上一份工作类型 (单位:%)

行业	政府或事业单位	高校或科研院所	国有企业	民营企业	留学	在校学生	其他
信息技术	8.79	3.61	20.26	49.03	0.19	3.61	14.52
软件	9.49	3.68	19.22	46.86	0.24	4.27	16.25
节能环保	12.50	3.57	21.43	42.86	0.00	1.79	17.86
高端装备制造	9.21	2.96	20.07	44.74	0.33	8.55	14.14
新能源	8.62	8.62	22.41	36.21	0.00	1.72	22.41

续表

行业	政府或事业单位	高校或科研院所	国有企业	民营企业	留学	在校学生	其他
新材料	9.76	2.44	19.51	53.66	0.00	2.44	12.20
生物医药	11.90	3.86	18.97	43.41	0.32	6.43	15.11
文化创意	8.74	2.91	18.83	47.53	0.22	4.48	17.26
金融服务	7.48	3.94	17.32	47.64	0.39	6.50	16.73
专业技术服务	6.90	3.83	15.33	53.64	0.00	4.21	16.09
现代农业	6.67	2.22	16.67	57.78	0.00	2.22	14.44
总体	8.97	3.60	19.03	47.70	0.22	4.77	15.71

表 2-59　2018 年按区域分创业者上一份工作类型　（单位:%）

区域	政府或事业单位	高校或科研院所	国有企业	民营企业	留学	在校学生	其他
北京市	8.24	4.20	20.44	48.10	0.23	5.59	13.21
上海市	8.73	2.98	20.33	48.05	0.21	3.49	16.22
深圳市	9.63	3.09	17.78	46.79	0.25	5.93	16.54
杭州市	10.43	2.27	16.33	47.17	0.45	4.54	18.82
西安市	7.10	5.46	19.67	45.90	0.00	2.73	19.13
武汉市	10.03	5.18	15.86	49.19	0.00	3.88	15.86

表 2-60　2019 年按行业分创业者上一份工作类型　（单位:%）

行业	政府或事业单位	高校或科研院所	国有企业	民营企业	留学	在校学生	其他
信息技术	3.86	3.98	14.97	61.64	0.58	2.57	12.40
软件	4.78	5.06	10.39	65.73	1.40	2.53	10.11
节能环保	5.48	4.11	12.33	47.95	4.11	6.85	19.18
高端装备制造	4.76	13.33	15.24	46.67	0.95	3.81	15.24
新能源	2.56	2.56	17.95	58.97	0.00	5.13	12.82
新材料	3.85	2.56	11.54	69.23	0.00	2.56	10.26

续表

行业	政府或事业单位	高校或科研院所	国有企业	民营企业	留学	在校学生	其他
生物医药	2.21	8.09	16.91	55.15	1.47	1.47	14.71
文化创意	3.86	2.46	12.63	60.70	1.75	5.61	12.98
金融服务	5.08	1.69	11.02	63.56	0.85	1.69	16.10
专业技术服务	4.31	2.69	15.09	59.81	0.11	2.26	15.73
现代农业	2.33	2.33	13.95	67.44	0.00	4.65	9.30
总体	4.02	3.86	13.85	60.67	0.75	2.92	13.92

表 2-61　2019 年按区域分创业者上一份工作类型　（单位:%）

区域	政府或事业单位	高校或科研院所	国有企业	民营企业	留学	在校学生	其他
北京市	5.87	5.87	14.91	53.77	1.20	3.01	15.36
上海市	1.57	1.79	18.12	60.18	0.67	0.45	17.23
广州市	3.26	2.61	17.92	61.56	0.00	2.28	12.38
深圳市	2.59	1.08	8.19	68.53	0.65	2.16	16.81
杭州市	4.36	3.36	9.40	71.81	1.68	3.36	6.04
西安市	2.81	7.30	16.85	57.30	0.00	2.81	12.92
武汉市	3.91	2.79	18.99	57.54	0.56	3.35	12.85
成都市	5.12	6.05	12.09	60.47	0.93	2.33	13.02
长春市	9.80	6.54	9.80	54.90	0.65	11.76	6.54
郑州市	2.82	4.52	11.86	58.76	0.00	3.95	18.08

2016 年八成以上的创业者有过创业经历或与创业相关的经历,2019 年较 2018 年来看,出自民营企业的创业者增多(见图 2-13),由 47.7%增加至 60.67%,来自政府或事业单位、国有企业、在校学生和其他行业的创业者有所减少,说明创业群体更加具有行业从业经验。

分行业对比的话,各行业占比分布与整体趋势相近。2016 年

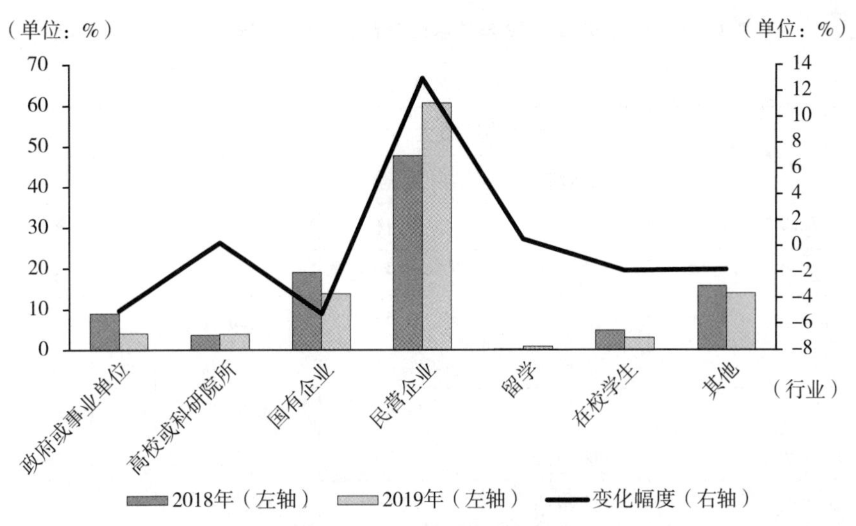

图 2-13　2018 年和 2019 年创业者的工作经历对比

(见表 2-57)高端装备制造行业创业者曾经有过创业经历的比例最高,达到 46.38%,而新材料、新能源和金融服务行业的创业者在政府部门工作过的比例均超过 20%。2018 年与 2019 年的创业者,以拥有民营企业工作经历的创业者为主,但 2019 年该趋势更为明显,拥有其他各行业工作经历的创业者占比更少。2018 年(见表 2-58),新材料、专业技术服务业、现代农业的创业者有一半以上上一份工作是在民营企业,而 2019 年(见表 2-60)信息技术、软件、新材料、文化创意、金融服务、现代农业的初创者 60%以上上一份工作是在民营企业。

按区域分(见表 2-62),2019 年较 2018 年上海市来自政府或事业单位的创业人员大幅减少(-7.16%),北京市变化幅度最小(-2.37%);深圳市来自国有企业的创业人员大幅减少(-9.59%);整体创业者来自民营企业的占比较大,其中杭州市占比变化幅度最大,增加 24.64%,北京市变化最小,但也达 5.67%;深圳市在校学生和杭州市其他部门的创业者有一定幅度的降低。

表 2-62　2018 年和 2019 年按区域分创业者的工作经历对比分析

（单位:%）

工作经历	变化幅度最大		变化幅度最小	
	区域	幅度	区域	幅度
政府或事业单位	上海市	-7. 16	北京市	-2. 37
高校或科研院所	武汉市	-2. 39	杭州市	1. 09
国有企业	深圳市	-9. 59	上海市	-2. 21
民营企业	杭州市	24. 64	北京市	5. 67
留学	杭州市	1. 23	西安市	0. 00
在校学生	深圳市	-3. 77	西安市	0. 08
其他	杭州市	-12. 78	深圳市	0. 27

（四）创业者担任领导情况

对于创业者担任领导的情况，调查显示越来越多具有团队领导经验的人开始创业（见表 2-63 至表 2-67）。

表 2-63　2016 年按行业分创业者的团队领导经验　（单位:%）

行业	有	没有
软件	37. 62	62. 38
信息技术	33. 78	66. 22
专业技术服务	30. 25	69. 75
节能环保	64. 94	35. 06
高端装备制造	64. 56	35. 44
新能源	70. 59	29. 41
新材料	30. 25	69. 75
生物医药	96. 45	3. 55
文化创意	99. 38	0. 63
金融服务	100. 00	0. 00
总体	59. 17	40. 83

表 2-64　2018 年按行业分创业者的团队领导经验　（单位:%）

行业	有	没有
信息技术	73. 06	26. 94
软件	71. 73	28. 27
节能环保	66. 07	33. 93
高端装备制造	74. 01	25. 99
新能源	81. 03	18. 97
新材料	80. 49	19. 51
生物医药	75. 24	24. 76
文化创意	73. 48	26. 52
金融服务	70. 67	29. 33
专业技术服务	73. 56	26. 44
现代农业	73. 33	26. 67
总体	72. 91	27. 09

表 2-65　2018 年按区域分创业者的团队领导经验　（单位:%）

区域	有	没有
北京市	74. 90	25. 10
上海市	71. 74	28. 26
深圳市	69. 80	30. 20
杭州市	73. 24	26. 76
西安市	74. 86	25. 14
武汉市	74. 76	25. 24

表 2-66　2019 年按行业分创业者的团队领导经验　（单位:%）

行业	有	没有
信息技术	85. 23	14. 77
软件	84. 49	15. 51
节能环保	85. 33	14. 67
高端装备制造	92. 38	7. 62
新能源	89. 74	10. 26
新材料	84. 81	15. 19

续表

行业	有	没有
生物医药	89.71	10.29
文化创意	82.93	17.07
金融服务	82.20	17.80
专业技术服务	83.69	16.31
现代农业	79.55	20.45
总体	84.49	15.51

表 2-67　2019 年按区域分创业者的团队领导经验　（单位:%）

区域	有	没有
北京市	80.39	19.61
上海市	82.17	17.83
广州市	85.21	14.79
深圳市	80.30	19.70
杭州市	86.00	14.00
西安市	91.01	8.99
武汉市	92.18	7.82
成都市	89.81	10.19
长春市	88.24	11.76
郑州市	88.89	11.11

三次调查均显示,创业者曾经担任团队的领导角色的比例较高。该比例 2016 年为 59.17%,2018 年为 72.91%,2019 年为 84.49%,呈逐年上升趋势,说明越来越多具有团队领导经验的人开始创业,提升幅度明显。按行业分,2016 年(见表 2-63),金融服务、文化创意、生物医药和新能源行业中曾担任团队领导的创业者比例超过 70%,其中金融行业的创业者该比例高达 100.00%,也反映出金融行业的创业者在创业之前,在团队经验及领导力方面已有较全面的训练。2018 年(见表 2-64),新能源(81.03%)、

新材料(80.49%)具有团队领导经验的创业者占比超过80%,其余行业占比均在60%—80%,其中节能环保占比最少,但也超过六成;2019年较2018年具有团队领导经验的创业者占比明显提升(见表2-66),均在75%—95%,其中占比最高的行业为高端装备制造(92.38%),比2018年占比最高的行业提升近11个百分点。按区域分,除深圳市(69.80%)外,2018年各个城市有团队领导经验的创业者占比均超过70%,其中北京市高达74.90%,成为创业团队最有经验的城市之一,其余城市均在70%—75%,差距较小(见表2-65)。2019年较2018年情况有很大的增幅,很多城市的该占比都有大幅度提高,均在80%—95%,其中该占比最高的城市为武汉市(92.18%),最低的城市为深圳市(80.30%)。整体来说,所有城市的创业者经过行业从业的历练,创业动机更加理性化(见表2-67)。

四、社会活动

因问卷变化,该部分仅对2018年与2019年的情况做了调查。从2018年到2019年,创业者的社会活动有不同程度的减少(见表2-68至表2-70)。

表2-68　2018年按行业分创业者的其他社会活动情况　（单位:%）

行业	有	没有
信息技术	62.81	37.19
软件	62.00	38.00
节能环保	69.64	30.36
高端装备制造	68.42	31.58
新能源	70.69	29.31

续表

行业	有	没有
新材料	68.29	31.71
生物医药	67.20	32.80
文化创意	63.68	36.32
金融服务	63.78	36.22
专业技术服务	61.69	38.31
现代农业	67.78	32.22
总体	63.95	36.05

表 2-69　2018 年按区域分创业者的其他社会活动情况　（单位:%）

区域	有	没有
北京市	63.09	36.91
上海市	60.47	39.53
深圳市	68.97	31.03
杭州市	58.50	41.50
西安市	71.04	28.96
武汉市	68.93	31.07

表 2-70　2019 年按行业分创业者的其他社会活动情况　（单位:%）

区域	有	没有
信息技术	52.73	47.27
软件	53.82	46.18
节能环保	46.67	53.33
高端装备制造	59.62	40.38
新能源	57.89	42.11
新材料	50.68	49.32
生物医药	52.24	47.76
文化创意	47.84	52.16
金融服务	57.02	42.98
专业技术服务	51.86	48.14
现代农业	59.09	40.91
总体	52.32	47.68

表 2-71　2019 年按区域分创业者的其他社会活动情况　（单位:%）

区域	有	没有
北京市	43.08	56.92
上海市	58.85	41.15
广州市	55.92	44.08
深圳市	51.87	48.13
杭州市	61.20	38.80
西安市	45.76	54.24
武汉市	46.89	53.11
成都市	50.00	50.00
长春市	67.35	32.65
郑州市	52.94	47.06

2018 年,有其他社会活动的创业者占比超过 60%,均在 60%—75%,2019 年该占比有所下降,均在 45%—60%,整体占比下降 11.63%。按行业分,2018 年新能源(70.69%)有其他社会活动的创业者占比最多,其余行业占比均在 60%—70%,其中专业技术服务业占比最少,仅为 61.69%(见表 2-68);2019 年较 2018 年有其他社会活动的创业者占比明显减少,其中占比最高的行业为高端装备制造,为 59.62%,比 2018 年占比最高的行业下降近 11 个百分点(见表 2-70)。按区域分,2018 年各个城市有其他社会活动的创业者占比均超过 55%,其中西安市高达 71.04%,其余城市均在 55%—70%,其中杭州市占比最少,仅为 58.50%(见表 2-69)。2019 年较 2018 年情况有很大的跌幅,很多城市的该占比都有大幅度降低,整体占比均在 40%—70%,其中该占比最高的城市为长春市(67.35%),最低的城市为北京市(43.08%)(见表 2-71)。

第二节　创业者的前瞻性

本部分从创业者的企业战略的完备性和企业家的抱负两方面分析企业家的前瞻性。

一、企业战略的完备性

在2016年、2018年和2019年中，制定中长期战略规划的企业逐渐增多，但制定短期规划的企业比例变化趋势呈“V”型（见表2-72至表2-75）。

表2-72　2016年按行业分企业战略的完备性　（单位：%）

行业	企业有五年以上的战略规划，形成相关文件	企业有十年以上的战略规划，形成相关文件	企业有三年战略规划，形成了相关文件	企业有一年战略规划	企业没有明确规划性文件，但员工有自己的理解	企业没有战略规划文件	不知道相关情况
信息技术	0.00	11.83	35.50	26.33	13.02	10.65	2.66
软件	0.00	9.29	36.80	27.51	11.52	13.01	1.86
节能环保	8.64	14.81	32.10	19.75	8.64	4.94	11.11
高端装备制造	4.17	6.67	30.83	29.17	12.50	6.67	10.00
新能源	4.52	7.74	25.81	28.39	13.55	7.10	12.90
新材料	5.06	12.66	31.65	22.36	10.13	9.28	8.86
生物医药	5.26	15.79	28.95	28.95	7.89	7.02	6.14
文化创意	3.49	8.14	30.23	22.09	11.63	8.14	16.28
金融服务	0.00	13.58	32.45	21.89	15.85	9.81	6.42
专业技术服务	0.00	12.32	38.04	22.46	11.59	14.49	1.09
总体	2.06	11.44	33.33	24.88	12.11	10.15	6.03

表 2-73　2016 年按区域分企业战略的完备性　(单位:%)

区域	企业有五年以上的战略规划,形成相关文件	企业有十年以上的战略规划,形成相关文件	企业有三年战略规划,形成了相关文件	企业有一年战略规划	企业没有明确规划性文件,但员工有自己的理解	企业没有战略规划文件	不知道相关情况
北京市	1.64	11.01	37.80	25.15	12.35	9.23	2.83
上海市	1.08	12.74	31.98	24.39	13.01	11.38	5.42
深圳市	1.13	12.78	28.95	25.94	13.91	10.15	7.14
杭州市	4.07	11.53	31.86	23.39	9.49	9.83	9.83
武汉市	2.35	9.39	33.33	22.07	12.68	12.21	7.98
西安市	3.97	10.32	26.19	30.95	9.52	8.73	10.32

表 2-74　2018 年按区域分企业战略的完备性　(单位:%)

区域	制定了中长期战略规划	制定了短期战略规划	企业没有明确规划性文件,但员工有自己的理解	企业没有战略规划文件	不知道相关情况
北京市	59.39	20.03	10.25	3.11	7.22
上海市	59.73	19.36	10.14	2.66	8.09
深圳市	58.02	18.52	11.48	2.96	9.01
杭州市	55.10	22.22	9.52	2.95	10.20
西安市	59.02	21.31	9.84	1.64	8.20
武汉市	61.49	20.06	10.36	3.56	4.53
总体	58.87	19.87	10.38	2.92	7.96

表 2-75　2019 年按区域分企业战略的完备性　(单位:%)

区域	制定了中长期战略规划	制定了短期战略规划	企业没有明确规划性文件,但员工有自己的理解	企业没有战略规划文件	不知道相关情况
北京市	56.48	23.55	12.82	3.13	4.02
上海市	60.63	26.17	10.51	2.01	0.67
广州市	55.95	21.22	13.83	5.47	3.54
深圳市	47.76	28.36	16.84	3.20	3.84
杭州市	71.33	21.00	4.67	1.00	2.00
西安市	43.02	31.28	22.91	0.56	2.23

续表

区域	制定了中长期战略规划	制定了短期战略规划	企业没有明确规划性文件，但员工有自己的理解	企业没有战略规划文件	不知道相关情况
武汉市	56.42	21.23	15.08	5.59	1.68
成都市	71.30	19.91	7.41	0.46	0.93
长春市	71.43	18.83	7.14	1.30	1.30
郑州市	56.28	30.05	10.38	0.00	3.28
总体	58.12	24.38	12.32	2.54	2.64

对比分析2016年①、2018年和2019年的企业战略完备性（见表2-76），制定中长期战略规划的企业逐年增多，2016年仅有46.83%的企业制定中长期战略规划，2018年和2019年企业战略中制定中长期战略规划的企业比例相近，为58%左右，2019年较2018年有微弱减少趋势；但制定短期规划的企业比例变化趋势呈"V"型，2016年为24.88%，2018年下降至19.87%，2019年又升至24.38%；三年均有10%—15%的企业没有明确规划性文件，但员工有自己的理解；较2016年，2018年和2019年没有战略规划文件的企业占比由10%降至3%以下。

表2-76 2016年、2018年和2019年企业战略完备性 （单位：%）

年份	制定了中长期战略规划	制定了短期战略规划	企业没有明确规划性文件，但员工有自己的理解	企业没有战略规划文件	不知道相关情况
2016	46.83	24.88	12.11	10.15	6.03
2018	58.87	19.87	10.38	2.92	7.96
2019	58.12	24.38	12.32	2.54	2.64

① 2016年的调查问卷中将"企业有十年以上的战略规划，形成相关文件""企业有五年以上的战略规划，形成相关文件"和"企业有三年战略规划，形成了相关文件"这三类归并为"制定了中长期战略规划"，将"企业有一年战略规划"转变为"制定了短期战略规划"。

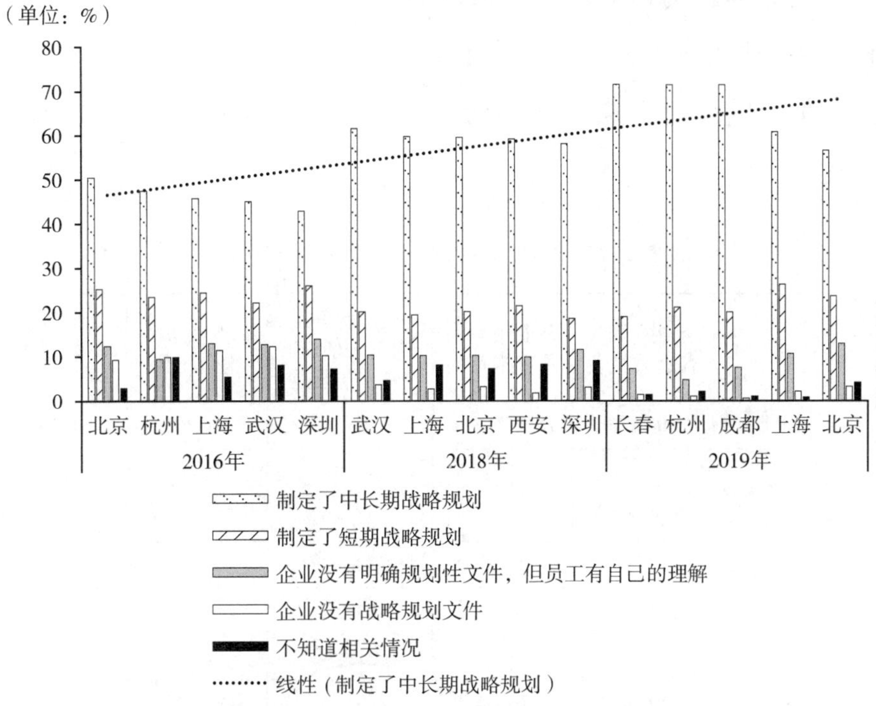

图 2-14　2016 年、2018 年和 2019 年按区域分企业战略完备性

由 2016 年、2018 年和 2019 年重点城市企业完备性对比可知，各年的抽样城市排名有所不同，如图 2-14 所示的为每年以中长期规划为排序对象且排名前五的城市，可以看出三年排名第一的城市分别为北京市、武汉市和长春市，其他排名前五的城市有所变化。2016—2019 年，有中长期战略的企业比重明显增多；2018 年排名前五的城市中长期战略比重均超过 55%，2019 年排名前三的城市该比重甚至超过 70%，并且不知道战略规划的企业比重随着时间的推移逐渐减少，2019 年均降至 4%以下。

二、创业者的企业家抱负

企业家的抱负与追求的高度决定企业的高度，企业家的境界决定企业成长的边界。调查根据初创企业领导人内心抱负情况进行调研,发现绝大多数创业企业家都具有远大抱负。关于领导人抱负情况的调研方式,采取中层领导对其评价的方式进行客观式描述。

表 2-77 2016 年按行业分企业家的抱负情况 (单位:%)

行业	企业领导人有远大抱负	企业领导人是有抱负的	企业领导人抱负一般,但执行力很强	企业领导人抱负一般	不好评价
信息技术	40. 83	55. 92	2. 66	0. 30	0. 30
软件	33. 46	65. 06	1. 49	0. 00	0. 00
节能环保	28. 40	30. 86	24. 69	7. 41	8. 64
高端装备制造	33. 33	27. 50	20. 83	4. 17	14. 17
新能源	27. 10	30. 32	24. 52	7. 10	10. 97
新材料	24. 05	34. 60	21. 94	8. 86	10. 55
生物医药	29. 82	36. 84	19. 30	5. 26	8. 77
文化创意	33. 72	34. 88	20. 93	5. 81	4. 65
金融服务	36. 98	51. 70	8. 30	1. 13	1. 89
专业技术服务	34. 42	63. 77	1. 09	0. 00	0. 72
总体	33. 28	48. 22	10. 97	2. 99	4. 53

表 2-78 2016 年按区域分企业家的抱负情况 (单位:%)

区域	企业领导人有远大抱负	企业领导人是有抱负的	企业领导人抱负一般,但执行力很强	企业领导人抱负一般	不好评价
北京市	35. 71	55. 36	5. 51	1. 49	1. 93
上海市	38. 21	48. 78	7. 86	1. 36	3. 79
深圳市	34. 96	47. 74	11. 28	3. 76	2. 26
杭州市	27. 80	35. 25	19. 66	6. 44	10. 85
武汉市	24. 41	50. 23	15. 49	3. 76	6. 10
西安市	30. 16	36. 51	20. 63	4. 76	7. 94

表 2-79　2018 年按区域分企业家的抱负情况　　(单位:%)

区域	有远大抱负的	抱负一般的	抱负较低的
北京市	61.88	28.27	9.86
上海市	59.43	29.82	10.76
深圳市	58.27	31.10	10.62
杭州市	62.81	29.25	7.94
西安市	54.64	31.15	14.21
武汉市	61.82	27.83	10.35
总体	60.32	29.43	10.26

表 2-80　2019 年按区域分企业家的抱负情况　　(单位:%)

区域	有远大抱负的	抱负一般的	抱负较低的
北京市	76.72	18.66	4.63
上海市	73.44	24.34	2.24
广州市	70.96	25.48	3.55
深圳市	75.44	18.11	6.46
杭州市	87.67	10.67	1.66
西安市	67.60	29.61	2.79
武汉市	70.96	26.26	2.80
成都市	83.33	13.88	2.78
长春市	86.92	11.77	1.30
郑州市	79.68	18.13	2.20
总体	76.82	19.67	3.52

对比分析 2016 年、2018 年和 2019 年企业家抱负情况可知(见表 2-81),2016—2019 年越来越多的企业家内心拥有远大抱负,其中 2016 年仅有三成左右的企业家有远大抱负,但到 2019 年,该比重增加至七成多,整体增加 1 倍有余;抱负一般的企业家占比逐渐减少,由 2016 年的 62.18%逐渐减少至 19.67%,由占比

六成减少至不足两成,由数据可知,此类企业家由拥有一般抱负逐渐转变为拥有远大抱负,内心的理想信念逐渐增强;拥有较低抱负的企业家降至3.52%[①],说明拥有抱负较低的创业企业家仅占非常之少数。整体来说,随着时间的推移,越来越多的创业企业的企业家拥有远大抱负,内心对于创业企业的信心与理想信念逐渐增强。

表2-81　2016年、2018年和2019年企业家抱负情况对比　(单位:%)

年份	有远大抱负的	抱负一般的	抱负较低的
2016	33.28	62.18	4.53
2018	60.32	29.42	10.26
2019	76.82	19.67	3.52

由2016年、2018年和2019年重点城市企业家抱负情况对比可知(见图2-15),2016年、2018年和2019年的抽样城市排名有所不同,以企业家有远大抱负为主进行降序排列,2016年有远大抱负占比最多的城市为上海市,2018年、2019年为杭州市;杭州市、北京市为连续三次调查均排名前五的城市。其余重点城市有不同的变化,除上海市、北京市、深圳市,西安市与杭州市为2016年上榜的新一线城市,尽管拥有远大抱负的企业家仅有三成左右,但拥有一般抱负的企业家占据60%以上,未来前景乐观;2018年排名前五的城市有所变化,新晋城市为武汉市,拥有远大抱负的企业家比重为60%以上,与排名第一的杭州市和排名第二的北京市差距极小,上海市与深圳市跌至第四名、第五名,但整体拥

① 2016年的调查问卷中,由于问卷题目略有差别,将表2-77和表2-78中"企业领导人是有抱负的""企业领导人抱负一般,但执行力很强"和"企业领导人抱负一般"合并为"抱负一般的"分类,将"不好评价"表示为"抱负较低的"。

有远大抱负的企业家比重仍增长了近 1 倍，达到近六成，整体 2018 年排名前五的城市在“有远大抱负”的企业家比重方面差距较小；2019 年排名前五的城市更新了排序，其中长春市、成都市、郑州市为新上榜单的城市并且表现较好，有远大抱负的企业家比重在八成上下，整体企业家信心与理想状态较好，北京市有远大抱负的企业家比重也由 2018 年的六成提升至 2019 年的近八成。整体来说，三次调查中各个城市的企业家信心与内心理想随着时间的推移都得到了较大的提升。

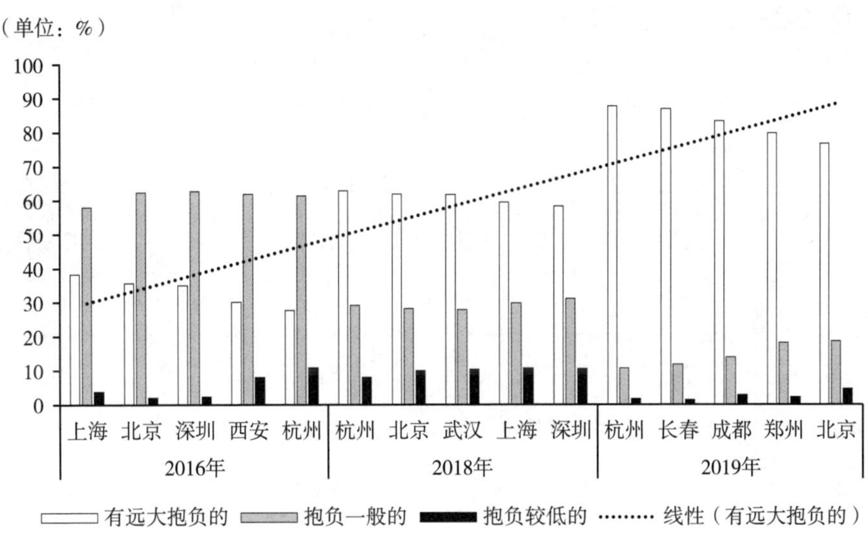

图 2-15　2016 年、2018 年和 2019 年按区域分企业家抱负对比

第三节　员工主人翁意识程度

员工的企业意识最重要的体现就是企业员工的主人翁意识，即企业员工作为企业主体和能动力量在企业经营和管理等方面表现出来的积极性、主动性和创造性。在企业的发展过程中，员工的主人翁意识能激发出员工的自豪感和使命感，使之主动自觉地与事业同呼吸、共命运、心连心，齐心协力朝着既定的目标前进；另外，主人翁意识能激发员工的凝聚力和创造力，使其在本职岗位上激情创业，用自己的聪明才智为企业发展作出贡献。

2016年、2018年和2019年，企业员工主人翁意识随着时间的推移逐渐增强，认为“企业是自己跟随领导人一起完成的事业”（见表2-82至表2-85）。

表2-82　2016年按行业分企业员工主人翁意识程度　　（单位：%）

行业	企业是自己管理的，事事都需要发表意见	企业是自己跟随领导人一起完成的事业	企业的未来是大家一起创造的，自己尽责就行	企业事情就是直接领导规定的事	完成自己的工作就是尽责了	企业未来的发展是领导人的事情，与个别员工的想法无关
信息技术	15.09	34.32	38.46	0.00	11.54	0.59
软件	8.92	39.78	37.92	0.00	13.01	0.37
节能环保	13.58	28.40	37.04	8.64	3.70	8.64
高端装备制造	11.67	29.17	37.50	8.33	8.33	5.00
新能源	10.32	37.42	30.32	11.61	5.16	5.16
新材料	10.97	27.00	33.33	10.97	13.50	4.22
生物医药	11.40	28.07	34.21	8.77	12.28	5.26
文化创意	8.14	27.91	37.21	11.63	11.63	3.49
金融服务	10.19	44.53	30.94	0.00	10.19	4.15
专业技术服务	12.68	39.86	35.51	0.00	11.59	0.36
总体	11.54	35.39	35.24	4.17	10.82	2.83

表 2-83　2016 年按区域分企业员工主人翁意识程度　　（单位：%）

区域	企业是自己管理的，事事都需要发表意见	企业是自己跟随领导人一起完成的事业	企业的未来是大家一起创造的，自己尽责就行	企业事情就是直接领导规定的事	完成自己的工作就是尽责了	企业未来的发展是领导人的事情，与个别员工的想法无关
北京市	12.95	33.93	38.10	2.08	11.31	1.64
上海市	10.03	38.48	33.60	2.44	11.11	4.34
深圳市	12.41	39.47	35.34	3.01	7.89	1.88
杭州市	10.85	31.86	33.90	10.17	8.47	4.75
武汉市	11.27	33.80	33.80	7.04	11.74	2.35
西安市	8.73	36.51	30.16	3.97	17.46	3.17

表 2-84　2018 年按区域分企业员工主人翁意识程度　　（单位：%）

区域	企业是自己管理的，事事都需要发表意见	企业是自己跟随领导人一起完成的事业	企业的未来是大家一起创造的，自己尽责就行	企业事情就是直接领导规定的事	完成自己的工作就是尽责了	企业未来的发展是领导人的事情，与个别员工的想法无关
北京市	12.81	34.16	37.50	6.29	6.60	2.64
上海市	11.37	35.96	34.43	7.17	8.30	2.77
深圳市	11.36	36.54	36.54	6.30	7.41	1.85
杭州市	14.06	32.88	34.01	4.99	9.98	4.08
西安市	13.66	32.24	34.43	8.20	6.01	5.46
武汉市	10.68	32.36	41.42	7.12	5.50	2.91
总体	12.18	34.71	36.34	6.51	7.44	2.82

表 2-85　2019 年按区域分企业员工主人翁意识程度　　（单位：%）

区域	企业是自己管理的，事事都需要发表意见	企业是自己跟随领导人一起完成的事业	企业的未来是大家一起创造的，自己尽责就行	企业事情就是直接领导规定的事	完成自己的工作就是尽责了	企业未来的发展是领导人的事情，与个别员工的想法无关
北京市	12.65	51.04	27.38	2.38	4.61	1.93
上海市	26.29	43.60	17.75	6.97	4.49	0.90
广州市	18.97	41.48	25.40	7.07	5.47	1.61
深圳市	18.55	43.50	27.08	6.61	3.84	0.43
杭州市	18.00	58.67	21.33	0.33	0.33	1.33
西安市	5.62	51.69	30.34	8.99	2.25	1.12
武汉市	13.97	50.28	27.37	3.91	2.23	2.23

续表

区域	企业是自己管理的，事事都需要发表意见	企业是自己跟随领导人一起完成的事业	企业的未来是大家一起创造的，自己尽责就行	企业事情就是直接领导规定的事	完成自己的工作就是尽责了	企业未来的发展是领导人的事情，与个别员工的想法无关
成都市	12.50	56.94	24.54	3.24	2.31	0.46
长春市	14.94	56.49	27.92	0.00	0.65	0.00
郑州市	12.64	52.20	29.12	1.65	4.40	0.00
总体	16.42	49.36	25.27	4.31	3.51	1.13

对比分析2016年、2018年和2019年企业员工主人翁意识情况可知（见表2-86），随着时间的推移，企业员工的主人翁意识逐渐增强，其中大部分员工的主人翁意识仍是“企业是自己跟随领导人一起完成的事业”，2019年该类意识已占49.36%，成为一种主流意识；其次为“企业的未来是大家一起创造的，自己尽责就行”，此类意识从2016年的35.24%下降至2019年的25.27%；“企业是自己管理的，事事都需要发表意见”的比重也从11.54%上升为16.42%，侧面反映了企业员工的主人翁意识的逐渐增强；“与自己无关”的意识（“完成自己的工作就是尽责了”和“企业未来的发展是领导人的事情，与个别员工的想法无关”）逐渐减弱，由13.65%下降至4.64%，反向证明了员工主人翁意识责任感逐渐增强，对于创业企业来说，是一个良好的信号与强心剂。

表2-86 2016年、2018年和2019年企业员工主人翁意识情况对比

（单位：%）

年份	企业是自己管理的，事事都需要发表意见	企业是自己跟随领导人一起完成的事业	企业的未来是大家一起创造的，自己尽责就行	企业事情就是直接领导规定的事	完成自己的工作就是尽责了	企业未来的发展是领导人的事情，与个别员工的想法无关
2016	11.54	35.39	35.24	4.17	10.82	2.83
2018	12.18	34.71	36.34	6.51	7.44	2.82
2019	16.42	49.36	25.27	4.31	3.51	1.13

根据2016年、2018年和2019年按城市分企业员工主人翁意识情况对比可知(见图2-16),以“企业是自己跟随领导人一起完成的事业”的意识占比进行排序并选择排名前五的城市,2016年和2018年深圳市和上海市的企业员工主人翁意识排名均为第一和第二,北京市与武汉市均名列前五。杭州市在2018年时排名第四,2019年升至第一,“企业是自己跟随领导人一起完成的事业”这一主人翁意识占比增长近1倍升至近六成,同时排名前五的城市该意识都有大幅度的提升,2019年排名第五的西安市该意识占比也超过50%。2016年与2018年相比增长幅度较小,但2019年比2018年和2016年变化较大,2019年企业员工的主人翁意识不断增强。

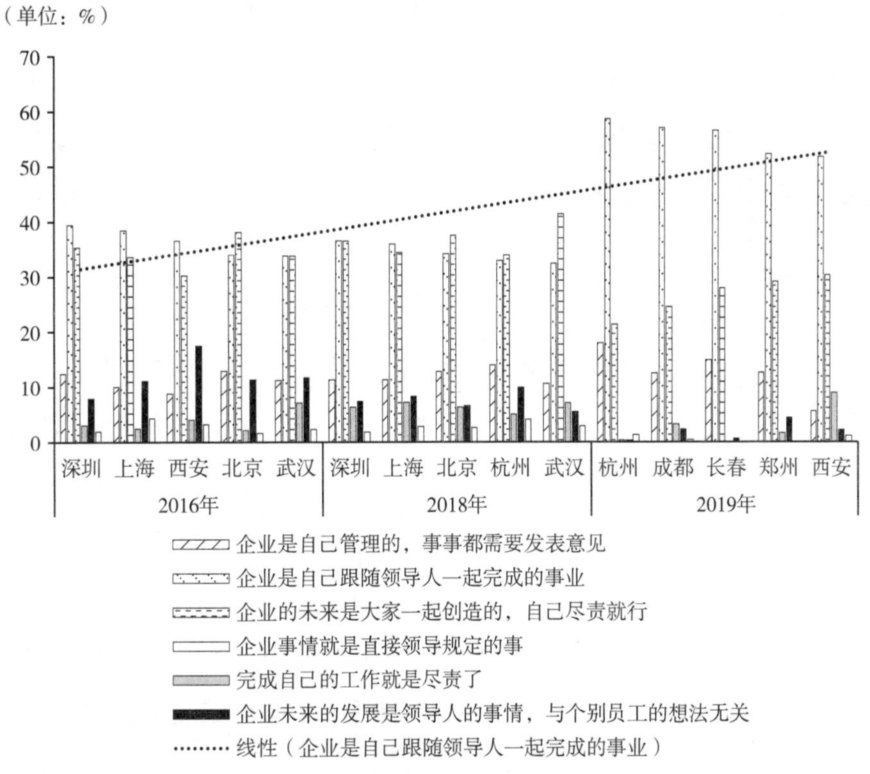

图2-16　2016年、2018年和2019年按区域分企业员工主人翁意识对比

第四节　对比分析

本章对2016年、2018年及2019年关于企业家精神的三次调查结果进行分析，创业企业的企业家精神从创业者的基本特征、创业者的前瞻性、员工主人翁意识程度方面进行综合对比分析。

一、创业者的基本特征

对于创业者性别构成，三次调查显示，创业者均以男性为主，女性创业者三次调查的平均占比在15%—30%。同时，2019年北京市和深圳市的女性创业者超过三成，不同行业的男女构成略有不同。整体来说，创业者性别构成变化不大，依旧以男性为主，但是各大城市中的女性创业者逐渐开始活跃，尤其是经济、文化较为发达的城市。

对于创业者的年龄分布与统计，三次调查的创业者大军整体为中青年。2016年的创业大军整体为中青年，年龄分布在26—44岁，占比接近50%，2018年26—35岁的青年创业者比例最高，占比超过50%。2019年的创业大军整体为中青年，年龄分布以26—44岁为主，时间跨度较大，26—35岁与36—44岁两个年龄段占比较为接近，同时44岁以上创业者占比也有明显增加，软件和文化创意行业成为较为"年轻"的行业，上海市的创业者呈现"高龄化"。整体来说，2019年比前两年的创业者较为年长，"中高龄"创业者增多，"低龄"创业者减少；高端装备制造创业者去低龄化，软件和文化创意行业创业者较为年轻；上海市创业者由"低龄"向

“高龄”推移,杭州市创业者年龄分布较为稳定。

对于创业者出生地,2016 年创业者来自中小城市的比例最高,2018 年创业者来自一线城市与省会城市或计划单列市居多,2019 年创业者出生地较 2018 年地县城市与农村有较快增长。2018 年创业者来自一线城市与省会城市或计划单列市的居多;除新能源、新材料行业外,其余行业均有超过三成的创业者来自一线城市;深圳市和西安市有超过四成的创业者来自一线城市,北京市、上海市、杭州市、武汉市各有超过三成的创业者来自一线城市。2019 年创业者的出生地占比较为均匀,其中来自农村的创业者增幅较大;新能源行业来自一线城市的创业者最多,现代农业行业创业者有 34. 09%来自农村;来自地级城市的创业者在杭州市的占比较大,占 34%,来自农村的创业者在郑州市的占比较大,占 38. 46%。2019 年比 2018 年一线城市出生的创业者占比减少 19. 23%,省会城市或单列计划市占比减少 10. 02%,地级城市和县级城市呈现小幅增加,占比增幅为 5. 37%和 6. 54%,来自农村的创业者在 2019 年大幅增加,占比增加 17. 34%;节能环保行业为一线城市创业者占比减少幅度最大的行业;所有城市中来自农村的创业者明显增多,来自一线城市的创业者明显减少。

对于创业者的性格特征,以“愿意与别人合作”和“外向”性格为主。2016 年,创业者性格的占比分别为“愿意与别人合作”(37. 50%)、“外向”(21. 25%)、“渴望表现自我”(20. 54%)、“内向”(18. 59%)和“有冒险精神”(15. 79%)。信息技术、金融服务和专业技术服务行业“愿意与别人合作”的创业者占比较多,均超过 40%,其中金融业这一比例占比为 51. 49%,是所有行业中最高,同时也是唯一一个占比超过 50%的。2018 年超过六成的创业者“愿意与别人合作”，专业技术服务业的创业者更多地选择了“外向”，金融服务业的创业者将“外向”和“愿意与别人合作”并列第一；杭州市选择“外向”的创业者占比最高（63.04%）。2019年按性格特征类别来看，首位的性格特征依旧是“愿意与别人合作”“外向”型性格，但“外向”型性格占比较2018年有所下降；按行业来看，现代农业的创业者（61.36%）性格更加“外向”，新材料的创业者（73.08%）更“愿意与别人合作”；按区域来看，上海市选择“外向”的创业者占比最高（57.92%），长春市选择“愿意与别人合作”的创业者占比最高（76.32%），成都市的创业者选择“有冒险精神”的最多（46.05%），广州市选择“渴望表现自我”的创业者较多（23.79%），而北京市选择性格“内向”的创业者占十大城市之首（16.84%）。

1. 家庭背景

对于创业者父母受教育程度来说，三次调查中，父母受中高等教育的比例最高。2016年与2019年的调查中创业者父母受教育程度为高中/中专/技校的比例较高。而2018年，父母受大专教育的占比最高，占比均超过30%。三次调查均显示，父亲受过高等教育的比重略高于母亲。

分行业来说，2016年，高端装备制造业创业者的父亲受过高等教育的比重最高，达到47.48%，最低的行业为专业技术服务，占比为18.35%。2018年，新材料行业创业者的父亲受过高等教育的比重最高，达到70.73%，最低的行业为文化创意，占比为57.62%。各行业均有20%—30%的创业者的父亲是本科学历，新能源行业创业者父亲受教育程度是大专的比例最高，占比为46.55%，最低为生物医药，占比为32.80%；各行业创业者父亲受教育程度为高中/中专/技校的比例均超过二成。2019 年,生物医药行业创业者的父亲受过高等教育的比重最高,达到 36.50%,最低的行业为现代农业,占比为 15.90%;各行业均有 50%—70%的创业者的父亲是初中或高中等学历;硕士及博士研究生父亲比例仍只占极少数,总体占比为 1.20%。

2016 年,新能源行业母亲受过高等教育的比重最高,达到 39.42%,而信息技术行业母亲受过高等教育的比例最低,为 27.06%。2018 年,节能环保行业创业者的母亲受过高等教育的比重最高,达到 71.43%,最低的行业为专业技术服务业,占比为 48.27%。大多数行业均有 20%左右的创业者的母亲是本科学历,新材料行业创业者母亲受教育程度是大专的比例最高,占比为 43.90%,最低为信息技术行业,占比为 29.42%;专业技术服务行业创业者母亲受教育程度是高中/中专/技校的比例最高,占比为 34.48%,最低为节能环保行业,占比为 17.86%。2019 年,生物医药行业创业者的母亲受过高等教育的比重最高,达到 30.16%,最低的行业为新材料行业,占比为 12.99%。除新材料和现代农业外,各行业均有 10%左右的创业者的母亲是本科学历,高端装备制造业创业者母亲受教育程度是大专的比例最高,占比为 17.48%,最低为现代农业,占比为 6.82%;创业者母亲受教育程度是高中/中专/技校的比例最高的是金融服务业,占比为 45.38%,最低为节能环保,占比为 16.00%。

分区域来说,2018 年,武汉市的创业者父亲受过中高等教育(高中/中专/技校及以上)的比重最高(91.91%),西安市的创业者母亲该比重最高(91.26%)。2019 年,成都市是创业者父母受过中高等教育比例最高的城市,父亲为 73.15%,母亲为 66.51%,

而来自上海市的创业者的母亲受到中高等教育的比例最低(37.75%)。2019年与2018年对比可知,2019年的创业者其父母高学历占比有所减少。

对于创业者父母的工作属性来说,2016年创业者的父母以工薪阶层为主,2018年创业者的父母多以政府或事业单位、国有企业和民营企业为主,2019年以民营单位和务农为主。2016年,37.14%的创业者父亲的工作属性是工薪阶层,其次是政府或事业单位,占比为21.59%;创业者父亲的工作属性为务农的排第三,占比为17.14%,创业者父亲的工作属性是企业家、高校或科研院所的比例分别为13.39%和10.33%。2018年创业者父亲从事的工作属性基本以政府或事业单位(27.15%)、国有企业(20.28%)和民营企业(29.50%)为主。2019年父亲的工作属性仍以民营企业为主(25.61%),参与务农工作的父亲占比相较于2018年增加16.33%。另外,三次调查中关于创业者母亲的变化与父亲的变化趋势相同。

按行业分,2016年,行业间的趋势较一致,10个行业均为父亲工作属性为工薪阶层的比例最高。软件、信息技术、专业技术服务、新能源、新材料、文化创意和金融服务行业的创业者父亲在政府或事业单位工作的比例超过20%;软件、信息技术、专业技术服务中父亲在高校和科研院所工作的比例超过10%,其他行业该比例均未超过10%。2018年现代农业的创业者父亲工作属性为民营企业的占比高达42.22%,新能源行业创业者父亲从事其他行业的占比近为32.76%,新能源、现代农业与新材料行业创业者父亲在国有企业工作的占比较低,为10%左右。2019年的分布差异性较大,创业者父亲从事的行业以务农和民营企业为主,其中从事现代农业的创业者，其父亲务农的比例超 40%，从事新能源和新材料行业的创业者，其父亲务农占比近 35%；创业者的父亲在民营企业工作的比例在各行业间的占比主要分布在 20%—30%。

按区域分，2019 年较 2018 年在上海市的创业者父亲在政府或事业单位任职的占比大幅减少（-27.87%）；在西安市，创业者的父亲从事务农（25.34%）和其他行业（16.61%）的占比大幅增加；对于创业者母亲来说，整体变化趋势与父亲情况相近。

2. 教育与工作背景

对于创业者的受教育程度，三次调查显示大多数创业者都接受过高等教育。三次调查显示，创业者拥有本科学历是创业的主流，且拥有本科学历的创业者占比呈逐年上升趋势，2016 年该比例的创业者为 47.55%，2018 年增加至 49.05%，2019 年这一比例增加至 52.29%。按行业来看，2016 年整体行业创业者的学历大多为本科生，其中，除软件、信息技术、专业技术服务行业的创业者的本科生率超过 50%以外，其他行业均低于 50%；2018 年整体行业的创业者大多数仍是本科生，不同行业本科生占比有所不同，其中，信息技术、软件、生物医药、文化创意、金融服务和现代农业本科生占比近 50%，个别行业大专生占比也较多，如节能环保、现代农业、新材料和新能源，占比在 20%以上；2019 年整体行业本科生创业占比有所增加，个别行业达 60%左右，如软件和文化创意，节能环保行业达到 56.00%，而除了新材料、生物医药和现代农业，其余行业占比近 50%，这与前两年相比，有较大区别；新材料行业本科生创业占比三年均处于一个较低水平，均低于 40%。分区域看，2018 年北京市超过半数的创业者最高学历是本科。2019 年，杭州市、长春市创业者最高学历是本科的比例超过 60%，北京市的硕士研究生创业者占比最高,达到25.97%。

创业者的海外学习、培训情况所占比例并不高。2016年,22.34%的创业者具有海外学习或培训经历,2018年,具有海外学习/培训的经历的创业者仅占9.30%,2019年该比例为12.42%。总体来说,具有海外学习或培训背景的创始人占比并不高,这与创业初期更多企业聚焦国内市场具有一定的联系。按行业分,2016年,除了节能环保、高端装备制造、新能源、新材料行业具有海外学习或培训经历的创始人比例未超过20%以外,其他行业均超过20%;2018年节能环保(14.29%)、文化创意(10.54%)和新能源(10.34%)中有海外学习或培训经历的占比超过10%,其余行业占比均未超过10%,其中现代农业占比最少,仅为5.56%。按区域分,2018年上海市有海外学习或培训经历的创业者占比超过10%,其余城市均低于10%,武汉市最低,仅为5.19%。2019年较2018年情况有所改善,很多行业的该占比都有大幅度提高,其中生物医药占比增至24.64%,金融服务增至19.33%,节能环保增至16.00%,最少的为新材料(5.13%);2019年成都市成为该占比最高的城市(20.83%),其次为北京市(17.49%)与杭州市(14.72%),最少的为武汉市(5.03%)。

对于创业者的工作经历来说,创业者的行业从业经验丰富。2016年八成以上的创业者有过创业经历或与创业相关的经历,2019年较2018年来看,出自民营企业的创业者增多,由47.7%增加至60.67%,来自政府或事业单位、国有企业、在校学生和其他行业的创业者有所减少,说明创业群体更加具有行业从业经验。分行业对比,2016年高端装备制造行业创业者曾经有过创业经历的比例最高,达到46.38%,而新材料、新能源和金融服务行业的创业者在政府部门工作过的比例均超过20%。2018年新材料、专业技术服务业、现代农业的创业者有一半以上上一份工作是在民营企业,2019年则为信息技术、软件、新材料、文化创意、金融服务、现代农业的初创者60%以上上一份工作是在民营企业。按区域分,上海市来自政府或事业单位的创业人员大幅减少(-7.16%),深圳市来自国有企业的创业人员大幅减少(-9.59%);整体创业者来自民营企业的占比较大,其中杭州市占比变化幅度最大,增加24.64%。

对于创业者担任领导的情况,三次调查显示,创始人具有团队领导经验的比例较高。2016年,该比例为59.17%,2018年为72.91%,2019年为84.49%,呈逐年上升趋势,说明越来越多具有团队领导经验的人开始创业,提升幅度明显。按行业分,2016年,金融服务、文化创意、生物医药和新能源行业的创业者曾担任团队领导的比例超过70%,金融行业的创业者该比例高达100.00%,也反映出金融行业的创业者在创业之前,在团队经验及领导力方面已有较全面的训练。2018年新能源(81.03%)、新材料(80.49%)具有团队领导经验的创业者占比超过80%,其余行业占比均在75%—95%,其中节能环保占比最少,但也超过六成;2019年较2018年具有团队领导经验的创业者占比明显提升,均在75%—95%,其中占比最高的行业为高端装备制造行业(92.38%),比2018年占比最高的行业提升近11个百分点。按区域分,2019年较2018年情况有很大的增幅,很多城市的该占比都有大幅度提高,均在80%—95%,其中该占比最高的城市为武汉市(92.18%),最低的城市为深圳市(80.30%)。整体来说,所有城市的创业者经过行业从业的历练,创业动机更加理性化。

3. 社会活动

从 2018 年到 2019 年,创业者的社会活动有不同程度的减少。2018 年,有其他社会活动的创业者占比超过 60%,均在 60%—75%;2019 年该占比有所下降,均在 45%—60%,整体占比下降 11.63%。按行业分,2018 年新能源(70.69%)有其他社会活动的创业者占比最多,2019 年有其他社会活动的创业者占比明显减少,其中占比最高的行业为高端装备制造行业,仅为 59.62%。按区域分,2018 年占比最高的城市为西安市(71.04%),2019 年占比最高的城市为长春市(67.35%)。

二、创业者的前瞻性

(一)企业战略的完备性

在 2016 年、2018 年和 2019 年中,制定中长期战略规划的企业逐渐增多。2016 年制定中长期战略规划的企业仅占 46.83%,2018 年和 2019 年为 58%左右,2019 年较 2018 年该占比有微弱降低趋势,但制定短期规划的企业比例变化趋势呈“V”型。

(二)企业家抱负

2016 年、2018 年和 2019 年企业家越来越具有远大抱负。2016 年仅有三成左右的企业家有远大抱负,但到 2019 年,该比重增加至七成多;拥有一般抱负的企业家占比逐渐减少,由占比六成减少至不足两成。此类企业家由拥有一般抱负逐渐转变为拥有远大抱负,内心的理想信念逐渐增强。

三、员工主人翁意识程度

2016 年、2018 年和 2019 年中，企业员工主人翁意识随着时间的推移逐渐增强，认为“企业是自己跟随领导人一起完成的事业”。2019 年该类意识已占 49.36%，成为一种主流意识；其次为“企业的未来是大家一起创造的，自己尽责就行”，此类意识从 2016 年的 35.24%降至 2019 年的 25.27%；“企业是自己管理的，事事都需要发表意见”的比重也从 11.54%上升为 16.42%，侧面反映了企业员工的主人翁意识的逐渐增强；“与自己无关”的意识（“完成自己的工作就是尽责了”和“企业未来的发展是领导人的事情，与个别员工的想法无关”）逐渐减弱，由 13.65%下降至 4.64%，反向证明了员工主人翁意识与企业员工的责任感逐渐增强，对于创业企业来说是一个良好的信号与强心剂。

第三章　创业企业发展环境调查

自"双创"战略提出以来,国家出台了一系列政策,我国创业环境得到了明显改善。2015 年 3 月,国务院办公厅印发了《关于发展众创空间推进大众创新创业的指导意见》,加快发展新型创业服务平台。2015 年 6 月,国务院印发了《关于大力推进大众创业万众创新若干政策措施的意见》,从体制机制、财税政策、金融市场、创业投资、创业服务、创业创新平台、激发创业活力、拓展城乡创业渠道等方面进行了部署。

本章对 2016 年、2018 年及 2019 年三次调查中创业企业的发展环境从创业制约因素、决定因素、资金环境、经济环境和创业政策方面进行综合对比分析。因三次调查过程中,问卷问题有适度变化与修改,本章仅就可比问题之间的情形进行对比分析。对于 2018 年、2019 年新增的调查问题,仅就 2018 年与 2019 年的情景进行对比分析。

第一节　创业制约因素

创业具有一定的复杂性,往往面临多方面的压力,受到多种因素制约，准确把握创业的制约因素对于推进“大众创业”具有重要的现实意义。鉴于此，2016年、2018年及2019年的调查重点从资金、合作、创意、风险、家庭、制度等角度对创业制约因素进行了考察，其中2016年的调查仅就分行业情况进行分析。从调查结果来看，制约创业的主要因素可以分为三个层次。

从调查中可以看出，2018年和2019年缺少资金、缺少合作伙伴、缺乏创意和风险问题都是创业最为主要的制约因素（见表3-1、表3-2）。资金约束在2018年与2019年的调查中都是排名第一的制约因素。在2018年调查中，46.08%的创业者将“资金约束”作为创业时面临的最主要困难，赋予“资金约束”困难度得分1—3分的企业占比总计达到75.60%，名列各因素的首位；而在2019年，39.47%的创业者将“资金约束”作为创业时面临的最主要困难，赋予“资金约束”困难度得分1—3分的企业占比总计达到74.18%；“缺少合作伙伴”在2018年与2019年都是困难程度排序中位列第二的制约因素。2018年，将“缺少合作伙伴”列为前三位的比重总计为64.23%；2019年赋予“缺少合作伙伴”困难度得分1—3分的企业占比总计比2018年稍有所下降，但也达到61.08%。在困难度排名第三的制约因素中，2018年“缺乏创意”位列第三，得分1—3分的企业占比总计为55.72%。2019年，“风险问题”取代“缺乏创意”成为位列第三的制约因素，得分1—3分的企业占比总计为45.09%。

表 3-1 2018 年创业制约因素困难度排序 (单位:%)

困难度得分(1 最困难)	资金约束	缺少合作伙伴	缺乏创意	概念容易被模仿	风险问题	家庭反对	工作单位制约	政府政策制约	缺少关键技术
1	46.08	17.98	19.71	8.66	12.41	5.70	4.10	2.44	11.95
2	17.10	28.59	17.09	14.28	15.79	7.54	5.48	4.41	10.82
3	12.42	17.66	18.92	13.27	16.69	9.08	5.44	5.77	10.86
4	8.14	15.30	9.91	20.44	13.78	6.86	5.25	6.93	11.53
5	5.71	8.05	10.49	14.21	18.70	9.26	5.88	9.13	9.34
6	3.49	4.46	7.84	12.65	8.60	21.64	8.68	12.45	9.45
7	2.76	3.10	6.66	8.81	6.49	13.69	23.27	15.58	7.23
8	1.88	3.30	4.21	5.15	3.91	14.48	17.99	29.40	8.07
9	2.40	1.55	5.18	2.54	3.61	11.74	23.91	13.90	20.76
综合得分	2.56	3.18	3.77	4.31	4.04	5.69	6.56	6.46	5.18

表 3-2 2019 年创业制约因素困难度排序 (单位:%)

困难度得分(1 最困难)	资金约束	缺少合作伙伴	风险问题	缺乏创意	概念容易被模仿	家庭反对	工作单位制约	政府政策制约	缺少关键技术
1	39.47	14.74	14.35	11.21	9.67	2.54	2.34	3.11	4.14
2	18.75	28.32	15.13	11.98	10.69	4.08	3.53	3.37	5.78
3	15.96	18.02	15.61	17.12	13.52	5.04	3.85	3.92	5.59
4	8.67	14.32	15.45	17.69	19.24	6.49	5.07	4.11	6.42
5	6.26	9.41	19.94	15.48	19.27	10.12	5.88	5.01	6.84
6	3.50	5.14	8.35	10.66	11.37	28.81	10.76	7.00	10.76
7	2.92	3.95	4.75	7.39	7.55	17.53	33.27	10.47	8.38
8	13.36	2.47	2.41	3.11	3.66	14.45	13.20	29.25	24.12
9	2.02	2.18	1.89	3.18	2.83	7.87	18.82	29.93	25.14
综合得分	2.67	3.28	3.73	4.04	4.21	5.84	6.43	6.82	6.35

在创业制约因素方面,各行业对这一认识存在一定的行业差异(见表 3-3、表 3-4 和表 3-5)。在调查的各行业中,2016 年、

2018 年和 2019 年对创业面临困难总体看法基本一致，资金、合作与风险，创意、模仿与家庭，技术、单位与制度对创业影响程度由重到轻的层次特点十分清晰，但具体影响因素也展现出了一定的行业特征。

表 3-3　2016 年创业制约因素困难度排序行业特征　　（单位：%）

行业	指标	资金约束	缺少合作伙伴	缺乏创意	概念容易被模仿	风险问题	家庭反对	工作单位制约	政府政策制约	缺少关键技术
信息技术	最困难的比重	20.9	18.3	19.3	14.1	11.1	8.2	6.5	2.0	—
	困难度前三名的比重	49.7	45.1	42.5	38.2	34.6	31.0	35.9	23.0	—
	综合得分	4.13	4.30	4.31	4.54	4.55	4.83	4.49	4.84	—
软件	最困难的比重	21.8	20.1	14.0	15.3	13.3	6.8	5.8	2.6	—
	困难度前三名的比重	46.1	46.8	40.6	40.9	35.7	33.8	28.6	27.9	—
	综合得分	4.21	4.15	4.55	4.35	4.51	4.72	4.80	4.70	—
专业服务	最困难的比重	21.8	20.1	14.0	15.3	13.3	6.8	5.8	2.6	—
	困难度前三名的比重	47.8	49.2	40.1	35.4	38.5	34.9	27.5	27.0	—
	综合得分	4.27	4.15	4.40	4.61	4.35	4.57	4.76	4.87	—
节能环保	最困难的比重	16.3	17.5	15.0	12.5	16.3	10.0	8.8	2.5	1.3
	困难度前三名的比重	37.5	48.8	32.5	38.8	36.3	36.3	27.5	21.3	21.3
	综合得分	5.31	4.59	5.18	4.93	5.01	5.04	4.91	5.15	4.85
高端装备制造	最困难的比重	19.0	16.1	14.4	11.0	13.5	9.3	10.2	4.6	1.3
	困难度前三名的比重	40.1	37.3	36.9	37.6	33.3	31.7	28.9	24.1	29.5
	综合得分	5.14	4.97	5.06	5.02	4.84	4.97	5.11	5.15	4.78
新能源	最困难的比重	14.7	20.1	11.1	14.6	13.9	10.4	4.9	6.3	3.5
	困难度前三名的比重	41.3	45.9	33.3	36.1	34.7	33.3	27.1	25.7	23.6
	综合得分	4.98	4.49	5.17	5.03	4.87	4.97	5.31	5.06	5.10

续表

行业	指标	资金约束	缺少合作伙伴	缺乏创意	概念容易被模仿	风险问题	家庭反对	工作单位制约	政府政策制约	缺少关键技术
新材料	最困难的比重	11.3	15.8	15.8	13.4	17.0	12.2	8.1	4.5	2.0
	困难度前三名的比重	41.3	37.7	38.1	38.1	34.4	29.6	25.5	28.1	27.2
	综合得分	5.11	5.00	4.84	4.97	5.02	5.13	5.15	4.91	4.88
生物医药	最困难的比重	15.7	15.6	14.8	17.3	11.8	13.1	6.4	3.4	1.3
	困难度前三名的比重	42.8	40.5	36.7	38.8	30.0	32.5	33.1	24.1	21.1
	综合得分	4.85	4.81	5.06	4.76	5.35	4.90	5.08	5.02	5.21
文化创意	最困难的比重	18.3	16.7	17.9	15.3	7.2	12.0	5.6	3.4	3.8
	困难度前三名的比重	44.7	39.1	35.7	35.7	33.2	30.3	30.5	26.4	26.4
	综合得分	4.73	4.88	5.15	4.99	5.11	5.04	5.08	5.03	4.91
金融服务	最困难的比重	23.9	17.2	17.5	11.9	10.5	9.7	7.8	1.5	—
	困难度前三名的比重	48.5	48.9	44.0	38.4	32.5	33.6	29.1	24.6	—
	综合得分	4.20	4.10	4.29	4.51	4.58	4.60	4.78	4.94	—

表 3-4　2018 年创业制约因素困难度排序行业特征　（单位:%）

行业	指标	资金约束	缺少合作伙伴	缺乏创意	概念容易被模仿	风险问题	家庭反对	工作单位制约	政府政策制约	缺少关键技术
信息技术	最困难的比重	44.2	18.4	16.9	8.2	13.7	5.9	5.3	3.5	13.2
	困难度前三名的比重	73.8	64.5	54.0	33.6	45.5	24.8	15.0	13.8	34.5
	综合得分	2.63	3.16	3.85	4.41	3.97	5.65	6.67	6.40	5.09
软件	最困难的比重	47.5	17.4	21.5	8.2	12.3	6.1	3.9	2.4	8.8
	困难度前三名的比重	74.1	62.9	58.8	35.6	44.5	24.5	17.2	9.4	31.3
	综合得分	2.55	3.27	3.67	4.37	3.97	5.50	6.44	6.65	5.37

续表

行业	指标	资金约束	缺少合作伙伴	缺乏创意	概念容易被模仿	风险问题	家庭反对	工作单位制约	政府政策制约	缺少关键技术
节能环保	最困难的比重	45.8	18.2	21.3	2.6	15.6	5.6	2.6	2.6	9.3
	困难度前三名的比重	79.2	75.0	59.6	18.4	46.7	13.9	21.1	15.8	30.2
	综合得分	2.46	2.93	3.70	4.58	3.78	5.92	6.05	6.16	5.88
高端装备制造	最困难的比重	45.0	19.6	19.4	10.3	14.0	4.1	4.7	2.2	13.5
	困难度前三名的比重	74.9	65.2	57.9	41.3	44.7	18.3	13.6	12.9	34.0
	综合得分	2.54	3.16	3.64	4.12	4.04	5.84	6.64	6.44	5.14
新能源	最困难的比重	36.4	24.4	22.4	12.8	6.7	7.0	2.4	0.0	17.8
	困难度前三名的比重	72.7	62.2	53.1	51.1	31.1	23.3	7.3	14.0	42.2
	综合得分	2.93	3.18	3.49	3.77	4.91	5.53	7.10	6.30	4.89
新材料	最困难的比重	47.1	14.3	19.2	7.7	22.6	11.5	4.0	0.0	11.5
	困难度前三名的比重	73.5	71.4	65.4	38.5	54.8	23.1	20.0	9.5	26.9
	综合得分	2.38	2.82	3.35	3.88	3.26	5.65	6.20	6.86	5.92
生物医药	最困难的比重	47.5	18.5	21.0	13.3	9.8	3.2	1.5	1.5	10.5
	困难度前三名的比重	74.1	63.1	52.8	40.8	42.0	27.3	14.8	16.5	31.6
	综合得分	2.68	3.24	3.91	4.09	4.17	5.63	6.26	6.23	5.35
文化创意	最困难的比重	47.7	19.3	19.9	6.8	12.5	4.7	4.2	2.5	12.4
	困难度前三名的比重	76.8	62.3	55.1	34.5	51.6	20.0	15.2	14.4	34.6
	综合得分	2.52	3.26	3.77	4.40	3.95	5.88	6.38	6.41	5.00
金融服务	最困难的比重	45.7	16.3	21.9	7.8	11.3	6.0	2.1	2.4	12.9
	困难度前三名的比重	81.7	65.9	57.5	34.2	40.8	15.8	11.0	11.6	35.6
	综合得分	2.39	3.10	3.69	4.34	4.22	5.94	6.85	6.42	5.09

续表

行业	指标	资金约束	缺少合作伙伴	缺乏创意	概念容易被模仿	风险问题	家庭反对	工作单位制约	政府政策制约	缺少关键技术
专业服务	最困难的比重	48.6	16.3	18.2	9.4	10.0	8.1	6.7	0.6	13.4
	困难度前三名的比重	76.9	64.9	50.0	43.6	45.3	20.8	17.1	11.2	33.3
	综合得分	2.51	3.09	4.01	4.19	4.09	5.56	6.55	6.63	5.04
现代农业	最困难的比重	33.3	15.6	18.9	6.7	10.0	3.3	0.0	0.0	12.2
	困难度前三名的比重	64.4	47.8	54.4	28.9	38.9	11.1	6.7	3.3	30.0
	综合得分	2.22	2.83	2.69	3.50	3.26	4.37	4.81	4.81	4.12

表 3-5　2019 年创业制约因素困难度排序行业特征　（单位:%）

行业	指标	资金约束	缺少合作伙伴	缺乏创意	概念容易被模仿	风险问题	家庭反对	工作单位制约	政府政策制约	缺少关键技术
信息技术	最困难的比重	42.7	14.6	11.8	8.9	14.1	2.0	3.2	2.3	3.2
	困难度前三名的比重	76.3	63.4	44.8	34.8	43.6	11.1	8.4	8.9	13.9
	综合得分	2.49	3.26	3.98	4.30	3.86	6.11	6.71	7.21	6.72
软件	最困难的比重	40.0	17.0	11.0	13.0	13.0.	2.0	1.0	1.0	5.0
	困难度前三名的比重	80.0	66.0	43.0	35.0	45.0	10.0	6.0	5.0	14.0
	综合得分	2.44	3.09	4.12	4.04	3.75	6.05	6.79	7.51	6.82
节能环保	最困难的比重	37.0	15.1	16.4	9.6	12.3	1.4	2.7	2.7	4.1
	困难度前三名的比重	72.6	60.3	41.1	26.0	50.7	9.6	8.2	15.1	15.1
	综合得分	2.84	3.33	4.29	4.56	3.66	6.11	6.60	7.08	6.47
高端装备制造	最困难的比重	37.6	10.9	13.9	7.9	20.8	0.0	2.0	0.0	6.9
	困难度前三名的比重	73.3	54.5	45.5	27.7	52.5	14.9	11.9	5.9	13.9
	综合得分	2.81	3.72	3.94	4.77	3.67	6.08	6.38	7.16	6.44

续表

行业	指标	资金约束	缺少合作伙伴	缺乏创意	概念容易被模仿	风险问题	家庭反对	工作单位制约	政府政策制约	缺少关键技术
新能源	最困难的比重	34.2	7.9	15.8	7.9	26.3	2.6	2.6	2.6	0.0
	困难度前三名的比重	78.9	55.3	42.1	34.2	57.9	7.9	10.5	7.9	23.7
	综合得分	2.42	3.76	3.79	4.26	3.32	6.26	6.79	7.13	6.39
新材料	最困难的比重	34.7	20.0	6.7	9.3	22.7	4.0	2.7	5.3	5.3
	困难度前三名的比重	77.3	56.0	30.7	37.3	61.3	14.7	5.3	12.0	13.3
	综合得分	2.60	3.43	4.56	4.29	3.27	5.91	6.88	7.08	6.51
生物医药	最困难的比重	40.3	14.9	13.4	7.5	15.7	2.2	0.7	2.2	3.0
	困难度前三名的比重	78.4	70.9	37.3	29.9	42.5	11.9	7.5	7.5	13.4
	综合得分	2.61	3.01	4.22	4.34	3.90	6.03	6.85	7.31	6.74
文化创意	最困难的比重	37.3	19.4	14.0	12.2	11.1	1.8	1.1	2.5	1.8
	困难度前三名的比重	78.1	63.8	42.7	39.8	39.1	9.7	6.8	9.7	13.3
	综合得分	2.51	3.23	4.01	4.02	4.01	6.22	7.00	7.06	6.71
金融服务	最困难的比重	40.0	18.2	10.9	9.1	14.5	0.9	0.9	4.5	1.8
	困难度前三名的比重	73.6	70.9	42.7	36.4	41.8	6.4	10.9	13.6	10.0
	综合得分	2.75	3.04	3.92	4.31	3.95	6.17	6.79	6.95	6.81
专业技术服务	最困难的比重	35.5	13.8	9.6	8.6	15.4	4.1	3.2	5.0	6.2
	困难度前三名的比重	41.5	58.2	45.4	42.0	46.9	18.3	16.3	13.4	18.5
	综合得分	3.04	3.58	4.36	4.49	3.83	5.90	6.43	6.87	6.35
现代农业	最困难的比重	45.7	10.9	6.5	12.8	14.9	2.2	4.3	2.2	2.1
	困难度前三名的比重	84.8	54.3	34.8	31.9	46.8	8.7	10.6	8.7	23.4
	综合得分	1.74	3.11	3.15	2.98	3.17	2.89	1.04	1.26	1.77

创业制约因素的区域特征较为明显(见表3-6、表3-7)。2018年和2019年,资金约束都是各城市创业者面临的最大的制

约因素。2018 年接近一半的创业者将"资金约束"列为最困难因素,其中,杭州市和西安市尤为突出,其比重分别达到 49.1%和 47.0%,上海市和武汉市综合得分最低,均为 2.50;2019 年成都市和长春市尤为突出,其比重分别达到 51.1%和 48.4%,深圳市和长春市综合得分最低,分别为 2.23 分和 2.27 分。北京市在这两年中各种因素排序与总体排序基本一致,这与在调查城市中北京市占比最高有关。深圳市"政府政策制约"因素影响偏小,2018 年综合得分为 6.51 分,2019 年为 7.75 分,影响程度均弱于"工作单位制约"。

表 3-6 2018 年创业制约因素困难度排序区域特征 (单位:%)

指标	区域	资金约束	缺少合作伙伴	缺乏创意	概念容易被模仿	风险问题	家庭反对	工作单位制约	政府政策制约	缺乏关键技术
最困难的比重	北京市	45.3	18.4	20.4	8.4	13.2	6.1	4.1	2.8	12.0
	上海市	46.6	17.1	20.7	9.2	12.9	4.4	3.5	2.1	10.5
	深圳市	44.8	19.0	18.6	7.5	10.7	6.1	4.7	2.0	11.6
	杭州市	49.1	20.4	20.4	9.2	9.7	6.5	3.8	1.9	14.2
	武汉市	45.9	16.7	20.6	9.2	14.0	4.1	4.3	2.2	11.7
	西安市	47.0	12.1	11.0	10.9	15.7	9.2	4.2	5.4	16.5
综合得分	北京市	2.58	3.20	3.88	4.30	3.93	5.61	6.50	6.39	5.11
	上海市	2.50	3.14	3.71	4.33	4.00	5.82	6.72	6.57	5.23
	深圳市	2.60	3.19	3.70	4.35	4.20	5.68	6.48	6.51	5.29
	杭州市	2.59	3.13	3.61	4.30	4.07	5.73	6.46	6.40	5.14
	武汉市	2.50	3.22	3.68	4.35	3.98	5.73	6.66	6.41	5.11
	西安市	2.52	3.39	4.12	4.12	4.19	5.41	6.52	6.29	4.98

表 3-7　2019 年创业制约因素困难度排序区域特征　　（单位:%）

指标	区域	资金约束	缺少合作伙伴	缺乏创意	概念容易被模仿	风险问题	家庭反对	工作单位制约	政府政策制约	缺乏关键技术
最困难的比重	北京市	39.3	19.7	10.8	8.0	12.6	2.3	3.0	1.6	4.8
	上海市	23.8	9.0	6.0	5.7	22.4	5.0	6.4	14.3	7.9
	深圳市	45.0	13.6	12.3	10.8	15.1	2.2	1.1	1.1	2.6
	杭州市	31.8	20.1	12.4	19.1	9.4	2.3	1.7	1.0	2.0
	武汉市	38.5	14.5	11.2	10.6	15.1	1.7	1.1	1.7	5.6
	西安市	33.5	20.6	15.3	4.7	24.1	1.2	0.0	1.8	2.4
	广州市	46.7	18.7	11.3	10.0	6.7	2.0	0.7	2.0	2.0
	成都市	51.1	14.8	15.3	8.5	10.2	0.6	2.8	0.6	5.1
	郑州市	42.8	8.4	9.4	9.4	17.2	5.1	2.0	1.3	4.4
	长春市	48.4	14.0	15.8	8.4	10.7	0.0	1.9	0.5	2.8
综合得分	北京市	2.70	3.18	4.09	4.27	3.96	6.33	6.93	6.88	6.25
	上海市	3.92	4.30	5.00	5.01	3.93	5.22	5.51	5.91	6.02
	深圳市	2.23	3.04	3.84	4.25	3.61	6.31	7.00	7.75	6.70
	杭州市	2.61	3.02	3.99	3.85	3.93	5.79	6.46	7.85	7.54
	武汉市	2.67	3.16	4.39	4.31	3.70	6.03	6.87	7.21	6.58
	西安市	2.32	3.14	3.61	4.72	3.63	6.82	7.27	6.90	6.22
	广州市	2.45	2.98	4.07	4.27	4.20	6.01	6.59	7.38	7.03
	成都市	2.28	2.97	3.70	4.01	3.94	5.95	6.44	7.63	7.14
	郑州市	2.59	4.03	4.37	4.39	3.68	5.74	6.81	7.00	6.37
	长春市	2.27	2.96	3.84	3.98	3.63	6.52	7.18	7.51	6.84

第二节　创业决定因素

创业由多方面的因素共同决定，本节重点从市场机会、知识产权、工作经验、创业团队四个角度分析创业的主要决定因素。

因问卷变动,部分问题仅分析 2018 年和 2019 年的情况。

一、市场机会

充分利用市场机会在创业过程中发挥着重要作用。在 2018 年和 2019 年的调查中,样本企业对“进入市场的速度/时间”“知识产权保护”“与其他公司合作”“政府的支持”“大量资金的投入”等创业主要影响因素重要性进行了排序。从表 3-8 和表 3-9 结果来看,“进入市场的速度/时间”的作用最为突出,2018 年有 33.91%的企业将其作为影响企业创业的最重要因素,2019 年则有 28.13%的企业将其作为影响企业创业的最重要因素,比重略有下降;2018 年 23.53%的企业将“技术”作为最重要因素,2019 年则有 27.25%的企业将“技术”作为最重要因素,越来越多的企业家意识到技术对创业影响的重要性。2018 年 19.06%的企业将“大量资金的投入”作为最重要因素,2019 年 20.82%的企业将“大量资金的投入”作为最重要因素。2018 年 19.55%的企业将“知识产权保护”作为最重要因素,2019 年 7.72%的企业将“知识产权保护”作为最重要因素,知识产权对创业影响的重要性呈下降趋势。

表 3-8　2018 年创业影响因素重要性排序　（单位:%）

重要性得分(1 为最重要)	进入市场的速度/时间	知识产权保护	与其他公司合作	政府的支持	大量资金的投入	技术
1	33.91	19.55	8.68	15.01	19.06	23.53
2	16.77	23.03	12.89	15.50	24.50	19.24
3	18.80	15.91	20.36	15.14	18.69	15.24
4	11.93	20.29	16.18	20.24	12.36	11.20
5	9.88	13.74	18.03	17.42	18.23	10.08
6	8.72	7.49	23.84	16.68	7.16	20.71

续表

重要性得分（1为最重要）	进入市场的速度/时间	知识产权保护	与其他公司合作	政府的支持	大量资金的投入	技术
综合得分	2.73	3.08	3.94	3.60	3.08	3.27

注：1=最重要的因素；2=第二重要的因素，依次类推。

表 3-9　2019 年创业影响因素重要性排序　（单位：%）

重要性得分（1为最重要）	进入市场的速度/时间	知识产权保护	与其他公司合作	政府的支持	大量资金的投入	技术
1	28.13	7.72	6.47	12.73	20.82	27.25
2	21.18	14.68	10.66	11.75	23.78	20.18
3	21.31	17.53	16.02	13.45	17.52	13.89
4	12.28	23.81	17.55	20.62	13.70	11.25
5	7.50	14.62	26.87	21.80	9.85	16.82
6	7.50	14.62	26.87	21.80	9.85	16.82
综合得分	2.66	3.46	4.42	3.99	2.84	3.39

注：1=最重要的因素；2=第二重要的因素，依次类推。

关于产品或服务创意来源的调查也进一步验证了市场机会的重要性（见图 3-1、图 3-2）。调查中列出“学校的学习或实习经验”“科技文献”“与相识的专业人员交流”“某个合伙人从解决问题中得到启示”“某个创始人发明的一项技术/一个产品”“创始人在工作过程中获得的顾客反馈”“模仿其他公司”“政府政策的变化给创始人提供了创业的机会”“类似创意首先出现在其他国家并取得成功”“发现了新的市场机会”等产品和服务创意来源，由企业对其重要性依次打分，最为重要的打 1 分，第二重要的打 2 分，依次类推。“与相识的专业人员交流”在两次调查中都是最重要的因素，2018 年得分为 3.66 分，有 22%的创业者认为其是产品和服务最重要的创意来源；2018 年，29%的创业者认为“学校的学习或实习经验”是产品和服务创意最重要的来源，比重最高。虽然被列为最重要来源的比重较低，但“某个合伙人从解决问题中得到启示”“某个创始人发明的一项技术/一个产品”的综合得分均排名靠前，分别为4.14分和4.19分，综合重要性明显高于其他因素。除上述因素之外，“创始人在工作过程中获得的顾客反馈”也是企业产品创意的重要来源，综合得分为4.5分。2019年，“与相识的专业人员交流”“某个合伙人从解决问题中得到启示”“发现了新的市场机会”分列产品和服务创意最重要的三项来源，综合得分分别为4.3分、4.49分和4.51分。“创始人在工作过程中获得的顾客反馈”“某个创始人发明的一项技术/一个产品”“政府政策的变化给创始人提供了创业的机会”“学校的学习或实习经验”得分居中，“类似创意首先出现在其他国家并取得成功”“科技文献”和“模仿其他公司”位于产品和服务创意来源的最后三位，综合得分分别为6.5分、6.54分和6.7分。这一结果也反映了我国创业企业已经走过了模仿创新的阶段，无论是模仿国外公司还是模仿其他公司已经不是企业创意的主要来源。而与相识的专业人员交流成为最重要的产品和服务创意来源，专业人员与最初阶段的科学研究紧密相连，因此创业企业的创意来源与科技成果的源头更加紧密，创业企业作为科技成果转化的载体也迈向了高质量发展的新阶段。

分行业来看（见表3-10、表3-11、表3-12），2016年关于创业影响因素的重要性各因素在各行业中的分布差异不大。专业技术服务行业更加看重政府政策的支持；节能环保行业更加注重知识产权保护；新能源行业更加看重进入市场的速度/时间；生物医药行业更加看重知识产权保护；文化创意行业更加看重与其他公司

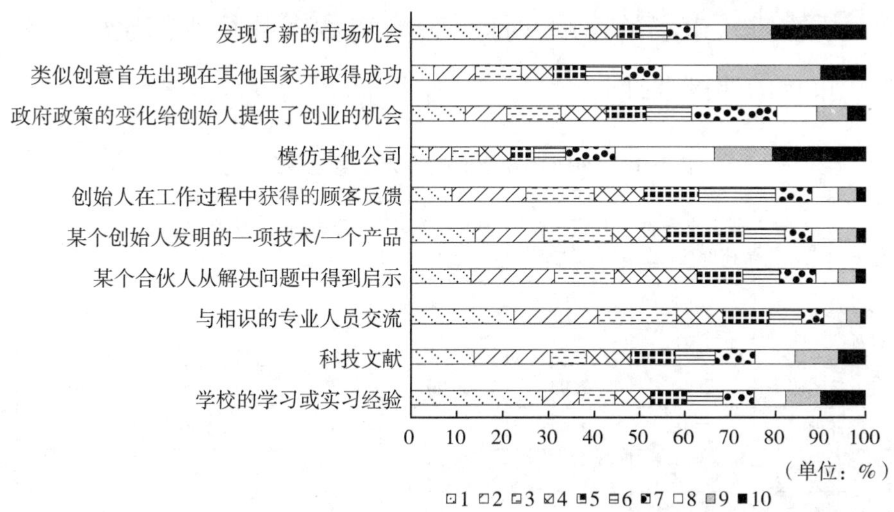

图 3-1　2018 年产品和服务创意来源重要性排序

注：1 = 最重要，2 = 第二重要，依次类推。

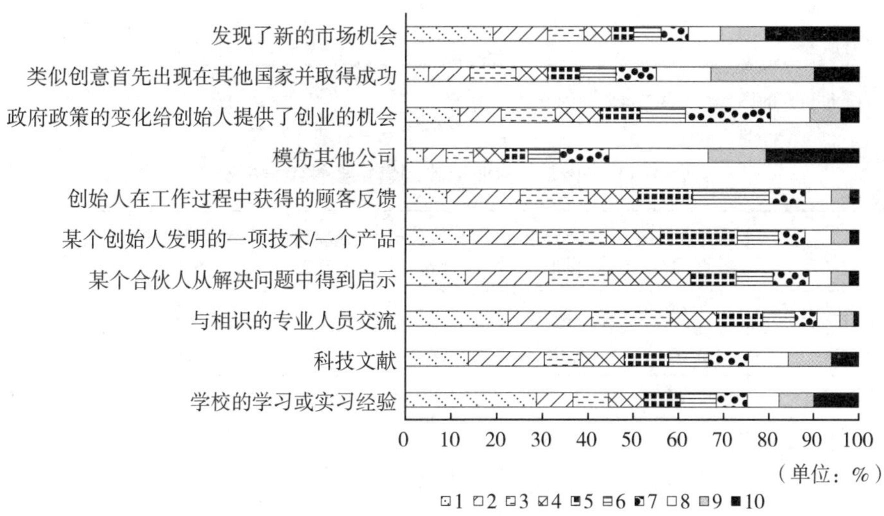

图 3-2　2019 年产品和服务创意来源重要性排序

注：1 = 最重要，2 = 第二重要，依次类推。

合作；金融服务行业更加看重技术。与 2018 年相比，2019 年，文化创意、金融服务、专业技术服务和现代农业行业对技术的重视程度减弱，其他行业对技术则越来越重视；2018 年专业技术服务行业最看重进入市场的速度/时间;2019 年大多数行业都比较重视进入市场的速度/时间。

表 3-10　2016 年创业影响因素重要性综合得分

行业	进入市场的速度/时间	知识产权保护	与其他公司合作	政府的支持	大量资金的投入	技术
信息技术	2.94	2.96	3.00	3.03	3.08	—
软件	2.91	2.85	3.10	3.09	3.05	—
专业技术服务	2.92	2.93	3.17	2.91	3.06	—
节能环保	2.94	2.67	2.97	3.06	3.03	—
高端装备制造	2.74	2.98	2.75	3.16	3.25	—
新能源	2.81	3.17	2.92	2.91	2.96	—
新材料	2.83	3.09	2.92	2.97	2.98	—
生物医药	3.42	3.19	3.41	3.67	3.53	3.76
文化创意	3.53	3.63	3.26	3.50	3.48	3.64
金融服务	2.91	3.19	2.97	3.04	2.89	2.50

注:1=最重要的因素;2=第二重要的因素,依次类推。

表 3-11　2018 年创业影响因素重要性综合得分

行业	进入市场的速度/时间	知识产权保护	与其他公司合作	政府的支持	大量资金的投入	技术
信息技术	2.65	3.09	4.00	3.55	3.07	3.21
软件	2.67	3.06	3.89	3.67	3.20	3.34
节能环保	2.77	2.88	4.04	3.53	2.84	3.82
高端装备制造	2.82	3.06	3.91	3.48	3.06	3.20
新能源	2.78	2.98	4.02	3.22	3.27	3.56
新材料	2.74	3.09	3.53	3.56	3.03	3.56
生物医药	4.09	4.23	4.59	4.13	3.51	3.30
文化创意	2.77	3.14	4.01	3.75	2.94	3.06
金融服务	2.77	3.12	3.86	3.63	3.11	3.39
专业技术服务	2.89	3.03	3.92	3.47	2.91	3.25
现代农业	2.69	3.26	3.71	3.18	2.91	3.17

注:1=最重要的因素;2=第二重要的因素,依次类推。

表 3-12　2019 年创业影响因素重要性综合得分

行业	进入市场的速度/时间	知识产权保护	与其他公司合作	政府的支持	大量资金的投入	技术
信息技术	2. 70	3. 80	4. 39	3. 96	3. 10	2. 88
软件	2. 70	3. 73	4. 61	3. 90	3. 03	2. 72
节能环保	3. 01	3. 53	4. 11	3. 84	3. 28	2. 68
高端装备制造	2. 82	3. 65	4. 22	4. 28	3. 25	2. 76
新能源	2. 95	4. 00	4. 18	3. 75	2. 80	3. 05
新材料	2. 72	3. 87	3. 95	3. 94	2. 87	3. 14
生物医药	2. 99	3. 67	4. 30	3. 84	2. 96	3. 07
文化创意	2. 66	3. 72	3. 94	3. 93	3. 11	3. 50
金融服务	2. 72	3. 85	4. 06	3. 50	2. 75	3. 66
专业技术服务	2. 84	3. 91	3. 95	3. 80	3. 10	3. 26
现代农业	2. 57	3. 98	4. 66	3. 89	2. 49	3. 62

注：1＝最重要的因素；2＝第二重要的因素，依次类推。

关于不同行业产品和服务创意来源方面（见表 3-13、表 3-14 和表 3-15），2016 年，“发现了新的市场机会”“类似创意首先出现在其他国家并取得成功”“政府政策的变化带来的机会”“模仿其他公司”均占据绝对优势。2018 年“与相识的专业人员交流”“某个合伙人从解决问题中得到启示”“某个创始人发明的一项技术/一个产品”均占据绝对优势；2019 年“发现了新的市场机会”“某个合伙人从解决问题中得到启示”“与相识的专业人员交流”占据较大优势。

表 3-13　2016 年产品和服务创意来源重要性综合得分

行业	学校的学习或实习经验	科技文献	与相识的专业人员交流	某个合伙人从解决问题中得到启示	某个创始人发明的一项技术/一个产品	创始人在工作过程中获得的顾客反馈	模仿其他公司	政府政策的变化给创始人提供了创业的机会	类似创意首先出现在其他国家并取得成功	发现了新的市场机会
信息技术	6.79	6.25	6.25	5.94	5.61	5.44	4.72	4.83	4.82	4.35
软件	6.34	6.17	5.78	6.05	5.80	5.61	5.43	4.79	4.68	4.34
专业技术服务	6.29	6.40	6.25	5.84	5.68	5.79	5.32	4.82	4.44	4.18
节能环保	5.89	6.05	6.19	6.64	5.91	5.70	4.79	5.09	4.70	4.04
高端装备制造	6.46	6.32	6.27	5.67	5.71	5.67	5.25	5.05	4.41	4.11
新能源	6.18	5.64	6.21	6.03	5.97	5.64	5.51	5.10	4.47	4.24
新材料	6.13	6.40	6.15	6.13	5.49	5.51	5.19	5.32	4.63	3.99
生物医药	6.24	6.14	6.08	6.16	5.68	5.45	5.32	4.98	4.60	4.34
文化创意	6.24	6.41	5.87	6.17	5.69	5.44	5.14	5.05	4.46	4.49
金融服务	6.27	6.09	5.85	6.23	5.94	5.66	5.25	5.13	4.45	4.16

注：1＝最重要的因素；2＝第二重要的因素，依次类推。

表 3-14　2018 年产品和服务创意来源重要性综合得分

行业	学校的学习或实习经验	科技文献	与相识的专业人员交流	某个合伙人从解决问题中得到启示	某个创始人发明的一项技术/一个产品	创始人在工作过程中获得的顾客反馈	模仿其他公司	政府政策的变化给创始人提供了创业的机会	类似创意首先出现在其他国家并取得成功	发现了新的市场机会
信息技术	4.54	4.93	3.70	3.99	4.15	4.49	7.13	5.09	6.36	5.47
软件	4.54	4.99	3.68	4.12	4.19	4.56	6.86	5.09	6.33	5.58
节能环保	4.86	4.74	4.03	4.44	4.26	4.62	6.45	5.24	5.43	4.72
高端装备制造	4.62	4.83	3.84	3.85	4.12	4.64	6.89	5.34	6.16	5.57
新能源	4.78	4.55	3.91	4.36	4.24	4.40	7.79	4.91	6.52	5.75
新材料	3.89	4.69	3.65	4.39	4.85	4.07	6.52	5.32	5.84	6.58
生物医药	4.53	5.01	3.62	4.46	4.38	4.47	6.98	5.20	6.00	5.46
文化创意	4.73	4.78	3.70	4.22	4.13	4.42	6.78	4.77	6.15	5.48
金融服务	4.42	4.93	3.36	4.30	4.21	4.52	7.07	5.46	6.60	5.34
专业技术服务	4.49	4.75	3.68	4.11	4.15	4.47	7.12	4.95	6.40	5.36
现代农业	3.11	2.36	2.53	2.30	2.30	2.63	2.93	2.99	2.93	2.48

注：1＝最重要的因素；2＝第二重要的因素，依次类推。

表 3-15　2019 年产品和服务创意来源重要性综合得分

行业	学校的学习或实习经验	科技文献	与相识的专业人员交流	某个合伙人从解决问题中得到启示	某个创始人发明的一项技术/一个产品	创始人在工作过程中获得的顾客反馈	模仿其他公司	政府政策的变化给创始人提供了创业的机会	类似创意首先出现在其他国家并取得成功	发现了新的市场机会
信息技术	6.04	6.41	4.96	4.56	4.75	4.59	6.86	5.63	6.52	4.28
软件	5.95	6.50	4.37	4.13	4.23	4.74	7.03	5.45	6.99	4.23
节能环保	5.97	6.22	4.31	4.09	4.90	4.33	7.28	5.35	6.94	4.90
高端装备制造	5.73	6.26	4.24	4.38	4.34	4.48	7.10	6.10	5.50	6.90
新能源	6.55	6.24	4.45	4.57	5.31	4.25	7.24	5.26	5.24	3.59
新材料	6.13	6.04	4.55	4.21	4.76	4.32	6.05	6.09	6.09	4.66
生物医药	5.00	5.80	4.38	4.75	4.79	4.75	6.92	5.98	6.05	4.07
文化创意	6.77	6.55	4.10	4.69	4.98	4.70	6.72	5.82	6.46	5.78
金融服务	5.83	6.75	4.51	4.31	5.38	5.14	5.95	4.82	6.55	4.12
专业技术服务	5.78	6.25	4.17	4.60	5.30	4.71	6.15	5.59	6.53	4.74
现代农业	6.93	7.22	4.04	4.35	4.80	4.07	6.02	5.57	7.24	4.19

注:1=最重要的因素;2=第二重要的因素,依次类推。

从表 3-16 和表 3-17 可以发现,不同区域创业者对于创业影响因素重要性的认识整体一致。2018 年除所有城市的创业者都最重视进入市场的速度/时间,2019 年除深圳市、武汉市和成都市外,其余 7 个城市都最重视进入市场的速度/时间。从不同区域角度来看(见表 3-18、表 3-19),对产品和服务创意来源的认识也基本相同,2018 年,“与相识的专业人员交流”占据绝对优势;2019 年,各城市的创业者较为看重“与相识的专业人员交流”“某个合伙人从解决问题中得到启示”“发现了新的市场机会”这三个创意来源。

表 3-16　2018 年创业影响因素重要性综合得分

区域	进入市场的速度/时间	知识产权保护	与其他公司合作	政府的支持	大量资金的投入
北京市	2.77	3.09	3.93	3.56	2.97
上海市	2.68	3.08	4.00	3.62	3.11
深圳市	2.80	3.08	3.99	3.69	3.12
杭州市	2.66	2.99	3.77	3.54	3.13
武汉市	2.59	3.11	3.83	3.54	3.21
西安市	2.84	3.23	3.91	3.51	3.10

注:1=最重要的因素;2=第二重要的因素,依次类推。

表 3-17　2019 年创业影响因素重要性综合得分

区域	进入市场的速度/时间	知识产权保护	与其他公司合作	政府的支持	大量资金的投入	技术
北京市	2.11	3.27	3.49	3.11	2.62	2.18
上海市	3.29	3.62	3.99	3.78	3.57	3.30
深圳市	3.02	4.23	4.48	4.60	3.01	3.40
杭州市	2.50	3.79	4.54	3.70	4.05	2.82
武汉市	3.35	4.11	4.69	4.00	3.23	3.47
西安市	2.63	4.09	4.52	4.61	3.17	3.40
广州市	2.02	3.37	4.27	3.64	2.66	2.25
成都市	2.76	3.90	3.99	3.72	2.58	3.22
郑州市	3.07	4.13	4.67	4.11	3.75	3.58
长春市	3.85	4.66	4.91	4.88	4.18	4.13

注:1=最重要的因素;2=第二重要的因素,依次类推。

表 3-18　2018 年产品和服务创意来源重要性综合得分

区域	学校的学习或实习经验	科技文献	与相识的专业人员交流	某个合伙人从解决问题中得到启示	某个创始人发明的一项技术/一个产品	创始人在工作过程中获得的顾客反馈	模仿其他公司	政府政策的变化给创始人提供了创业的机会	类似创意首先出现在其他国家并取得成功	发现了新的市场机会
北京市	4.66	4.94	3.70	4.10	4.24	4.44	6.98	4.95	6.25	5.54
上海市	4.43	4.81	3.70	4.08	4.35	4.64	7.12	5.28	6.39	5.43
深圳市	4.59	4.97	3.61	4.26	4.11	4.52	7.00	5.18	6.28	5.34

续表

区域	学校的学习或实习经验	科技文献	与相识的专业人员交流	某个合伙人从解决问题中得到启示	某个创始人发明的一项技术/一个产品	创始人在工作过程中获得的顾客反馈	模仿其他公司	政府政策的变化给创始人提供了创业的机会	类似创意首先出现在其他国家并取得成功	发现了新的市场机会
杭州市	4.39	4.88	3.59	4.04	4.02	4.39	6.74	5.23	6.24	5.60
武汉市	4.36	4.91	3.51	4.32	3.99	4.65	7.04	5.32	6.47	5.55
西安市	4.93	4.88	3.80	4.08	4.06	4.23	6.79	4.71	6.15	5.60

注：1＝最重要的因素；2＝第二重要的因素，依次类推。

表 3-19　2019 年产品和服务创意来源重要性综合得分

区域	学校的学习或实习经验	科技文献	与相识的专业人员交流	某个合伙人从解决问题中得到启示	某个创始人发明的一项技术/一个产品	创始人在工作过程中获得的顾客反馈	模仿其他公司	政府政策的变化给创始人提供了创业的机会	类似创意首先出现在其他国家并取得成功	发现了新的市场机会
北京市	6.51	6.60	4.04	4.34	4.96	4.61	6.51	5.09	6.40	3.94
上海市	5.65	5.47	4.61	5.13	5.21	5.07	5.89	5.86	6.13	5.32
深圳市	6.33	7.01	3.98	4.23	5.18	4.32	6.41	6.22	6.63	4.01
杭州市	5.81	6.45	4.88	4.14	4.65	4.78	7.60	5.35	6.23	4.70
武汉市	6.46	6.64	4.77	4.83	5.03	4.46	7.13	5.15	5.83	4.54
西安市	5.69	2.70	2.99	3.30	3.31	3.16	2.50	2.62	2.33	2.58
广州市	6.71	6.46	4.57	4.54	4.56	4.56	7.66	5.31	6.39	4.12
成都市	5.08	6.06	3.91	4.16	4.84	4.37	6.22	5.94	6.74	4.9
郑州市	6.74	6.75	4.69	5.46	4.90	5.05	7.56	5.45	6.64	5.01
长春市	7.57	7.59	5.67	6.02	4.38	4.48	7.01	5.70	6.64	4.55

注：1＝最重要的因素；2＝第二重要的因素，依次类推。

二、知识产权

尽管拥有知识产权并非创业的关键，但企业认为知识产权保护对于企业创业相当重要。

分行业比较来看(见表3-20、表3-21、表3-22),2016年,在信息技术、软件和专业技术服务三个行业中,信息技术行业知识产权发明和拥有情况略好于软件和专业技术服务行业。在节能环保、高端装备制造、新能源和新材料四个行业中,企业创始人和合伙人是知识产权的所有人的比例均高于是知识产权的发明人的比例。新材料行业企业创始人和合伙人是知识产权发明人的情况明显好于另外三个行业,节能环保行业的知识产权拥有情况略好于新材料、高端装备制造和新能源行业。2018年,与其他行业相比,高端装备制造行业的创始人或其合伙人是知识产权的发明人的占比最高,到2019年,软件行业的创始人或其合伙人是知识产权的发明人的占比最高,其他行业的创始人或其合伙人是知识产权的发明人所占比率有极大的提高。从整个行业来看,知识产权保护意识都有所提高。

表3-20 2016年知识产权调查结果(分行业) (单位:%)

行业	认为知识产权是关键因素的比例	是知识产权发明人的比例	是知识产权所有人比例
信息技术	36.9	36.9	45.1
软件	35.3	34.2	43.4
专业技术服务	37.5	33.4	41.2
节能环保	30.0	25.0	48.8
高端装备制造	36.4	32.2	41.4
新能源	41.3	32.7	37.5
新材料	28.7	42.9	44.1
生物医药	33.3	36.7	41.4
文化创意	31.6	36.6	50.2
金融服务	32.5	32.1	42.2
总体	34.7	35.0	43.1

表 3-21　2018 年知识产权调查结果(分行业)　　(单位:%)

行业	认为知识产权是关键因素的比例	是知识产权发明人的比例	是知识产权所有人比例
信息技术	81.3	12.7	0.7
软件	70.3	5.1	0.4
节能环保	39.3	8.9	0.0
高端装备制造	75.7	25.7	1.3
新能源	27.6	1.7	0.0
新材料	7.3	2.4	0.0
生物医药	67.2	7.7	0.3
文化创意	72.3	5.1	0.2
金融服务	73.8	3.0	0.2
专业技术服务	73.2	5.7	0.8
现代农业	26.7	4.4	1.1
总体	72.6	8.8	0.5

表 3-22　2019 年知识产权调查结果(分行业)　　(单位:%)

行业	认为知识产权是关键因素的比例	是知识产权发明人的比例	是知识产权所有人比例
信息技术	60.0	42.9	44.5
软件	67.3	55.6	57.9
节能环保	68.0	48.0	46.7
高端装备制造	67.0	47.2	46.2
新能源	61.5	25.0	35.0
新材料	43.0	21.2	22.8
生物医药	70.5	47.5	57.5
文化创意	46.6	30.1	33.7
金融服务	30.0	25.0	25.8
专业技术服务	33.9	21.4	24.5
现代农业	48.9	32.6	32.6
总体	50.1	35.5	38.1

分区域比较(见表 3-23、表 3-24),2018 年,杭州市的创业企业

知识产权意识相对较高,80.5%的企业认为知识产权是创业的关键因素,13.0%的企业创始人和合伙人是知识产权发明人,均明显高于其他城市;2019年的调查中,成都市的创业企业知识产权意识相对较高,69.2%的企业认为知识产权是创业的关键因素,50.0%的企业创始人和合伙人是知识产权发明人,均明显高于其他城市。整体上来看,2019年,各区域企业创始人和合伙人是知识产权的发明人或所有人的比例,均比2018年的调查结果有大幅度提高。

表3-23　2018年知识产权调查结果(分区域)　(单位:%)

区域	认为知识产权是关键因素的比例	是知识产权发明人的比例	是知识产权所有人比例
北京市	78.0	8.0	0.5
上海市	75.3	8.1	0.3
深圳市	69.3	10.5	0.8
杭州市	80.5	13.0	0.7
武汉市	57.2	6.2	0.3
西安市	42.2	3.3	0.6

表3-24　2019年知识产权调查结果(分区域)　(单位:%)

区域	认为知识产权是关键因素的比例	是知识产权发明人的比例	是知识产权所有人比例
北京市	54.4	41.1	43.1
上海市	32.8	17.2	18.8
深圳市	45.9	26.6	31.3
杭州市	54.8	41.0	43.2
武汉市	53.6	36.3	38.5
西安市	51.4	35.2	34.6
广州市	64.3	41.8	50.6
成都市	69.2	50.0	54.1
郑州市	34.6	23.2	22.5
长春市	50.8	35.5	38.1

三、工作经验

对比 2016 年、2018 年与 2019 年的数据(见表 3-25、表 3-26 和表 3-27),我们发现,关于公司经营领域与创始人以前工作关联程度方面,2016 年,10 个行业中,认为关联较多的比例比较高,平均 40%以上的创始人均选择该选项,而 2018 年,10 个行业以 1—9 分逐渐增加的程度打分,平均选择 5 的比例最高,2019 年,除节能环保行业外其余行业创始人给出 9 分的比例最多,意味着创始人认为公司经营领域与创始人以前的工作关联程度非常密切,这与 2016 年及 2018 年的调查有较大的区别。

表 3-25　2016 年公司的经营领域与创始人以前工作关联程度　(单位:%)

行业	没有关联	关联较少	关联较多	关联密切
信息技术	11.4	22.3	40.2	26.1
软件	11.3	18.4	44.3	25.9
专业技术服务	11.1	26.3	43.2	19.4
节能环保	17.5	25.0	32.5	25.0
高端装备制造	17.0	26.4	39.2	17.5
新能源	19.4	18.8	42.4	19.4
新材料	17.0	22.7	40.1	20.2
生物医药	14.3	18.1	41.4	26.2
文化创意	16.2	22.1	36.2	25.5
金融服务	16.1	17.2	44.2	22.5
总体	14.3	21.5	41.4	22.7

表 3-26　2018 年公司的经营领域与创始人以前工作关联程度　(单位:%)

行业	1	2	3	4	5	6	7	8	9
信息技术	3.6	5.4	10.1	11.1	20.0	17.5	16.3	12.6	3.5
软件	3.9	5.9	9.6	9.7	22.4	15.4	17.0	12.1	4.0
节能环保	7.1	5.4	16.1	12.5	12.5	17.9	19.6	7.1	1.8
高端装备制造	6.3	6.6	10.2	11.5	19.4	20.1	15.1	9.2	1.6

续表

行业	1	2	3	4	5	6	7	8	9
新能源	5.2	5.2	8.6	12.1	20.7	12.1	19.0	15.5	1.7
新材料	0.0	4.9	4.9	2.4	24.4	24.4	19.5	17.1	2.4
生物医药	4.2	5.5	7.7	10.9	18.6	15.1	21.9	12.9	3.2
文化创意	3.1	6.3	11.9	10.3	16.6	18.6	16.8	12.5	4.0
金融服务	5.5	6.3	11.0	9.1	15.4	20.9	15.2	11.6	5.1
专业技术服务	3.4	7.3	11.1	7.7	21.5	19.9	14.2	12.6	2.3
现代农业	5.6	8.9	17.8	5.6	20.0	16.7	12.2	11.1	2.2
总体	4.2	6.0	10.4	10.1	19.4	17.8	16.6	12.1	3.6

注:关联程度由1—9分逐步增加。

表3-27 2019年公司的经营领域与创始人以前工作关联程度 (单位:%)

行业	1	2	3	4	5	6	7	8	9
信息技术	13.7	3.3	5.8	4.3	10.3	10	17.1	16.7	18.8
软件	11.4	4.4	5.4	2.2	14.4	9.0	18.8	15.3	19.1
节能环保	21.6	4.1	6.8	5.4	23.0	9.5	8.1	10.8	10.8
高端装备制造	8.5	0.9	6.6	8.5	8.5	17.0	13.2	10.4	26.4
新能源	12.5	0.0	5.0	7.5	15.0	15.0	17.5	10.0	17.5
新材料	18.8	6.3	8.8	5.0	8.8	15.0	12.5	5.0	20.0
生物医药	8.6	2.2	5.8	2.9	14.4	15.8	14.4	10.1	25.9
文化创意	15.1	4.1	4.8	4.8	14.4	10.0	12.7	13.1	21.0
金融服务	12.5	3.3	5.8	5.8	15.8	9.2	11.7	15.8	20.0
专业技术服务	12.1	4.4	4.8	3.2	11.1	12.4	19.1	10.8	22.2
现代农业	13.0	4.4	2.2	6.5	6.5	10.9	26.1	8.7	21.7
总体	12.5	3.8	5.4	4.0	12.0	11.3	16.9	13.2	20.6

注:关联程度由1—9分逐步增加。

对比2016年、2018年和2019年的数据可以发现(见表3-28、表3-29、表3-30),2016年,认为公司所用技术与创始人以前工作技术关联程度较少的比例最高。其中,新材料行业是选择没有关联比例最高的行业,该行业中19.9%的创始人认为公司技术与以前工作技术没有关联。文化创意行业选择关联密切的比例在 10 个行业中的比例最高,达到了 19.9%。2018 年,大部分的创始人对于公司技术与以前工作技术联系这一项,给出 5 分的比例最高。而 2019 年,情况改变较大,公司所用技术与创始人以前工作的技术关联程度,除新能源行业外,其余行业中选择 1 分(认为关联非常小)的比例最高,而认为关联程度最高的给出 9 分的创始人中,来自节能环保行业的比例最高,达到 18.9%。这一趋势反映出,公司所用技术与创始人以前工作技术的关联程度具有很强的行业属性。

表 3-28 2016 年公司所用的技术与创始人以前工作技术关联程度

(单位:%)

行业	没有关联	关联较少	关联较多	关联密切
信息技术	11.4	56.6	21.5	10.4
软件	12.9	53.7	23.9	10.4
专业技术服务	12.4	53.7	23.5	10.8
节能环保	18.8	32.5	33.8	15.0
高端装备制造	14.2	45.1	28.3	12.5
新能源	16.8	35.7	34.3	13.3
新材料	19.9	43.1	19.9	17.1
生物医药	13.5	37.6	33.3	15.6
文化创意	12.6	44.2	23.4	19.9
金融服务	15.7	35.8	31.7	16.8
总体	14.5	46.2	26.1	13.5

表 3-29 2018 年公司所用的技术与创始人以前工作技术关联程度

(单位:%)

行业	1	2	3	4	5	6	7	8	9
信息技术	4.1	6.5	9.7	15.0	21.1	16.1	16.3	7.7	3.7
软件	4.1	6.2	9.1	16.4	21.4	15.5	15.6	7.9	3.7

续表

行业	1	2	3	4	5	6	7	8	9
节能环保	7.1	5.4	14.3	12.5	12.5	16.1	23.2	7.1	1.8
高端装备制造	5.9	6.3	6.6	15.8	22.4	18.1	13.8	8.6	2.6
新能源	5.2	12.1	1.7	15.5	19.0	20.7	17.2	6.9	1.7
新材料	4.9	4.9	9.8	17.1	29.3	14.6	9.8	2.4	7.3
生物医药	4.2	8.7	11.3	13.2	19.9	14.8	17.7	7.4	2.9
文化创意	2.7	8.5	11.2	13.9	20.6	15.4	15.7	7.4	4.7
金融服务	5.5	7.1	8.9	11.8	20.3	15.2	17.7	8.3	5.3
专业技术服务	4.2	6.5	10.3	12.6	21.8	16.9	17.6	6.9	3.1
现代农业	4.4	7.8	11.1	13.3	23.3	13.3	20.0	5.6	1.1
总体	4.4	7.0	9.6	14.5	21.0	15.9	16.4	7.7	3.8

注:关联程度由1—9分逐步增加。

表3-30 2019年公司的所用的技术与创始人以前工作技术关联程度

（单位:%）

行业	1	2	3	4	5	6	7	8	9
信息技术	20.0	7.2	7.0	4.4	14.3	9.6	13.8	11.4	12.4
软件	20.4	6.3	5.7	4.4	14.4	9.3	13.9	13.9	11.7
节能环保	25.7	4.1	9.5	6.8	18.9	2.7	6.8	6.8	18.9
高端装备制造	18.9	2.8	5.7	5.7	18.9	11.3	18.9	6.6	11.3
新能源	12.8	2.6	5.1	5.1	20.5	20.5	12.8	5.1	15.4
新材料	26.6	5.1	5.1	2.5	16.5	16.5	6.3	6.3	15.2
生物医药	20.9	2.9	5.8	1.4	13.7	20.1	13.0	10.8	11.5
文化创意	19.0	4.5	6.6	8.3	17.6	9.7	9.3	9.7	15.5
金融服务	21.7	0.8	7.5	6.7	15.0	11.7	7.5	15.8	13.3
专业技术服务	18.2	5.2	6.0	4.2	12.5	11.4	15.3	10.8	16.4
现代农业	19.8	5.4	6.5	4.7	14.4	10.8	13.4	10.9	14.2
总体	19.7	5.4	6.4	4.7	14.5	10.9	13.4	11.0	14.1

注:关联程度由1—9分逐步增加。

四、创业团队

构建良好的团队是创业的重要条件。在2018年调查的4004

个有效回答中(见表 3-31),1192 家企业的合伙人为 2 人,占比为 29.8%;684 家企业合伙人为 1 人,占比为 17.1%;678 家企业合伙人为 3 人,占比为 16.9%;479 家企业合伙人为 4 人,占比为 12.0%;441 家企业合伙人超过 6 人,占比为 11.0%。在 2019 年调查的 3049 个有效回答中(见表 3-32),1004 家企业的合伙人为 2 人,占比为 32.9%;464 家企业合伙人为 1 人,占比为 15.2%;677 家企业合伙人为 3 人,占比为 22.2%;257 家企业合伙人为 4 人,占比为 8.4%;257 家企业合伙人超过 6 人,占比为 8.4%。总结 2018 年和 2019 年的结果发现,创业企业合伙人数量为 2 人占比均为最高,占比分别为 29.8%和 32.9%;相比 2018 年,2019 年创业企业合伙人数量为 2 人、3 人的占比均有所上升。

从人员规模上看,2018 年在所调查公司中(见表 3-31、表 3-33),平均合伙人数量为 3.49 人,初始员工平均人数为 3.72 人,合伙人数量与初始员工人数之比为 93.8%,合伙人在创业初期发挥了重要作用。2019 年在所调查公司中(见表 3-32、表 3-34),平均合伙人数量为 3.48 人,初始员工平均人数为 6.94 人,合伙人数量与初始员工人数之比为 50.1%,相比 2018 年,比率有所下降。

表 3-31 2018 年创业企业合伙人数量

合伙人数量(人)	样本企业数量(个)	占比(%)
0	3	0.1
1	684	17.1
2	1192	29.8
3	678	16.9
4	479	12.0
5	317	7.9
6	210	5.2

续表

合伙人数量(人)	样本企业数量(个)	占比(%)
超过 6 人	441	11.0
有效回答总计	4004	100
平均	3.49 人	

表 3-32　2019 年创业企业合伙人数量

合伙人数量(人)	样本企业数量(个)	占比(%)
0	151	5.0
1	464	15.2
2	1004	32.9
3	677	22.2
4	257	8.4
5	227	7.5
6	75	2.5
超过 6 人	257	8.4
有效回答总计	3049	100
平均	3.48 人	

表 3-33　2018 年创业企业初始员工数量

初始员工数量(人)	样本企业数量(个)	占比(%)
10 人及以上	71	1.8
9	111	2.8
8	89	2.3
7	221	5.7
6	200	5.1
5	315	8.1
4	191	4.9
3	1550	39.7
2	1125	28.8
1	36	0.9
有效回答总计	3909	100
平均	3.72 人	

表 3-34　2019 年创业企业初始员工数量

初始员工数量（人）	样本企业数量（个）	占比（%）
10 人及以上	765	25.0
9	41	1.3
8	147	4.8
7	125	4.1
6	222	7.2
5	408	13.3
4	296	9.7
3	469	15.3
2	421	13.7
1	126	4.1
有效回答总计	3065	100
平均	6.94 人	

如表 3-35、表 3-36 和表 3-37 所示，分行业来看，2016 年，在信息技术、软件和专业技术服务这三个行业中，信息技术行业创业企业合伙人最多，初始员工最少，而软件行业创业企业合伙人最少，初始员工人数最多。在节能环保、高端装备制造、新能源和新材料 4 个行业中，高端装备制造行业创业企业合伙人最多，初始员工最少，这可能是由于高端装备制造行业的智能化生产较为完善。同时，在这四个行业的调查数据中，合伙人担任财务工作的比重均明显高于担任销售的比重。对生物医药、文化创意、金融服务 3 个行业的数据进行对比发现，生物医药行业创业企业合伙人最多，初始员工也最多。3 个行业中，超过半数合伙人均担任研发工作。

在 2018 年的调查中，新材料行业和信息技术行业创业企业合伙人最多，新材料行业和新能源行业初始员工人数最多，信息技术行业合伙人与员工人数比重最高，达 99.3%，其次是文化创意、金融服务、专业技术服务和软件行业，它们的占比都超过了 90%。

新材料行业合伙人占员工人数的比例最低，为 73.7%，造成这一占比较低的原因主要是其初始员工平均人数较高。2019 年，金融服务行业创业企业合伙人最多，新能源行业初始员工人数最多，金融服务行业合伙人与员工人数比重最高，高达 81.4%，其次是信息技术、软件和文化创意服务，它们的合伙人和员工人数比重都超过了 45%。新能源行业合伙人占员工人数比最低，占比为 10.3%，这一结果也主要是由于其初始员工平均人数较高。相比 2018 年，2019 年各行业合伙人与员工人数比均有所下降。

表 3-35　2016 年分行业调查企业合伙人构成

行业	合伙人平均人数（人）	初始员工平均人数（人）	合伙人与员工人数比（%）	合伙人担任研发工作比重（%）	合伙人担任财务工作比重（%）	合伙人担任销售工作比重（%）
信息技术	3.19	4.68	68.2	54.2	—	26.7
软件	2.95	5.00	59.0	58.8	—	27.0
专业技术服务	2.97	4.85	61.2	56.9	—	25.5
节能环保	3.08	4.95	62.2	55.7	24.0	13.7
高端装备制造	3.19	4.49	71.0	56.5	22.0	14.8
新能源	2.76	4.59	60.1	54.6	26.2	14.0
新材料	2.77	4.64	59.7	55.5	22.3	15.8
生物医药	3.34	5.10	65.4	54.8	—	22.0
文化创意	3.01	4.64	64.9	55.9	—	20.1
金融服务	2.76	4.83	57.2	51.2	—	22.9

表 3-36　2018 年分行业调查企业合伙人构成

行业	合伙人平均人数（人）	初始员工平均人数（人）	合伙人与员工人数比（%）
信息技术	4.06	4.09	99.3
软件	2.94	3.13	93.9

续表

行业	合伙人平均人数（人）	初始员工平均人数（人）	合伙人与员工人数比（%）
节能环保	3. 36	4. 14	81. 2
高端装备制造	3. 36	3. 84	87. 5
新能源	4. 00	4. 72	84. 7
新材料	4. 66	6. 32	73. 7
生物医药	3. 28	3. 90	84. 1
文化创意	3. 41	3. 61	94. 5
金融服务	3. 46	3. 66	94. 5
专业技术服务	3. 05	3. 24	94. 1
现代农业	3. 79	4. 39	86. 3

表 3-37　2019 年分行业调查企业合伙人构成

行业	合伙人平均人数（人）	初始员工平均人数（人）	合伙人与员工人数比（%）
信息技术	4. 09	7. 73	52. 9
软件	3. 92	7. 47	52. 5
节能环保	3. 16	12. 25	25. 8
高端装备制造	3. 41	17. 92	19. 0
新能源	2. 85	27. 77	10. 3
新材料	2. 55	13. 01	19. 6
生物医药	3. 36	9. 56	35. 1
文化创意	3. 10	6. 79	45. 7
金融服务	6. 81	8. 37	81. 4
专业技术服务	2. 63	8. 49	31. 0
现代农业	2. 70	6. 93	39. 0

第三节　创业资金环境

资金量在很大程度上影响创业企业的生产经营活动的规模和速度，而资金短缺也将会严重制约创业企业成功。从总体上看，2016年、2018年和2019年三次的调查情况，创业企业具有较强的融资愿意。

分行业来看（见表3-38、表3-39和表3-40），2016年，10个行业中寻求天使投资支持的企业比例均在59%以上，最高达到73.5%，其中文化创意行业的企业寻求天使投资支持的比重最低，占比为59.3%，生物医药行业的企业寻求天使投资支持的比重最高，占比为73.5%，其他8个行业的企业寻求天使投资的比重浮动较小。在有关寻求风险投资的调查中可以看出，10个行业寻求风险投资的比例差距很大，浮动变化也十分大，最低仅为13.1%（新材料行业），而最高达82.2%（软件行业）。在不需要追加投资的创业企业占没有寻求风险投资企业的比重的调查中，10个行业相差较大，不需要追加投资的比重最低为57.7%（文化创意行业），最高达到87.5%（软件行业）。

2018年的调查情况显示，信息技术、生物医药、文化创意等行业对股权融资和天使投资的需求较高，对众筹和政府支持等的需求相对较弱。与其他行业相比，专业技术服务行业对债权融资的需求力度较大，软件行业对政府支持的需求力度较大。在2019年，软件、新能源、生物医药、金融服务等行业对股权融资的需求较高，对众筹和政府支持等的需求相对较弱。与其他行业相比，专业技术服务行业对私人借贷的需求力度较大。

表 3-38 2016 年创业企业融资意愿调查(分行业) (单位:%)

行业	寻求天使投资支持的比例	寻求风险投资的比例	不需要追加投资占没有寻求风险投资企业的比重
信息技术	65.2	79.3	79.7
软件	64.7	82.2	87.5
节能环保	67.1	29.3	67.2
高端装备制造	70.0	38.3	66.2
新能源	68.2	16.2	69.0
新材料	68.4	13.1	69.9
生物医药	73.5	71.7	68.8
文化创意	59.3	69.8	57.7
金融服务	64.2	53.6	72.4
专业技术服务	67.9	77.3	84.1
总体	67.1	57.6	73.3

表 3-39 2018 年创业企业融资意愿调查(分行业) (单位:%)

行业	债权融资	股权融资	私人借贷	众筹	天使投资	政府支持	其他
信息技术	3.0	36.0	4.2	2.2	33.3	2.0	19.4
软件	4.2	17.7	7.0	1.9	21.8	6.0	41.4
节能环保	1.8	23.2	0.0	1.8	17.9	5.4	50.0
高端装备制造	3.3	28.6	6.9	4.3	23.0	3.6	30.3
新能源	1.7	29.3	10.3	5.2	13.8	3.4	36.2
新材料	4.9	48.8	2.4	2.4	9.8	2.4	29.3
生物医药	3.5	26.7	4.8	2.6	25.1	4.2	33.1
文化创意	3.8	25.3	7.8	3.1	26.0	2.7	31.3
金融服务	3.9	28.9	4.9	4.1	20.5	3.7	33.5
专业技术服务	7.3	15.3	9.6	1.5	23.0	5.4	37.9
现代农业	2.2	10.0	8.9	4.4	24.4	2.2	47.8
总体	3.8	26.7	6.0	2.7	25.4	3.7	31.7

表 3-40　2019 年创业企业融资意愿调查(分行业)　　(单位:%)

行业	债权融资	股权融资	私人借贷	众筹	天使投资	政府支持	其他
信息技术	3.9	22.9	17.7	2.3	7.4	1.6	44.1
软件	3.1	27.5	11.8	4.3	8.9	2.2	42.2
节能环保	10.7	21.4	23.8	6.0	2.4	2.4	33.3
高端装备制造	10.0	17.5	15.0	6.7	7.5	4.2	39.2
新能源	2.3	25.6	23.3	4.7	0.0	2.3	41.9
新材料	7.1	11.8	24.7	1.2	1.2	2.4	51.8
生物医药	2.5	26.9	16.9	3.1	10.6	5.6	34.4
文化创意	4.1	18.3	18.9	6.0	5.4	1.6	45.7
金融服务	8.6	28.9	10.9	3.9	3.9	0.8	43.0
专业技术服务	2.5	15.5	26.0	3.8	3.2	1.6	47.5
现代农业	1.9	21.2	19.2	7.7	1.9	0.0	48.1
总体	3.9	20.7	19.7	3.8	5.7	1.9	44.4

分区域来看(见表 3-41、表 3-42 和表 3-43),2016 年,企业寻求风险投资的比例在不同城市之间的差异较显著,各城市在另外两项测评指标上表现较相似,浮动不大。杭州市的创业企业寻求风险投资的比例与北京市寻求风险投资的比例相差较大,比北京市低 48.2 个百分点,仅为北京市的 1/3 左右。综合来看,特大型城市如北京市、上海市和深圳市的创业企业寻求风险投资的比例明显高于杭州市、武汉市和西安市的创业企业。在 2018 年,北京市、上海市和杭州市的创业企业更多使用股权融资方式,深圳市、武汉市和西安市的创业企业更多使用天使投资方式。2019 年,北京市、成都市和杭州市等更多使用股权融资方式,广州市、深圳市、武汉市和上海市等更多使用私人借贷方式。对比 2018 年,2019 年调查的创业企业更多采用私人借贷的融资方式。

表 3-41　2016 年各城市企业融资意愿调查(分区域)　　(单位:%)

区域	寻求天使投资支持的比例	寻求风险投资的比例	不需要追加投资占没有寻求风险投资企业的比重
北京市	67.5	72.9	74.2
上海市	68.0	64.7	76.6
深圳市	64.3	63.9	76.0
杭州市	64.2	24.7	69.5
武汉市	65.6	42.5	65.6
西安市	69.3	40.2	73.7

表 3-42　2018 年创业企业融资意愿调查(分区域)　　(单位:%)

区域	债权融资	股权融资	私人借贷	众筹	天使投资	政府支持	其他
北京市	3.8	34.1	5.5	2.6	27.8	3.5	22.8
上海市	4.0	27.3	6.3	2.4	23.2	4.0	32.8
深圳市	2.9	21.9	5.9	3.4	24.0	3.7	38.4
杭州市	4.6	24.5	7.8	3.4	17.2	6.2	36.6
武汉市	3.7	18.9	5.7	2.4	34.7	2.0	33.0
西安市	7.0	17.7	5.9	3.2	30.1	4.3	32.3

表 3-43　2019 年创业企业融资意愿调查(分区域)　　(单位:%)

区域	债权融资	股权融资	私人借贷	众筹	天使投资	政府支持	其他
北京市	4.6	26.3	14.0	2.7	7.1	1.8	43.5
上海市	2.4	21.2	22.5	6.9	3.2	0.6	43.2
深圳市	3.2	13.5	30.9	2.6	3.4	0.4	46.0
杭州市	3.7	23.0	9.2	2.6	10.6	4.6	46.3
武汉市	3.7	23.7	25.8	5.8	4.2	3.2	33.7
西安市	5.7	16.1	11.9	6.7	3.1	2.1	54.4
广州市	3.9	14.5	40.2	2.7	2.4	1.2	35.0
成都市	2.1	29.1	2.5	0.4	10.5	2.5	52.7
郑州市	7.5	16.0	15.5	5.5	1.5	2.5	51.5
长春市	4.6	20.2	14.5	4.6	12.1	4.0	39.9

第四节　创业经济环境

一、行业环境

大多数企业认为行业发展较为成熟，创业面临较大竞争。在创业企业对所在行业的成熟度的描述中（见图3-3），在2016年调查企业中，认为行业比较成熟的企业占半数以上，占比为56.3%；认为行业非常成熟的企业占比为12.9%；有相当一部分的企业认为行业发展不成熟，占比为23.9%；另外还有6.9%的企业认为行业发展非常滞后。这表明创业企业认为，所在行业有很大的进一步提升的空间，行业成熟度距离创业企业满意的标准还有一定的差距。在2018年调查的4004个有效回答中（见表3-44），1618家企业认为行业发展非常成熟（打分为7—9分），占比达40.8%；1742家企业认为行业发展比较成熟（打分为4—6分），占比高达43.5%；另有624家企业认为行业一般成熟或不成熟（打分为1—3分），占比为15.6%。2019年调查的3099个有效回答中（见表3-45），1573家企业认为行业发展非常成熟（打分为7—9分），占比达50.7%；1241家企业认为行业发展比较成熟（打分为4—6分），占比高达40.1%；另有285家企业认为，行业一般成熟或不成熟（打分为1—3分），占比为9.2%。对比2018年的调查情况，2019年调查的创业企业认为行业在2019年更加成熟。

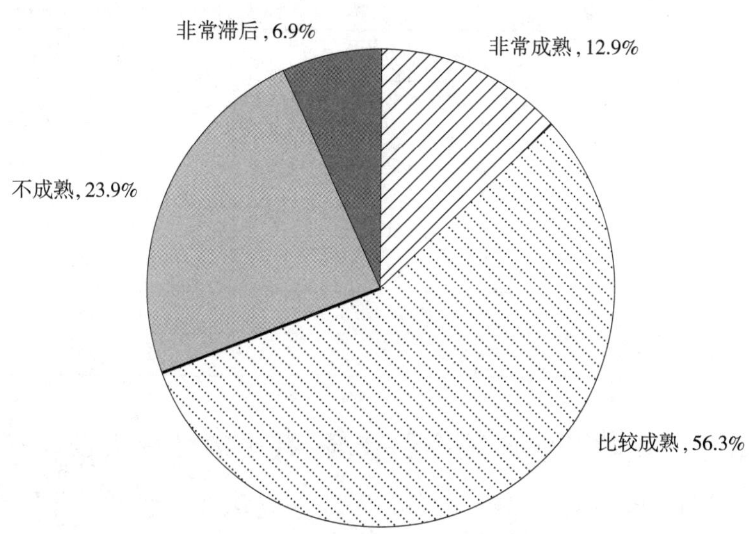

图 3-3　2016 年企业关于行业成熟度的调查

表 3-44　2018 年企业关于行业成熟度的调查

行业成熟度	样本企业数（个）	占比（%）
9	422	10. 5
8	470	11. 7
7	746	18. 6
6	693	17. 3
5	660	16. 5
4	389	9. 7
3	294	7. 3
2	143	3. 6
1	187	4. 7
有效样本总数	4004	100

表 3-45　2019 年企业关于行业成熟度的调查

行业成熟度	样本企业数（个）	占比（%）
9	293	9. 4
8	480	15. 5
7	800	25. 8

续表

行业成熟度	样本企业数(个)	占比(%)
6	628	20. 3
5	468	15. 1
4	145	4. 7
3	165	5. 3
2	71	2. 3
1	49	1. 6
有效样本总数	3099	100

据分行业的企业成熟度调查显示(见表3-46、表3-47、表3-48),2016年调查的10个行业对行业成熟度的评价中,“比较成熟”占比最大,但各行业差异较大。评价行业“非常成熟”的比例在4. 0%(专业技术服务)至27. 9%(文化创意)之间浮动,评价行业“比较成熟”的比例最低为35. 7%(新能源),最高为80. 5%(专业技术服务),认为行业“不成熟”的比例处在14. 4%(专业技术服务)到34. 4%(新能源)之间,而认为行业“十分滞后”的比例在1. 1%(专业技术服务)和13. 9%(新材料)之间变动。在2018年,关于创业企业所在10个行业成熟度评价绝大多数调查企业均认为行业比较成熟(打分为4—6分)和非常成熟(打分为7—9分)。其中,新能源行业评价为非常成熟(打分为7—9分)的比重最高,达到48. 2%,而有26. 9%的企业认为节能环保行业处于一般成熟或不成熟(打分为1—3分)的状态。2019年绝大多数调查企业均认为行业比较成熟(打分为4—6分)和非常成熟(打分为7—9分)。专业技术服务行业的企业对该行业的评价为非常成熟(打分为7—9分)的比重最高,达到55. 9%,而有20%的企业认为节能环保行业处于一般成熟或不成熟(打分为1—3分)的状态。在现代农业中,

认为行业处于比较成熟（打分为 4—6 分）阶段的企业比重最大，达到了 44.7%。

表 3-46　2016 年企业行业成熟度调查（分行业）　（单位：%）

行业	非常成熟	比较成熟	一般成熟	不成熟	非常滞后
信息技术	7.2	72.4	0.0	18.6	1.8
软件	4.1	77.7	0.0	16.7	1.5
节能环保	23.2	45.1	0.0	25.6	6.1
高端装备制造	21.7	41.7	0.0	27.5	9.2
新能源	16.2	35.7	0.0	34.4	13.6
新材料	19.0	38.8	0.0	28.3	13.9
生物医药	17.7	43.4	0.0	27.4	11.5
文化创意	27.9	36.0	0.0	26.7	9.3
金融服务	17.0	38.9	0.0	32.8	11.3
专业技术服务	4.0	80.5	0.0	14.4	1.1

表 3-47　2018 年企业行业成熟度调查（分行业）　（单位：%）

行业	1	2	3	4	5	6	7	8	9
信息技术	4.3	4.0	8.1	9.7	16.9	18.1	18.5	10.8	9.6
软件	5.2	4.1	6.9	10.5	16.2	17.9	16.6	12.4	10.2
节能环保	5.4	5.4	16.1	12.5	10.7	3.6	19.6	16.1	10.7
高端装备制造	5.6	2.3	6.9	7.6	21.1	17.1	21.1	8.2	10.2
新能源	5.2	5.2	5.2	5.2	13.8	17.2	24.1	13.8	10.3
新材料	2.4	2.4	7.3	12.2	14.6	17.1	22.0	4.9	17.1
生物医药	4.2	2.3	6.1	9.6	20.3	13.8	19.3	10.9	13.5
文化创意	3.6	3.1	9.4	8.5	12.5	18.6	19.9	12.1	12.3
金融服务	5.5	3.7	5.1	11.2	16.5	17.5	18.3	13.8	8.3
专业技术服务	3.4	3.1	8.4	10.7	15.3	15.7	19.2	12.6	11.5
现代农业	6.7	3.3	3.3	4.4	14.4	21.1	17.8	14.4	14.4

表 3-48　2019 年企业行业成熟度调查(分行业)　(单位:%)

行业	1	2	3	4	5	6	7	8	9
信息技术	1.2	1.6	6.3	5.2	14.9	19.3	26.5	16.3	8.7
软件	2.5	4.1	7.1	4.9	15.3	21.9	25.1	12.8	6.3
节能环保	2.7	4.0	13.3	4.0	18.7	14.7	22.7	14.7	5.3
高端装备制造	0.9	2.8	3.8	4.7	14.2	18.9	29.2	16.0	9.5
新能源	2.5	0.0	5.0	2.5	7.5	40.0	30.0	7.5	5.0
新材料	6.3	2.5	2.5	7.5	17.5	20.0	13.8	16.2	13.8
生物医药	0.7	3.6	10.1	5.8	13.8	22.5	19.6	14.5	9.4
文化创意	1.4	2.4	4.5	5.5	18.6	18.3	27.6	11.4	10.3
金融服务	1.7	2.5	5.0	3.4	19.3	18.5	21.8	20.2	7.6
专业技术服务	1.2	1.7	3.0	3.7	13.8	20.7	27.1	17.0	11.8
现代农业	2.1	6.4	6.4	6.4	14.9	23.4	23.4	12.8	4.2

二、区域环境

本节通过区域行业成熟度和区域行业保护性措施两个角度描述创业企业的区域环境。

1. 区域行业成熟度

关于区域行业成熟度的调查中(见表 3-49、表 3-50、表3-51),2016 年的调查中,6 个城市的各创业企业对区域行业成熟度的得分不尽相同。在成熟度得分一栏中,北京市、上海市和武汉市三个城市的创业企业对区域行业成熟度的得分较低,分别为 2.40 分、2.40 分和 2.44 分,说明北京市、上海市与武汉市的创业企业所在行业在本区域内已经发展得较成熟。深圳市与西安市的创业企业对于区域的行业成熟度得分较高,杭州市的创业企业对于区域行业的成熟度评分最高,为 2.82 分,说明这些城市创业企业所处行业还未非常成熟,还有较大的发展空间。在 2018 年调查的 4004 个有效回答中,总体来看,35.8%的企业选择比较成熟(打分为 6—7 分);22.2%的企业选择了非常成熟(打分为 8—9 分);42%

的企业选择了一般或不成熟(打分为1—5分)。分区域来看,认为西安市行业发展比较成熟的比重达到42.7%,认为杭州市行业比较成熟的比重最低,为33.6%。2019年调查的3099个有效回答中,45.7%的企业选择比较成熟(打分为6—7分);24.7%的企业选择了非常成熟(打分为8—9分);29.5%的企业选择了一般或不成熟(打分为1—5分)。分区域来看,认为上海市行业发展比较成熟的比重达到58.8%,认为长春市行业比较成熟的比重最低,占比为28.8%。

表3-49　2016年企业行业成熟度调查(分区域)　　(单位:%)

区域	非常成熟	比较成熟	一般成熟	不成熟	非常滞后	成熟度得分
北京市	8.5	69.2	0.0	18.0	4.3	2.40
上海市	10.5	66.1	0.0	20.1	3.3	2.40
深圳市	16.2	47.0	0.0	30.5	6.4	2.64
杭州市	15.9	40.9	0.0	31.8	11.5	2.82
西安市	11.8	47.2	0.0	29.9	11.0	2.81
武汉市	21.7	49.1	0.0	21.7	7.5	2.44
总体	12.7	57.5	0.0	23.4	6.3	2.50

注:成熟度得分计算,非常成熟=1,比较成熟=2,依次类推。

表3-50　2018年企业行业成熟度调查(分区域)　　(单位:%)

区域	1	2	3	4	5	6	7	8	9
北京市	4.2	3.1	7.3	9.7	16.5	17.1	20.2	12.2	9.7
上海市	4.1	3.7	7.3	9.5	17.3	17.0	18.2	12.2	10.8
深圳市	5.3	4.0	7.1	9.5	16.7	17.3	17.3	11.7	11.2
杭州市	7.2	3.9	7.7	9.5	16.0	17.4	16.2	9.3	12.8
武汉市	3.4	3.1	10.6	11.3	15.4	16.8	17.8	12.0	9.6
西安市	3.3	4.4	5.0	12.2	15.0	19.4	23.3	10.6	6.7
总体	4.6	3.6	7.5	9.8	16.5	17.2	18.6	11.7	10.5

注:根据2018年的问卷设计,成熟度计分,1分最少,9分最多。

表 3-51 2019 年企业行业成熟度调查(分区域) (单位:%)

区域	1	2	3	4	5	6	7	8	9
北京市	2. 6	3. 9	8. 1	5. 7	18. 6	19. 2	21. 3	12. 0	8. 6
上海市	1. 3	1. 8	1. 3	1. 8	11. 2	28. 4	30. 4	15. 0	8. 8
深圳市	1. 1	0. 9	3. 8	3. 4	13. 6	18. 8	31. 7	16. 7	10. 0
杭州市	1. 3	3. 0	7. 0	2. 7	13. 3	19. 0	27. 7	20. 0	6. 0
武汉市	1. 1	1. 1	4. 5	6. 7	12. 9	18. 0	27. 5	18. 6	9. 6
西安市	0. 6	4. 5	3. 4	4. 5	9. 5	27. 4	26. 8	15. 6	7. 8
广州市	2. 6	0. 3	2. 9	5. 2	11. 6	17. 4	28. 4	16. 8	14. 8
成都市	2. 3	2. 3	10. 3	5. 6	21. 0	17. 3	19. 7	15. 0	6. 5
郑州市	0. 5	2. 2	4. 9	8. 2	17. 0	15. 3	25. 7	15. 3	10. 9
长春市	0	2. 6	7. 8	7. 8	24. 9	18. 3	10. 5	14. 4	13. 7
总体	1. 5	2. 5	5. 6	4. 7	15. 2	20. 3	25. 4	15. 7	9. 0

注:根据 2019 年的问卷设计,成熟度计分,1 分最少,9 分最多。

2. 区域行业保护性措施

关于区域行业保护性措施综合来看(见图 3-4、表 3-52、表 3-53),三次调查均显示,企业家认为存在区域性行业保护措施的比例较高,均超过 40%。但 2016 年调查的创业企业,认为“有区域行业保护性措施且比较多”的比例超过 1/5。总的来说,调查企业认为有区域行业保护性措施的比例达到 41. 6%,认为基本没有区域性保护措施的调查企业比例为 43. 9%,回答不清楚的企业占比为 14. 6%。2018 年有效调查的 4004 家企业中,63. 6%的企业认为有区域保护;36. 4%的企业认为没有保护性措施。2019 年有效调查的 3086 家企业中有 1237 家企业认为有区域保护,占比达到 40. 1%;1849 家企业认为没有保护性措施,占比达到 59. 9%。2019 年的调查中认为有区域行业保护措施的企业较 2018 年有明显的下降，下降了23.5个百分点。这一下降反映出整体的创业营商环境向更自由、更公平的趋势转变，地方保护程度有明显减弱，但平均高达40%的区域性保护措施比例依然非常高，这个问题亟待破解，以打造风清气朗的营商环境。

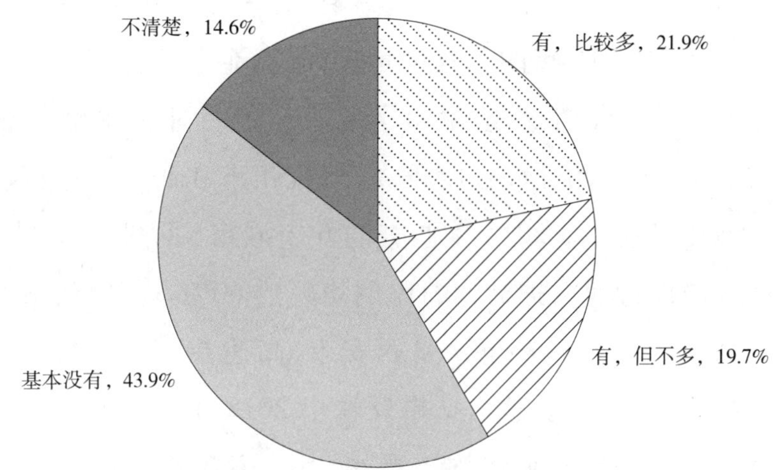

图 3-4　2016 年企业关于区域行业保护性措施调查

表 3-52　2018 年企业关于区域行业保护性措施调查

区域行业保护措施情况	样本企业数量（个）	占比（%）
有	2545	63.6
没有	1458	36.4
总有效回答数	4003	100

表 3-53　2019 年企业关于区域行业保护性措施调查

区域行业保护措施情况	样本企业数量（个）	占比（%）
有	1237	40.1
没有	1849	59.9
总有效回答数	3086	100

分区域来看,2016 年调查中企业选择“基本没有”城市行业保护性措施的比重在六个区域均为最高的(见表 3-54)。北京市的企业选择“基本没有”保护措施的比重最高,为 49.8%,北京市的企业认为“有,比较多”和“有,但不多”的累积比重最低。相反,杭州市和武汉市的企业认为“有,比较多”和“有,但不多”的累积比重在 2016 年的调查中均较高,而企业认为基本没有保护措施的比重均较低。这说明了北京市的行业保护性措施较少,对各创业企业的开放程度较高,而杭州市和武汉市的行业保护性措施相对较多。2018 年调查的 6 个城市(见图 3-5)中,认为存在区域性行业保护措施的比例均超过 60%。其中武汉市的比例最高,为 66.8%,接下来是西安市,高达 66.1%。深圳市的比例最低,为 61.3%。这一结果反映出 2018 年调查的 6 个城市的区域行业保护措施形势均较严峻,其中武汉市与西安市的地方保护形式为调查中最严重的,将严重制约创业企业的发展,亟待改善。到了 2019 年(见图 3-6),调查城市的区域行业保护情形有了较大程度上的改善。调查的 10 个城市中,除杭州市之外,其他 9 个城市认为不存在区域行业保护性措施的比例均高于认为存在区域性行业保护措施的比例。上海市、广州市等沿海开放较早的城市存在区域行业保护性措施的比例较低,而成都市、西安市、长春市等内陆城市区域行业保护力度依然较高。杭州市是所有调查城市中唯一一座受访者认为有城市行业保护性措施的比例高于没有的城市,反映出了杭州市的创业环境较其他地区的地方保护主义更为严重,亟待进一步深化改革,为创业企业营造公平自由的营商环境。

表 3-54　2016 年企业区域行业保护性措施调查(分区域)　（单位:%）

区域	有,比较多	有,但不多	基本没有	不清楚
北京市	23. 0	14. 9	49. 8	12. 4
上海市	20. 1	18. 5	48. 8	12. 7
深圳市	22. 2	20. 7	43. 2	13. 9
杭州市	23. 0	24. 3	34. 8	17. 9
西安市	20. 5	24. 4	38. 6	16. 5
武汉市	20. 8	26. 4	33. 5	19. 3
总体	21. 9	19. 7	43. 9	14. 6

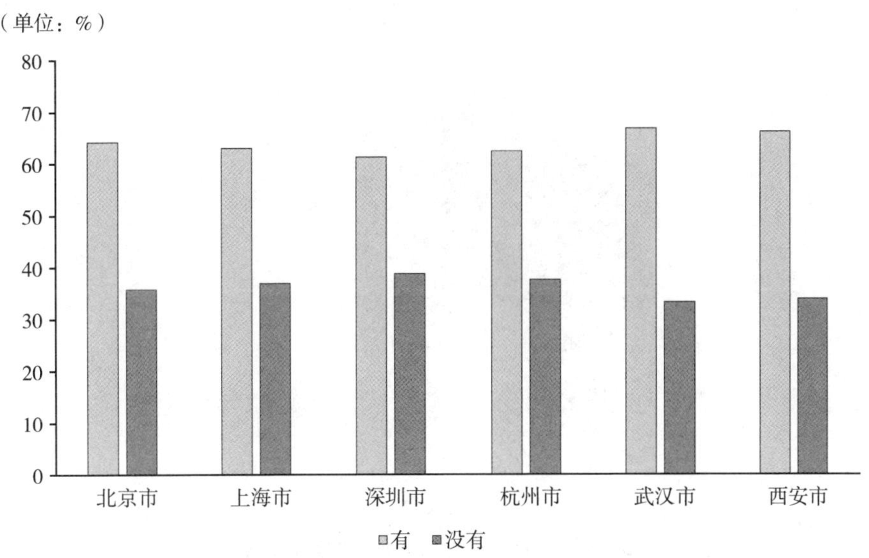

图 3-5　2018 年企业区域行业保护性措施调查(分区域)

三、经济形势

关于未来五年中国经济增长形势评价的调查结果显示(见图 3-7、表 3-55、表 3-56),大多数企业对我国未来经济环境保持乐观态度。

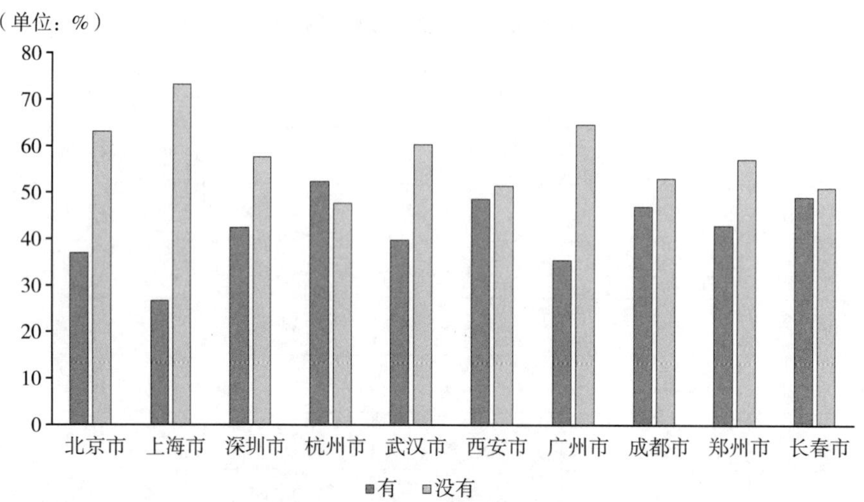

图 3-6　2019 年企业区域行业保护性措施调查(分区域)

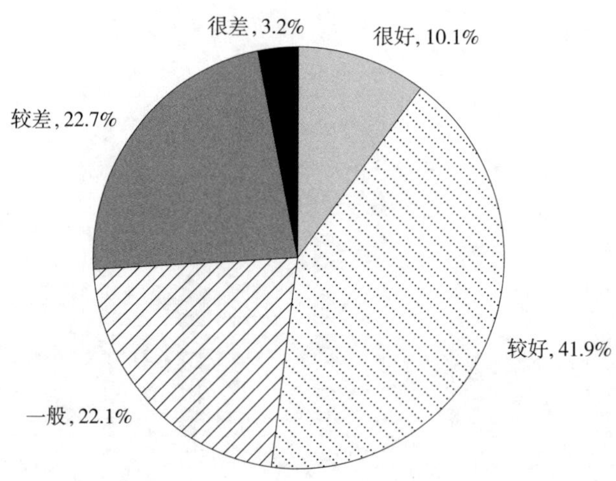

图 3-7　2016 年企业关于未来五年中国经济增长形势评价

2016 年调查中认为经济增长形势“很好”和“较好”的累积比例为 52.0%,即有半数以上的创业企业对我国未来经济形势表示乐观,认为经济形势“一般”的比例为 22.1%,认为经济形势“较差”和“很差”的累积比例为 25.9%。2018 年调查的 4003 个有效回答中,1848 家企业认为经济形势很好(打分为 7—9 分),占比达到 46. 1%;1715 家企业认为未来经济形势较好(打分为 4—6 分),占比达到 42. 8%;440 家企业认为经济形势一般、较差或很差(打分为 1—3 分),占比达到 11. 0%。综合来看,64. 4%的企业对未来我国经济形势持乐观态度(打分为 6—9 分),偏悲观的企业(打分为 1—5 分)比重约为 35. 5%。2019 年调查的 3096 份有效回答中,1557 家企业认为经济形势很好(打分为 7—9 分),占比达到 50. 2%;1275 家企业认为未来经济形势较好(打分为 4—6 分),占比达到 41. 2%;264 家企业认为经济形势一般、较差或很差(打分为 1—3 分),占比达到 8. 5%。综合来看,69. 2%的企业对未来我国经济形势持乐观态度(打分为 6—9 分),偏悲观的企业(打分为 1—5 分)比重约为 30. 7%。对比 2016 年、2018 年和 2019 年,越来越多的企业看好中国未来五年的经济增长形势。

表 3-55　2018 年企业关于未来五年中国经济增长形势评价

分数	样本企业数(个)	占比(%)
9	486	12. 1
8	550	13. 7
7	812	20. 3
6	733	18. 3
5	634	15. 8
4	348	8. 7
3	230	5. 7
2	91	2. 3
1	119	3. 0
有效样本总数	4003	100

注:经济增长形势由 1—9 分逐步向好。

表 3-56　2019 年企业关于未来五年中国经济增长形势评价

分数	样本企业数(个)	占比(%)
9	363	11.7
8	506	16.3
7	688	22.2
6	589	19.0
5	532	17.2
4	154	5.0
3	151	4.9
2	59	1.9
1	54	1.7
有效样本总数	3096	100

注:经济增长形势由 1—9 分逐步向好。

就行业而言,2016 年所调查行业对于未来五年我国经济增长的态度大体一致(见表 3-57),略有浮动(除去极值之后,极值的出现可能与调查的各行业创业企业的数量分配不均匀有关),并且和总体形势基本一致。相较而言,文化创意行业对未来经济形势持非常乐观态度的比例最高,其评价“很好”的比例达到 27.9%,同时对未来经济形势持乐观态度的比例最高,认为“很好”和“较好”的累积比例达到 63.9%。相反,生物医药行业持非常乐观态度的比例最低,评价“很好”的比例仅为 8.8%;相较而言,2018 年新材料和新能源行业企业持乐观态度(6—9 分)的企业比重分别为 70.7%和 68.9%,略高于其他 8 个行业(见表 3-58)。2019 年高端装备制造和现代农业行业企业持乐观态度的企业比重分别为 80.2%和 78.2%,略高于其他 9 个行业(见表 3-59)。

表 3-57　2016 年企业关于未来五年中国经济增长形势评价（分行业）

（单位:%）

行业	很好	较好	一般	较差	很差
信息技术	11.4	45.6	21.3	18.9	2.7
软件	8.9	43.9	26.0	20.4	0.7
节能环保	9.8	34.1	17.1	35.4	3.7
高端装备制造	9.2	43.3	15.8	26.7	5.0
新能源	12.3	35.7	26.0	21.4	4.5
新材料	9.7	43.9	19.4	23.2	3.8
生物医药	8.8	31.0	29.2	26.5	4.4
文化创意	27.9	36.0	0.0	26.7	9.3
金融服务	10.6	40.8	20.8	21.5	6.4
专业技术服务	9.7	44.8	23.5	21.7	0.4

表 3-58　2018 年企业关于未来五年中国经济增长形势评价（分行业）

（单位:%）

行业	1	2	3	4	5	6	7	8	9
信息技术	2.7	2.4	5.7	7.8	16.2	18.8	19.6	15.3	11.5
软件	2.4	2.6	6.2	8.0	18.1	17.8	20.5	12.4	12.1
节能环保	3.6	0.0	5.4	14.3	14.3	19.6	19.6	10.7	12.5
高端装备制造	3.9	1.3	5.6	9.9	14.5	21.4	19.4	13.5	10.5
新能源	1.7	0.0	5.2	15.5	8.6	13.8	17.2	20.7	17.2
新材料	2.4	2.4	2.4	4.9	17.1	19.5	22.0	2.4	26.8
生物医药	4.2	3.5	3.9	7.1	14.8	19.9	20.9	13.5	12.2
文化创意	1.8	2.0	5.1	8.3	15.4	17.0	21.3	15.7	13.4
金融服务	3.6	2.0	5.7	11.2	15.2	18.3	21.5	11.6	10.8
专业技术服务	3.4	1.9	7.3	8.8	14.6	17.2	21.5	11.5	13.8
现代农业	6.7	3.3	10.0	8.9	13.3	12.2	14.4	20.0	11.1

注：经济增长形势由 1—9 分逐步向好。

表 3-59　2019 年企业关于未来五年中国经济增长形势评价(分行业)

(单位:%)

行业	1	2	3	4	5	6	7	8	9
信息技术	2.7	2.3	5.3	5.5	18.0	18.5	21.6	16.3	9.8
软件	2.2	1.9	6.3	3.5	16.9	17.4	21.8	17.7	12.3
节能环保	0.0	4.0	4.0	5.3	10.7	20.0	26.7	16.0	13.3
高端装备制造	0.0	0.0	2.8	2.8	14.2	22.6	26.4	17.0	14.2
新能源	0.0	0.0	2.5	5.0	27.5	20.0	20.0	10.0	15.0
新材料	1.3	2.5	1.3	7.6	24.1	10.1	17.7	21.5	13.9
生物医药	0.7	4.3	6.5	7.9	17.3	14.4	19.4	18.7	10.8
文化创意	2.4	3.8	3.8	6.2	16.4	20.5	20.9	13.7	12.3
金融服务	1.7	0.9	3.4	4.3	17.2	16.4	23.3	15.5	17.2
专业技术服务	1.2	0.9	4.7	4.4	16.9	20.8	23.6	15.9	11.5
现代农业	0.0	0.0	8.7	2.2	10.9	21.7	15.2	21.7	19.6

注:经济增长形势由 1—9 分逐步向好。

分区域来看,2016 年调查中的 6 个城市对未来五年我国的经济增长形势的判断大体一致(见表 3-60)。6 个城市评价“较好”的比例均最高,除深圳市为 39.1%,略低于 40%之外,其他城市的比例均高于 40%。武汉市评价“很好”的比例为 3.9%,明显低于其他城市,且评价“较好”的比例为 40.2%,仅高于深圳市,这说明武汉对未来五年中国经济增长形势持乐观态度的比例较低。总体来说,6 个城市对未来经济形势均较为乐观。2018 年调查的 6 个城市中,杭州市、武汉市和西安市创业企业对未来经济形势持乐观态度(打分为 6—9 分)的企业比重较小,分别为 57.9%、60.9%和 61.7%(见表 3-61)。2019 年调查的 10 个城市中,成都市、北京市和长春市创业企业对未来经济形势持乐观态度(打分为 6—9 分)的企业比重较小,分别为 60.6%、62.0%和 62.4%(见表 3-62)。整体来看,各地区对于我国未来经济增长形式都比较乐观。

表 3-60　2016 年企业关于未来五年中国经济增长形势评价(分区域)

(单位:%)

区域	很好	较好	一般	较差	很差
北京市	9.7	42.5	24.4	22.2	1.2
上海市	11.0	42.4	20.1	24.8	1.7
深圳市	12.0	39.1	21.1	21.4	6.4
杭州市	11.8	41.9	23.0	18.9	4.4
西安市	9.0	43.9	15.6	26.4	5.2
武汉市	3.9	40.2	26.8	24.4	4.7

表 3-61　2018 年企业关于未来五年中国经济增长形势评价(分区域)

(单位:%)

区域	1	2	3	4	5	6	7	8	9
北京市	3.2	1.9	5.7	7.4	15.1	17.0	22.4	15.0	12.4
上海市	1.9	3.0	4.5	9.2	13.7	21.3	19.7	14.2	12.5
深圳市	2.6	2.0	5.0	10.0	17.2	19.4	20.3	11.7	11.8
杭州市	4.7	1.2	7.4	9.3	19.5	13.3	17.4	14.4	12.8
武汉市	2.7	3.8	7.5	8.9	16.1	19.2	20.5	9.2	12.0
西安市	3.3	1.7	7.2	7.2	18.9	20.6	17.8	14.4	8.9

注:经济增长形势由 1—9 分逐步向好。

表 3-62　2019 年企业关于未来五年中国经济增长形势评价(分区域)

(单位:%)

区域	1	2	3	4	5	6	7	8	9
北京市	2.7	2.7	5.4	7.0	20.2	15.4	18.9	13.2	14.5
上海市	0.2	0.4	3.1	2.5	13.2	23.3	25.3	21.0	11.0
深圳市	2.6	2.8	4.9	4.7	18.3	22.8	20.5	16.0	7.5
杭州市	1.7	0.7	1.7	3.0	15.7	18.0	25.7	24.3	9.3
武汉市	1.1	2.2	6.7	6.1	15.6	11.2	30.2	14.5	12.3
西安市	0.6	2.2	4.5	5.6	20.8	33.1	18.5	8.4	6.2
广州市	1.6	2.0	4.2	5.2	15.4	19.0	24.2	16.3	12.1
成都市	0.9	2.3	9.3	6.9	19.9	17.1	21.8	12.0	9.7
郑州市	0.9	1.7	4.4	5.0	9.9	19.9	22.1	18.2	18.2
长春市	4.6	1.3	7.9	2.6	21.1	7.2	18.4	17.1	19.7

注:经济增长形势由 1—9 分逐步向好。

第五节　创业政策环境

一、服务设施

本节从地区或园区创业基础设施完备程度角度来分析 2016 年、2018 年和 2019 年创业企业所获得的服务设施。

地区或园区创业基础设施完备程度的调查结果显示，2016 年调查中有 12.5%的创业企业认为地区或园区创业基础设施非常完备（见图 3-8），24.6%的创业企业认为比较完备，两者合计的比例达到 37.1%。而有 13.4%的创业企业认为不完备，4.6%的创业企业认为很落后，另外有 44.8%的创业企业认为一般。2018 年 4004 个有效回答中（见表 3-63），1910 家企业认为较差（打分为 1—5 分），占比为 47.6%；1366 家企业和 728 家企业认为比较完备（打分为 6—7 分）和非常完备（打分为 8—9 分），分别占比为 34.2%和 18.2%，两者合计达到 52.4%。2019 年 3075 个有效回答中（见表 3-64），1138 家企业认为较差（打分为 1—5 分），占比为 37.0%；1127 家企业和 810 家企业认为比较完备（打分为 6—7 分）和非常完备（打分为 8—9 分），分别占比为 36.7%和 26.3%，两者合计达到 63.0%。三次调查整体比较下来，创业企业认为园区基础设施完备的比例不断上升，2019 年较 2016 年有大幅提高，提高了 25.9 个百分点。这也充分体现了当前创业的基础设施环境不断提升，基本满足了企业者的需求，但依然有进步的空间。

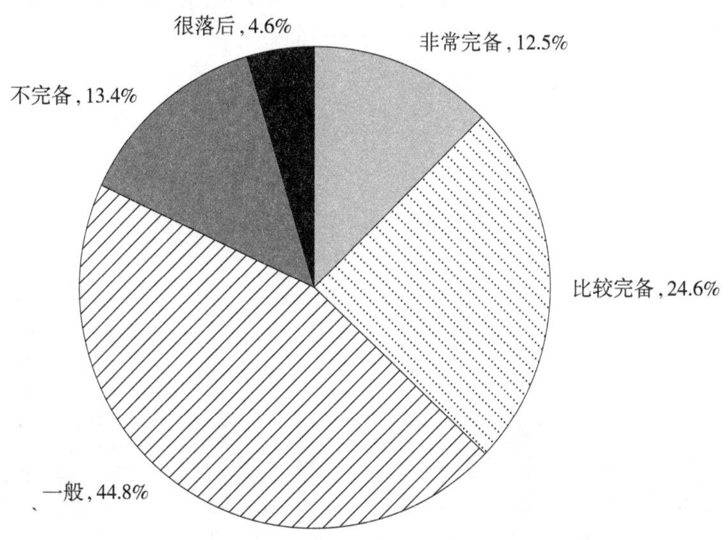

图 3-8　2016 年企业地区或园区基础设施完备程度评价

表 3-63　2018 年企业地区或园区基础设施完备程度评价

分数	样本企业数（个）	占比（%）
9	287	7.2
8	441	11.0
7	667	16.7
6	699	17.5
5	690	17.2
4	469	11.7
3	321	8.0
2	180	4.5
1	250	6.2
有效样本总数	4004	100

注：因问卷变动，非常完备=9，比较完备=8，依次类推。

表 3-64　2019 年企业地区或园区基础设施完备程度评价

分数	样本企业数(个)	占比(%)
9	337	10.9
8	473	15.4
7	645	21.0
6	482	15.7
5	485	15.8
4	156	5.1
3	188	6.1
2	96	3.1
1	213	6.9
有效样本总数	3075	100

注:因问卷变动,非常完备=9,比较完备=8,依次类推。

分区域来看,2016 年,对基础设施满意度排名由低到高的城市为西安市、北京市、上海市、杭州市、深圳市和武汉市(见表 3-65)。2018 年,基础设施满意度排名由高到低的城市为北京市、西安市、武汉市、深圳市、上海市和杭州市(见表 3-66)。2019 年,基础设施满意度排名由高到低的城市为长春市、杭州市、郑州市、成都市、西安市、上海市、武汉市、北京市、广州市和深圳市(见表 3-67)。其中,杭州市的排名增幅较大,从 2016 年与 2018 年较靠后的位置上升至 2019 年的第二位。同时,深圳市的基础满意度在三次排名中均处于中后位,政府需加大投入,弥补“短板”,支撑深圳国家创新型城市和自主创新示范区的建立。

表 3-65　2016 年企业地区或园区基础设施完备程度(分区域)　(单位:%)

区域	非常完备	比较完备	一般	不完备	很落后	综合得分
北京市	11.8	25.0	48.3	12.7	2.2	2.69
上海市	9.9	25.1	51.2	11.3	2.5	2.71

续表

区域	非常完备	比较完备	一般	不完备	很落后	综合得分
深圳市	15.4	19.5	45.5	12.4	7.1	2.76
杭州市	15.2	24.3	37.8	17.2	5.4	2.73
武汉市	10.4	25.5	37.3	17.0	9.9	2.91
西安市	15.0	31.5	36.2	11.0	6.3	2.62

注:综合得分计算,非常完备=1,比较完备=2,依次类推。

表3-66　2018年企业地区或园区基础设施完备程度(分区域)

(单位:%)

区域	1	2	3	4	5	6	7	8	9	综合得分
北京市	5.9	4.0	7.3	11.8	15.9	17.7	18.6	12.2	6.7	5.57
上海市	6.4	5.1	8.0	10.3	17.6	18.4	16.5	9.7	7.9	5.44
深圳市	6.3	4.5	7.3	13.7	17.3	16.5	16.2	11.2	7.3	5.46
杭州市	9.3	5.1	10.9	10.5	16.7	16.7	15.1	8.8	6.7	5.14
武汉市	5.5	3.1	8.2	11.3	22.9	16.8	13.7	12.0	6.5	5.47
西安市	3.9	5.0	8.9	12.2	17.2	17.8	15.0	12.8	7.2	5.54

注:用1—9分描述完备程度,1分为最少,9分为最多。

表3-67　2019年企业地区或园区基础设施完备程度(分区域)

(单位:%)

区域	1	2	3	4	5	6	7	8	9	综合得分
北京市	12.1	3.9	7.1	5.0	20.2	13.3	14.0	13.0	11.5	5.48
上海市	4.6	1.6	5.9	4.1	15.8	22.8	29.0	14.2	2.1	5.93
深圳市	7.1	5.8	10.3	8.2	18.3	17.2	17.4	10.5	5.2	5.30
杭州市	1.7	1.0	2.3	1.3	7.3	11.7	26.0	28.0	20.7	7.15
武汉市	7.9	3.4	7.3	9.6	15.7	14.0	21.3	12.4	8.4	5.61
西安市	7.3	2.8	5.0	4.5	13.4	17.9	24.0	17.9	7.3	5.97
广州市	13.2	3.3	4.3	5.6	12.6	17.2	27.2	12.9	3.6	5.47
成都市	1.4	2.3	6.0	5.6	17.7	13.0	20.9	18.1	14.9	6.38
郑州市	2.2	3.8	3.3	4.9	15.9	16.5	19.8	15.9	17.6	6.42
长春市	0.75	0.0	3.9	0.0	11.8	7.8	14.4	20.3	41.2	8.27

注:用1—9分描述完备程度,1分为最少,9分为最多。

二、知识产权保护

1. 知识产权保护情况

三次调查的趋势显示，从 2016—2019 年（见表 3-68、表 3-69、表 3-70），企业出现知识产权纠纷的比重明显下降，由 2016 年的 12.4%下降到 2019 年的 2.6%，表明我国知识产权保护工作取得长足进展。但整体上，知识产权保护的环境依然不容乐观，企业对自身产品和合约被保护的力度依然表示担忧。2018 年与 2019 年相比较，创业者认为产品被复制的可能性都在 50%上下，而合约和产权受到保护的可能性均不足六成。这一结果充分反映了创业者对自身知识产权保护状况的担忧，也反映了知识产权保护力度的不足。企业应加大对知识产权保护的投入，聘请专业律师或提早对知识产权事务进行规划部署。同时，政府与创业园区也应精准定位，找到创业企业发展的痛点，加大对创业企业知识产权保护事宜的帮助和支持，为企业的长远发展保驾护航。

就行业而言，2016 年中各行业出现过知识产权纠纷的比重略有不同。新能源行业、信息技术行业和专业技术服务行业出现过知识产权纠纷的比重均较高。其中，新能源行业出现过知识产权纠纷的比重为 16.2%，信息技术行业为 15.6%，专业技术服务行业为 14.4%；相较而言，金融服务行业出现过知识产权纠纷的比重明显较低，发生知识产权纠纷的比重为 9.4%。2018 年，软件业出现过知识产权纠纷的比重最高，达到 10.7%；新能源和新材料行业产品被复制可能性最高，均为 54.0%；新材料行业合约和产权受到保护的可能性最低，为 52.7%。2019 年，高端装备制造业出现过知识产权纠纷的比重最高，达到 4.7%；专业技术服务行业产品被复制可能性最高，为 54.2%；现代农业行业合约和产权受到保护的可能性最低,为 46.9%。

表 3-68　2016 年企业知识产权保护情况(分行业)　　(单位:%)

行业	出现过知识产权纠纷的比重
信息技术	15.6
软件	11.5
节能环保	11.0
高端装备制造	13.3
新能源	16.2
新材料	13.1
生物医药	10.6
文化创意	14.0
金融服务	9.4
专业技术服务	14.4
总体	12.4

表 3-69　2018 年企业知识产权保护情况(分行业)　　(单位:%)

行业	出现过知识产权纠纷的比重	产品被复制的可能性	合约和产权受到保护的可能性
信息技术	9.9	49.0	59.9
软件	10.7	49.0	57.7
节能环保	0.0	48.0	59.8
高端装备制造	8.6	51.0	55.4
新能源	3.4	54.0	58.7
新材料	0.0	54.0	52.7
生物医药	7.1	50.0	58.9
文化创意	8.9	49.0	58.3
金融服务	8.1	49.0	57.0
专业技术服务	9.2	48.0	56.2
现代农业	6.7	49.5	57.3
总体	9	49.3	58.1

表 3-70　2019 年企业知识产权保护情况(分行业)　(单位:%)

行业	出现过知识产权纠纷的比重	产品被复制的可能性	合约和产权受到保护的可能性
信息技术	3. 8	48. 6	54. 7
软件	1. 4	46. 9	58. 3
节能环保	0. 0	46. 6	57. 0
高端装备制造	4. 7	43. 4	58. 8
新能源	2. 5	47. 6	56. 4
新材料	1. 3	47. 3	48. 6
生物医药	2. 9	39. 2	55. 5
文化创意	3. 1	52. 8	52. 6
金融服务	0. 9	52. 7	55. 4
专业技术服务	1. 9	54. 2	52. 1
现代农业	4. 3	51. 4	46. 9
总体	2. 6	50. 0	54. 1

就区域而言,2016 年第二轮调查中各城市出现知识产权纠纷的比重略有差异(见表 3-71),杭州市出现过知识产权纠纷的比重居于 6 个城市的首位,达到 15. 5%,深圳市知识产权保护的环境最好,出现知识产权纠纷的比重低至 10. 5%。2018 年在调查的 6 个城市中(见表 3-72),杭州市企业出现过知识产权纠纷的比重最高,达到 13. 7%;北京市产品被复制的可能性最高,达到 51. 0%;北京市合约和产权受到保护的可能性最高,达到 58. 9%。2019 年在调查的 10 个城市中(见表 3-73),郑州市出现过知识产权纠纷的比例最高,达到 4. 4%;上海市产品被复制的可能性最高,达到 59. 2%;武汉市合约和产权受到保护的可能性最高,达到 61. 0%。整体来看,这三年的调查情况,各地区企业出现过知识产权纠纷的比重呈下降趋势。

表 3-71　2016 年企业知识产权保护情况（分区域）　（单位:%）

区域	出现过知识产权纠纷的比重
北京市	13. 0
上海市	13. 2
深圳市	10. 5
杭州市	15. 5
武汉市	13. 2
西安市	12. 6

表 3-72　2018 年企业知识产权保护情况（分区域）　（单位:%）

区域	出现过知识产权纠纷的比重	产品被复制的可能性	合约和产权受到保护的可能性
北京市	10. 1	51. 0	58. 9
上海市	9. 3	48. 0	57. 2
深圳市	6. 9	49. 0	56. 8
杭州市	13. 7	46. 0	56. 9
武汉市	4. 1	49. 0	56. 2
西安市	8. 3	50. 0	57. 6

表 3-73　2019 年企业知识产权保护情况（分区域）　（单位:%）

区域	出现过知识产权纠纷的比重	产品被复制的可能性	合约和产权受到保护的可能性
北京市	2. 7	46. 7	53. 1
上海市	1. 6	59. 2	56. 2
深圳市	3. 6	56. 6	48. 6
杭州市	2. 0	47. 2	56. 4
武汉市	2. 8	51. 8	61. 0
西安市	1. 7	46. 8	51. 3
广州市	2. 3	49. 7	50. 9
成都市	2. 3	44. 3	60. 6
郑州市	4. 4	41. 4	54. 4
长春市	2. 6	43. 05	56. 3

2. 知识产权质押融资情况

就知识产权质押融资而言(见表3-74、表3-75和表3-76),2016年的调查中,13.5%的创业企业获得了知识产权质押投融资,平均获得质押投融资金额为48.5万元。2016年调查中各行业进行知识产权质押投融资比重差异不大,集中在10%—20%,其中文化创意行业获得知识产权质押投融资的比重最低,为10.5%,而节能环保行业获得知识产权质押投融资的比重最高,为19.5%;各行业获得的平均金额浮动较大,在35万—60万元,获得平均金额最高和最低的行业分别为节能环保和文化创意行业,其金额分别为58.1万元和38.9万元。2018年仅有11.2%的企业获得知识产权质押投融资,平均获得质押投融资金额为340万元。调查的所有行业中,新能源行业没有获得知识产权质押投融资;新材料行业获得知识产权质押投融资的比重最高,达到75.6%;节能环保行业获得知识产权质押投融资比重最低,为3.6%,但获得的平均金额最高,达到了790万元。2019年仅有1.8%的企业获得了知识产权质押投融资,平均获得质押投融资金额为112.4万元。调查的所有行业中,新能源行业没有知识产权质押投融资;高端装备制造行业获得知识产权质押投融资的比重最高,达到3.8%;现代农业行业获得知识产权质押投融资的比重为2.1%,但获得的平均金额最高,达到了500万元。整体来看,2016年、2018年和2019年,2019年各行业企业获得知识产权质押投融资的比重明显减少,这说明知识产权质押在企业融资过程中的影响逐渐变小。

表 3-74　2016 年企业知识产权质押融资情况(分行业)

行业	获得知识产权质押投融资的比重(%)	平均金额(万元)
信息技术	10.8	53.1
软件	17.1	42.8
节能环保	19.5	58.1
高端装备制造	14.2	50.0
新能源	12.3	42.6
新材料	13.5	54.1
生物医药	16.8	40.5
文化创意	10.5	38.9
金融服务	10.9	46.2
专业技术服务	13.7	51.6
总体	13.5	48.5

表 3-75　2018 年企业知识产权质押融资情况(分行业)

行业	获得知识产权质押投融资的比重(%)	平均金额(万元)
信息技术	11.8	265.7
软件	10.5	439.4
节能环保	3.6	790.0
高端装备制造	10.2	232.5
新能源	0.0	0.0
新材料	75.6	230.7
生物医药	17.7	250.9
文化创意	10.5	241.5
金融服务	6.1	609.4
专业技术服务	11.8	265.7
现代农业	5.6	146.0
总体	11.2	340.0

表 3-76　2019 年企业知识产权质押融资情况（分行业）

行业	获得知识产权质押投融资的比重（%）	平均金额（万元）
信息技术	2.3	93.1
软件	2.5	68.0
节能环保	1.3	50.0
高端装备制造	3.8	234.7
新能源	0.0	0.0
新材料	1.3	0.0
生物医药	0.7	190.0
文化创意	1.0	1.0
金融服务	2.5	3.0
专业技术服务	1.2	170.3
现代农业	2.1	500.0
总体	1.8	112.4

从区域层面（见表 3-77、表 3-78 和表 3-79）分析，2016 年，北京市和武汉市进行知识产权质押投融资的比重相对较低，西安市最高；上海市获得的知识产权质押投融资的金额最低，为 43.47 万元，武汉市最高，为 51.60 万元。2018 年，武汉市、深圳市和西安市进行知识产权质押投融资的比重相对较低；相比较而言，上海市获得的平均金额最高，为 510.13 万元。2019 年，上海市、武汉市、成都市和长春市进行知识产权质押投融资的比重相对较低；相较而言，西安市获得的平均金额最高，为 283 万元。整体来看，三个年份各区域获得知识产权质押融资的企业所占比重呈下降趋势。

表 3-77　2016 年企业知识产权质押融资情况（分区域）

区域	获得知识产权质押投融资的比重（%）	平均金额（万元）
北京市	12.67	50.82
上海市	13.50	43.47
深圳市	13.16	47.71

续表

区域	获得知识产权质押投融资的比重(%)	平均金额(万元)
杭州市	15.20	46.22
武汉市	11.79	51.60
西安市	17.32	51.36

表 3-78　2018 年企业知识产权质押融资情况(分区域)

区域	获得知识产权质押投融资的比重(%)	平均金额(万元)
北京市	24.5	262.23
上海市	11.3	510.13
深圳市	7.4	250.44
杭州市	19.4	253.39
武汉市	8.6	233.32
西安市	7.2	348.46

表 3-79　2019 年企业知识产权质押融资情况(分区域)

区域	获得知识产权质押投融资的比重(%)	平均金额(万元)
北京市	2.8	67.7
上海市	0.7	0.0
深圳市	1.7	97.8
杭州市	2.3	210.7
武汉市	0.6	0.0
西安市	1.7	283.0
广州市	1.6	154.0
成都市	0.9	190.0
郑州市	2.7	30.0
长春市	0.7	0.0

三、“双创”政策

关于“双创”配套政策的调查(见表 3-80、表 3-81、表 3-82),2016 年调查中 56.7%的企业认为地方政府出台了相关配套政策,而 43.3%的企业则认为地方政府没有出台相关配套政策。各城市关于中央“双创”政策的结论基本相同。关于地方政府是否出台“双创”相关配套政策的调查中,各城市中认为所在城市出台相关配套政策的企业比例均超过 55%,城市间差距较小,杭州市和深圳市的表现最好,均有 57.1%的创业企业认为其出台了“双创”配套政策,位列各城市首位,6 个城市中武汉市的表现较差。2018 年调查的 4004 个有效回答中,52.1%的企业认为地方政府出台了相关配套政策;47.9%的企业则认为地方政府没有出台相关配套政策。分区域来看,上海市评价最低,仅有 49.3%的企业认为出台了“双创”配套政策,其他城市的比重均超过了 50%;北京市评价最高,有 54.4%的企业认为出台了“双创”配套政策。2019 年的调查中,59.1%的企业认为地方政府出台了相关配套政策;42.2%的企业则认为地方政府没有出台相关配套政策。分区域来看,深圳市评价最低,仅有 43.3%的企业认为出台了“双创”配套政策;成都市评价最高,有 89.8%的企业认为出台了“双创”配套政策。

整体来看,随着时间的推移,各地区的“双创”政策在不断完善,并逐渐得到落实。

表 3-80 2016 年企业各城市是否出台“双创”配套政策的调查(分区域)

(单位:%)

区域	是	否
北京市	56.6	43.4
上海市	56.7	43.3
深圳市	57.1	42.9
杭州市	57.1	42.9
武汉市	55.7	44.3

续表

区域	是	否
西安市	56.7	43.3
总体	56.7	43.3

表 3-81　2018 年企业各城市是否出台“双创”配套政策的调查（分区域）

（单位:%）

区域	是	否
北京市	54.4	45.6
深圳市	53.6	46.4
武汉市	50.0	50.0
西安市	50.6	49.4
上海市	49.3	50.7
杭州市	51.3	48.7
总体	52.1	47.9

表 3-82　2019 年企业各城市是否出台“双创”配套政策的调查（分区域）

（单位:%）

区域	是	否
北京市	46.4	53.6
上海市	49.8	50.2
深圳市	43.3	56.7
杭州市	80.3	19.7
武汉市	54.7	45.3
西安市	79.8	20.2
广州市	56.5	43.5
成都市	89.8	10.2
郑州市	65.3	34.7
长春市	86.1	40.8
总体	59.1	42.2

四、创新政策

本部分通过调查创业企业获得科技券的情况以及对科技创新券的效果评价来反映之前的创新政策环境。

总体来说,企业获得创新券的比例均较低,对科技创新券的效果并不十分满意。2016 年与 2018 年的调查显示(见表 3-83、表 3-84)企业获得科技创新券的比例均在 15%左右,而 2019 年的研究显示(见表 3-85),获得创新券的企业比例已不足 10%。企业对科技创新券的效果满意比例虽然呈现逐渐上升趋势,但整体的满意度并不多,2016 年超过一半以上的企业认为,科技创新券的效果一般,超过 1/3 的企业认为科技创新券的效果不显著,认为创新券效果比较显著和非常显著的企业占比未超过 1/8(见图 3-9)。2018 年获得科技创新券的企业对其效果评价也偏低(见图 3-10),33. 0%的企业认为科技创新券效果一般或不佳(打分为 1—5 分),29. 0%的企业认为科技创新券的作用比较显著(打分为 6—7 分),38. 0%的企业认为科技创新券效果非常显著(打分为 8—9 分)。2019 年对于科技创新券的效果的评价有所上升(见图 3-11),46. 5%的企业认为科技创新券效果非常显著(打分为 8—9 分),31. 4 的企业认为科技创新券的作用比较显著(打分为 6—7 分),22. 2%的企业认为科技创新券效果一般或不佳(打分为 1—5 分)。

分区域来看,三次对创新券的调查均显示,杭州市是获得创新券企业比例最多的城市,占比为 15%—30%。而北京市的企业获得创新券支持的平均金额最多,武汉市、西安市、长春市等城市在三次调查中获得创新券支持的平均金额较低。这体现了杭州市对创新券这一创新政策的落实程度较好,其他城市可以对杭州市创新政策的实施开展调研和学习。

针对企业获得科技创新券的比例不高，认可度不高的情形，中央到地方应当仔细探究企业获得创新券的比例较低的原因，是对创新券的宣传不到位还是企业获得创新券的渠道不通畅或是企业对于创新券没有积极性？相关机构应定期对创新政策的效果进行全面评估，实施政策的动态退出与进入机制，提高政策效果。

表 3-83　2016 年企业各城市科技创新券调查(分区域)

区域	获得科技创新券的比重(%)	获得科技创新券的平均金额(万元)
北京市	15.8	54.91
上海市	13.8	54.40
深圳市	13.9	47.30
杭州市	16.9	51.80
武汉市	13.7	47.24
西安市	16.5	50.00
总体	15.1	52.22

表 3-84　2018 年企业各城市科技创新券调查(分区域)

区域	获得科技创新券的比重(%)	获得科技创新券平均金额(万元)
北京市	16.2	811.37
上海市	14.7	149.41
深圳市	14.2	21.93
杭州市	18.1	156.45
武汉市	16.8	26.31
西安市	16.7	6.87
总体	15.7	328.90

表 3-85 2019 年企业各城市科技创新券调查(分区域)

区域	获得科技创新券的比重(%)	获得科技创新券平均金额(万元)
北京市	3.4	72.50
上海市	5.4	11.66
深圳市	3.8	57.33
杭州市	29.3	18.74
武汉市	6.1	33.36
西安市	8.4	17.43
广州市	2.3	35.60
成都市	11.2	8.68
郑州市	23.0	10.78
长春市	21.4	7.45
总体	9.2	21.55

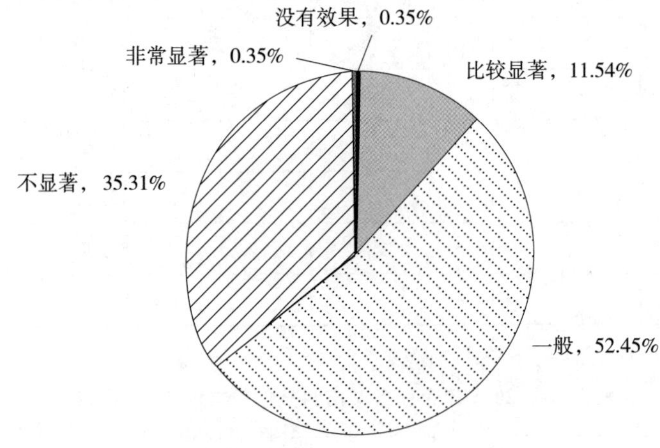

图 3-9 2016 年创业企业对科技创新券效果评价

五、财税政策

本节通过分析创业税收优惠政策来评价 2016 年、2018 年和 2019 年创业环境中的财税政策。

关于创业税收优惠政策的调查中(见表 3-86、表 3-87 和表 3-88),2016 年调查显示创业企业获得创业税收优惠的占比达到

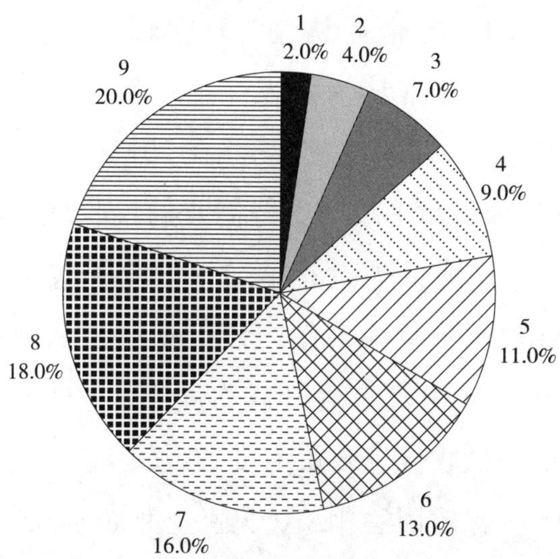

图 3-10 2018 年创业企业对科技创新券效果评价

注:用 1—9 分描述效果程度,1 分为最少,9 分为最多。

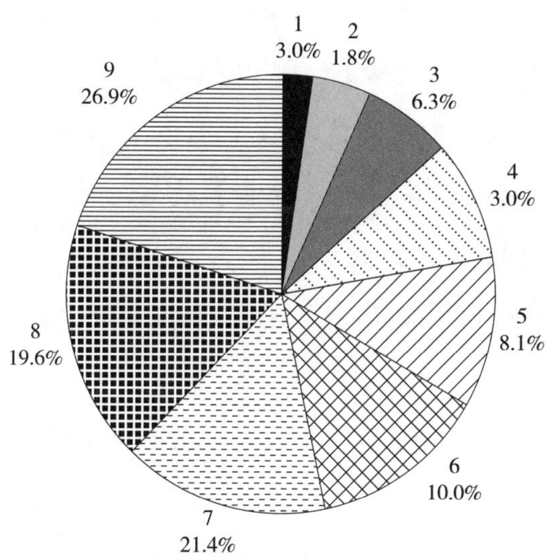

图 3-11 2019 年创业企业对科技创新券效果评价

注:用 1—9 分描述效果程度,1 分为最少,9 分为最多。

32.4%。然而,创业企业对政策效果的评价结果显示,企业对税收优惠政策的评价非常低,高达 53.7%的企业认为税收优惠政策

“没有力度”，12.8%的企业认为“力度较小”，两者合计达到66.5%，仅有3.8%的企业认为税收优惠政策“力度大”，12.1%的企业认为税收优惠政策“力度较大”。在2018年4004份有效回答中，894家企业表示获得了政府支持创业的税收优惠政策，占比达到22.4%；3110家企业认为没有享受到创业税收优惠，占比达到77.6%。而企业对税收政策的作用评价则相当低，高达41.4%的企业认为税收优惠政策没有力度或力度不大（打分为1—5分），58.6%的企业认为税收优惠政策力度大或较大（打分为6—9分）。2019年在3107份有效回答中，1055家企业表示获得了政府支持创业的税收优惠政策，占比达到34.0%；2052家企业认为没有享受到创业税收优惠，占比达到66.0%。而获得了政府支持创业的税收优惠政策的企业对税收政策的作用评价则略低，高达31.2%的企业认为税收优惠政策没有力度或力度不大（打分为1—5分），68.9%的企业认为税收优惠政策力度大或较大（打分为6—9分）。整体来看，2018年各地区企业获得创业税收优惠的比重明显低于2016年和2019年。

分区域看，2016年就获得创业税收优惠的比重而言，上海市的表现最为突出，第二轮中有37.5%的创业企业获得了创业税收优惠政策，明显高于其他城市。就政策的效果评价而言，杭州市创业企业对政策的效果评价明显高于其他城市，第二轮中分别有7.8%和17.8%的企业认为税收优惠政策的力度大和力度较大，48.9%的企业认为力度较小或没有力度，在6个城市中比例最低。大多数企业认为现有税收优惠政策效果不明显，其中，上海市高达61.8%的被调查企业认为税收优惠政策没有力度，对税收优惠政策评价力度较小和没有力度企业累积达到73.6%。2018年，深圳市和北京市表现最为突出,分别有 23.9%和 23.3%的企业表示获得了创业税收优惠政策,明显高于其他城市;大多数企业认为现有税收优惠政策效果不明显,杭州市和西安市认为税收优惠政策力度大或较大(6—9 分)的比重较小,分别为 44.6%和 44.5%。2019 年,广州市和武汉市表现最为突出,分别有 52.7%和 44.4%的企业表示获得了创业税收优惠政策,明显高于其他城市;大多数企业认为现有税收优惠政策效果不明显,上海市和西安市认为税收优惠政策力度大或较大(6—9 分)的比重较小,分别为 60.9%和 60.2%。

表 3-86 2016 年企业创业税收优惠政策调查(分区域) (单位:%)

区域	获得创业税收优惠政策的比重	效果评价				
		力度大	力度较大	力度一般	力度较小	没有力度
北京市	32.3	4.6	10.6	18.0	9.7	57.1
上海市	37.5	2.2	11.8	12.5	11.8	61.8
深圳市	31.2	2.4	12.0	14.5	21.7	49.4
杭州市	30.4	7.8	17.8	25.6	12.2	36.7
武汉市	28.8	0.0	11.5	18.0	13.1	57.4
西安市	31.5	5.0	10.0	20.0	15.0	50.0
总体	32.4	3.8	12.1	17.5	12.8	53.7

表 3-87 2018 年企业创业税收优惠政策调查(分区域) (单位:%)

区域	获得创业税收优惠政策的比重	效果评价								
		1	2	3	4	5	6	7	8	9
北京市	23.3	4.4	3.8	6.5	12.6	15.0	22.2	16.4	12.3	6.8
上海市	22.1	5.2	4.2	5.2	8.5	15.1	21.2	19.3	13.2	8.0
深圳市	23.9	2.6	3.7	6.8	5.8	14.7	26.7	18.3	13.1	8.4
杭州市	21.3	8.7	5.4	13.0	12.0	16.3	14.1	8.7	10.9	10.9
武汉市	17.5	3.9	2.0	9.8	7.8	21.6	21.6	15.7	11.8	5.9
西安市	20.0	8.3	2.8	16.7	13.9	13.9	16.7	11.1	11.1	5.6
总体	22.4	4.8	3.9	7.5	9.8	15.4	21.8	16.5	12.5	7.8

注:用 1—9 分描述支持力度,1 为最少、9 为最多。

表 3-88 2019 年企业创业税收优惠政策调查(分区域) (单位:%)

区域	获得创业税收优惠政策的比重	效果评价								
		1	2	3	4	5	6	7	8	9
北京市	30.1	4.8	2.1	6.9	5.9	16.5	13.3	13.8	17.6	19.1
上海市	22.6	7.6	4.3	12.0	2.2	13.0	17.4	25.0	8.7	9.8
深圳市	23.6	1.9	4.8	3.8	4.8	10.6	22.1	23.1	17.3	11.5
杭州市	37.3	1.8	0.9	0.9	3.6	11.6	15.2	20.5	29.5	16.1
武汉市	44.4	3.8	3.8	3.8	5.1	16.5	30.4	12.7	13.9	10.1
西安市	42.7	0.0	4.1	5.5	11.0	19.2	19.2	20.5	12.3	8.2
广州市	52.7	1.2	1.2	3.1	6.2	13.7	29.2	19.9	16.8	8.7
成都市	34.9	0.0	2.7	4.1	4.1	20.3	14.9	24.3	14.9	14.9
郑州市	37.7	6.3	1.6	1.6	0.0	22.2	12.7	9.5	19.0	27.0
长春市	42.8	3.1	0.0	3.1	3.1	26.6	18.8	17.2	12.5	15.6
总体	34.0	3.1	2.5	4.7	4.9	16.0	19.5	18.6	16.8	14.0

注:用 1—9 分描述支持力度,1 为最少、9 为最多。

第六节 对比分析

本章根据 2016 年、2018 年和 2019 年的调查结果,从创业制约因素、创业决定因素、创业资金环境、创业经济环境和创业政策环境五个方面来分析创业企业发展环境状况。

综合调查结果来看,我国创业环境仍有待改善,相关政策仍需要进一步落实。具体而言,2016 年,工作单位制约、政府政策制约、资金约束是创业最重要的制约因素。2018 年、2019 年缺少资金、合作伙伴和缺乏创意和风险问题都是创业最为主要的制约因素,家庭、工作单位和制度因素对于创业的阻碍已经非常小,创业逐渐得到了家庭和社会的认可,把握市场机会是创业最重要的条件。2016 年,发现了新的市场机会、类似创意首先出现在其他国家并取得成功、政府政策的变化给创始人提供了创业的机会是产品和服务创意最重要的三个来源。2018 年创业企业产品和服务的创意大多来自“学校的学习或实习经验”“与相识的专业人员交流”;2019 年也是如此。尽管企业认为知识产权保护对于企业创业相当重要,但拥有知识产权并非创业的关键。2016 年,34. 7%的企业认为知识产权(专利或版权)是创业的关键,65. 0%的企业创始人和合伙人并不是知识产权的发明人。2018 年 91. 2%的企业创始人和合伙人并不是知识产权的发明人,99. 5%的企业创始人和合伙人并不是知识产权的所有人;2019 年 64. 5%的企业创始人和合伙人不是知识产权的发明人,61. 9%的企业创始人和合伙人不是知识产权的所有人,比例较 2018 年呈下降趋势,但总体来说,是否拥有知识产权并非创业的关键。创业企业人员构成方面,合伙人在公司初期占据重要作用,公司员工规模也在不断扩张。在所调查公司中,2016 年,平均合伙人数量为 3 人,初始员工平均人数为 4. 77 人,合伙人数量与初始员工人数之比为 62. 9%;2018 年平均合伙人数量为 3. 49 人,初始员工平均人数为 3. 72 人,合伙人数量与初始员工人数之比为 93. 8%;2019 年平均合伙人数量为 3. 48 人,初始员工平均人数为 6. 94 人,合伙人数量与初始员工人数之比为 50. 1%。合伙人数目在三次调查中不断上升,同时初始员工平均人数 2019 年比 2016 年也有较大程度的上升,说明创业公司在起步阶段的规模有所上升,也为创业后更稳健的发展打下基础。

在行业成熟度方面,2016 年创业企业中认为行业非常成熟和比较成熟的累积比重为69.2%，2018年40.8%的企业认为行业发展非常成熟（打分为7—9分），43.5%的企业认为行业发展比较成熟（打分为4—6分）；2019年50.7%的企业认为行业发展非常成熟（打分为7—9分），40.1%的企业认为行业发展比较成熟（打分为4—6分）；2018年64.4%的企业对未来我国经济形势持乐观态度（打分为6—9分），偏悲观的企业（打分为1—5分）比重约为35.5%；2019年69.2%的企业对未来五年我国经济形势持乐观态度（打分为6—9分），偏悲观的企业（打分为1—5分）比重约为30.7%；创业政策环境仍有待改善。创业外部环境方面，样本企业的创业基础设施支撑还有较大成长空间，但低评分企业的比例逐渐减少，创业的基础设施支撑目前已经有了较大的改善。但一些具体的创业支持政策效果亟待评估，创业政策的工具箱需要不断丰富。科技创新券的使用率与效果，在三年中均处于一个较低水平，三次调查中，科技创新券的使用企业比率均未超过16%，大部分企业未获得创新券。因此，对于目前双创政策的评估亟待展开，及时暂停或整改效果不佳的政策，同时积极总结好的发展经验，进行示范与推广。此外，创新政策支持手段，丰富政策工具箱，也是不断提升我国创新创业环境，支持“双创”发展的重要途径。

第四章　创业企业发展水平调查

了解创业企业的发展情况，需要先清楚企业的基本概况、发展绩效、整合能力、企业经营满意度等，本章从这四个方面进行分析总结，描述创业企业发展的整体水平，以及在各大城市的不同表现。该部分三次调查分别在 2016 年、2018 年和 2019 年开展，但数据是基于企业 2015 年、2017 年和 2018 年的生产经营情况所得。

第一节　企业发展概况

本部分从企业规模、员工收入、员工对生产流程熟悉程度等方面，对创业企业的总体发展情况进行概括总结。

一、企业规模

根据总体样本，从资产规模、员工人数和收入水平来看，本次调查的创业企业基本都是中小型企业，大型企业较少。随着全球经济的不断开放，企业的规模已经不再是唯一的竞争力，中小企业在新兴产业中的表现有其独特优势。中小企业对技术的快速适应能力有效地提高了创新企业的市场地位。同时，中小企业在吸纳劳动力、多元化发展方面也有独特优势，其市场活力进一步增强。

（一）资产规模

表 4-1　2016 年分行业样本企业资产规模分析　（单位:%）

行业	50 万元以下	50 万—300 万元以下	300 万—1000 万元以下	1000 万—2000 万元以下	2000 万元及以上
信息技术	10.21	51.05	16.22	21.62	0.90
软件	13.01	47.58	12.64	24.16	2.60
节能环保	10.98	40.24	28.05	8.54	12.20
高端装备制造	5.00	30.00	19.17	9.17	36.67
新能源	6.49	29.87	24.03	14.29	25.32
新材料	14.35	47.26	18.57	8.86	10.97
生物医药	15.04	35.40	15.93	9.73	23.89
文化创意	13.95	46.51	19.77	11.63	8.14
金融服务	10.57	41.51	24.15	19.62	4.15
专业技术服务	9.03	53.07	12.64	24.55	0.72
总体	10.85	44.52	18.03	17.51	9.09
上一轮	10.50	44.51	18.57	17.24	9.18

表 4-2　2018 年分行业样本企业资产规模情况　（单位:%）

行业	50 万元以下	50 万—300 万元以下	300 万—1000 万元以下	1000 万—2000 万元以下	2000 万元及以上
信息技术	3.42	21.28	46.90	11.93	16.47
软件	3.44	21.83	41.99	15.30	17.44
节能环保	1.79	8.93	39.29	10.71	39.29
高端装备制造	2.63	16.45	43.09	14.80	23.03
新能源	5.17	15.52	17.24	13.79	48.28
新材料	0.00	9.76	19.51	19.51	51.22
生物医药	1.93	16.08	40.19	16.40	25.40

续表

行业	50 万元以下	50 万—300 万元以下	300 万—1000 万元以下	1000 万—2000 万元以下	2000 万元及以上
文化创意	2.02	23.54	46.19	13.23	15.02
金融服务	1.97	18.90	37.99	16.54	24.61
专业技术服务	5.36	20.69	43.30	13.41	17.24
现代农业	1.11	17.78	25.56	13.33	42.22
总体	2.95	20.08	42.31	14.16	20.50

表 4-3 2019 年分行业样本企业资产规模情况 (单位:%)

行业	50 万元以下	50 万—300 万元以下	300 万—1000 万元以下	1000 万—2000 万元以下	2000 万元及以上
信息技术	19.59	35.41	22.03	10.68	12.30
软件	18.83	37.65	24.69	10.49	8.33
节能环保	17.65	27.94	26.47	10.29	17.65
高端装备制造	7.14	21.43	30.61	11.22	29.59
新能源	15.63	15.63	37.50	9.38	21.88
新材料	20.27	27.03	28.38	2.70	21.62
生物医药	14.62	28.46	26.15	10.77	20.00
文化创意	30.35	38.13	20.62	5.06	5.84
金融服务	27.00	24.00	18.00	6.00	25.00
专业技术服务	23.19	36.14	24.35	7.25	9.07
现代农业	26.47	41.18	23.53	5.88	2.94
总体	21.22	34.36	23.77	8.65	12.00

表 4-4 2016 年样本企业分城市的企业资产规模分析 (单位:%)

区域	50 万元以下	50 万—300 万元以下	300 万—1000 万元以下	1000 万—2000 万元以下	2000 万元及以上
北京市	10.58	49.78	14.16	20.72	4.77
上海市	9.07	45.33	14.84	21.43	9.34
深圳市	9.06	40.75	26.79	16.60	6.79
杭州市	11.11	42.76	17.85	10.77	17.51
武汉市	14.15	42.45	20.28	13.68	9.43
西安市	14.96	29.92	25.98	13.39	15.75

表 4-5　2018 年样本企业分城市企业资产规模情况　（单位:%）

区域	50 万元以下	50 万—300 万元以下	300 万—1000 万元以下	1000 万—2000 万元以下	2000 万元及以上
北京市	3.19	23.47	47.94	10.33	15.07
上海市	2.87	23.72	38.40	16.84	18.17
深圳市	2.72	15.93	34.44	17.65	29.26
杭州市	2.95	15.65	57.60	9.52	14.29
西安市	4.37	16.39	32.79	12.02	34.43
武汉市	1.94	13.92	35.60	20.39	28.16

表 4-6　2019 年样本企业分城市企业资产规模情况　（单位:%）

区域	50 万元以下	50 万—300 万元以下	300 万—1000 万元以下	1000 万—2000 万元以下	2000 万元及以上
北京市	32.34	34.33	18.41	5.64	9.29
广州市	16.95	32.88	27.46	6.10	16.61
深圳市	29.57	29.57	22.58	7.53	10.75
郑州市	20.67	36.87	22.91	6.15	13.41
武汉市	8.38	37.43	21.79	13.97	18.44
长春市	46.05	31.58	9.21	5.26	7.89
西安市	14.69	39.55	27.68	8.47	9.60
上海市	19.53	31.36	31.36	9.17	8.58
成都市	16.20	39.35	22.69	10.65	11.11
杭州市	2.67	33.67	30.67	16.00	17.00

纵观 2016 年、2018 年、2019 年数据，创业企业的资产规模整体偏低，呈现动态波动的特征。2016 年企业的资产在 50 万—300 万元以下的占比为 44.52%，占比最多；2018 年则是资产在 300 万—1000 万元以下的企业最多，占比为 42.31%；到了 2019 年，34.36%的企业资产在 50 万—300 万元以下，21.22%的企业在 50 万元以下，即 300 万元以下的企业占到半壁江山。样本企业平均资产总额迅速增长。资产总额反映了企业经济实力，有充足的经

济实力,企业才能进行经济活动,进行生产和提供服务。经过几年的发展,企业实力大大增强,2016 年样本企业的平均资产总额只有 748 万元;2018 年达到 2483.5 万元,是 2016 年的 3 倍多;2019 年达到 7249.3 万元,是 2016 年的 9 倍多,是 2018 年的 2.92 倍。具体来说,2016 年资产总额在 50 万—300 万元以下的最多,占比为 44.52%,资产小于 50 万元的企业占比是 10.85%,也就是资产在 300 万元以下的比例是 55.37%;2018 年资产总额主要集中在 300 万—1000 万元以下,占比为 42.31%,资产在 300 万元以下的比例是 23.03%;2019 年,企业的资产总额最集中的区间是 50 万—300 万元以下,比例为 34.36%,21.22%的企业在 50 万元以下,资产在 300 万元以下的比例是 55.58%。综上所述,2016 年和 2019 年企业资产总额较少的企业占比高,2018 年企业资产总额较多的企业占比高,这种变化背后的原因还需深入探究。而 2019 年企业资产总额在 2000 万元及以上的比例也高于 2018 年和 2016 年,这是企业的平均资产总额仍实现迅速增长的原因。

(二)员工人数

表 4-7　2016 年分行业样本企业员工规模分析　　(单位:%)

行业	10 人以下	10—20 人以下	20—100 人以下	100—300 人以下	300 人及以上
信息技术	26.43	17.12	46.55	8.71	1.20
软件	23.05	14.50	57.62	3.72	1.12
节能环保	3.66	8.54	45.12	25.61	17.07
高端装备制造	2.50	18.33	54.17	20.83	4.17
新能源	9.74	12.99	35.71	29.22	12.34
新材料	7.59	15.61	55.70	13.08	8.02
生物医药	0.88	13.27	51.33	27.43	7.08

续表

行业	10人以下	10—20人以下	20—100人以下	100—300人以下	300人及以上
文化创意	1. 16	27. 91	48. 84	18. 60	3. 49
金融服务	13. 58	33. 58	30. 57	18. 11	4. 15
专业技术服务	29. 24	13. 36	53. 43	2. 89	1. 08
总体	15. 91	17. 92	47. 93	13. 64	4. 60
上一轮	16. 28	17. 76	49. 42	12. 09	4. 45

表 4-8　2018 年分行业样本企业员工规模　（单位:%）

行业	10人以下	10—20人以下	20—100人以下	100—300人以下	300人及以上
信息技术	22. 85	19. 43	53. 56	2. 59	1. 57
软件	22. 66	18. 62	55. 28	2. 85	0. 59
节能环保	3. 57	10. 71	83. 93	0. 00	1. 79
高端装备制造	11. 84	21. 05	63. 49	3. 29	0. 33
新能源	3. 45	6. 90	84. 48	5. 17	0. 00
新材料	4. 88	2. 44	87. 80	4. 88	0. 00
生物医药	14. 47	21. 22	60. 13	3. 22	0. 96
文化创意	24. 66	16. 82	56. 95	1. 35	0. 22
金融服务	15. 35	16. 54	58. 86	7. 48	1. 77
专业技术服务	28. 35	13. 03	54. 41	3. 45	0. 77
现代农业	3. 33	14. 44	78. 89	2. 22	1. 11
总体	19. 76	17. 86	58. 09	3. 30	1. 00

表 4-9　2019 年分行业样本企业员工规模　（单位:%）

行业	10人以下	10—20人以下	20—100人以下	100—300人以下	300人及以上
信息技术	45. 73	27. 96	22. 51	2. 73	1. 07
软件	40. 68	27. 68	28. 81	2. 54	0. 28
节能环保	52. 78	20. 83	23. 61	1. 39	1. 39
高端装备制造	30. 77	28. 85	34. 62	2. 88	2. 88

续表

行业	10 人以下	10—20 人以下	20—100 人以下	100—300 人以下	300 人及以上
新能源	41. 03	28. 21	25. 64	5. 13	0. 00
新材料	63. 16	15. 79	14. 47	3. 95	2. 63
生物医药	44. 62	25. 38	23. 85	3. 85	2. 31
文化创意	64. 77	18. 86	14. 59	1. 42	0. 36
金融服务	48. 67	21. 24	26. 55	2. 65	0. 88
专业技术服务	48. 30	25. 36	23. 93	1. 65	0. 77
现代农业	65. 85	19. 51	14. 63	0. 00	0. 00
总体	48. 09	25. 33	23. 34	2. 29	0. 94

表 4-10　2016 年样本企业在各城市企业员工规模　（单位:%）

区域	10 人以下	10—20 人以下	20—100 人以下	100—300 人以下	300 人及以上
北京市	21. 16	14. 61	54. 10	8. 35	1. 79
上海市	21. 70	15. 11	49. 18	10. 16	3. 85
深圳市	14. 72	27. 17	35. 47	16. 60	6. 04
杭州市	4. 04	19. 87	44. 78	24. 24	7. 07
武汉市	12. 74	17. 92	47. 17	14. 62	7. 55
西安市	7. 09	19. 69	46. 46	18. 90	7. 87

表 4-11　2018 年各城市样本企业员工规模　（单位:%）

区域	10 人以下	10—20 人以下	20—100 人以下	100—300 人以下	300 人及以上
北京市	32. 79	20. 59	43. 43	2. 33	0. 85
上海市	21. 56	15. 71	57. 08	4. 41	1. 23
深圳市	0. 00	17. 41	77. 53	4. 57	0. 49
杭州市	28. 34	17. 69	49. 21	2. 95	1. 81
西安市	2. 73	14. 75	79. 78	2. 73	0. 00
武汉市	9. 39	16. 50	71. 20	1. 29	1. 62

表 4-12 2019 年各城市样本企业员工规模 （单位:%）

区域	10 人以下	10—20 人以下	20—100 人以下	100—300 人以下	300 人及以上
北京市	60.95	19.45	17.15	1.84	0.61
广州市	56.23	15.15	23.23	3.03	2.36
深圳市	41.33	26.79	29.08	2.30	0.51
郑州市	60.11	17.42	19.66	1.12	1.69
武汉市	35.75	25.14	33.52	4.47	1.12
长春市	51.01	23.49	22.82	2.68	0.00
西安市	48.31	29.21	16.29	3.37	2.81
上海市	45.15	24.59	27.42	2.36	0.47
成都市	32.87	32.87	31.94	0.93	1.39
杭州市	34.67	41.67	21.67	2.00	0.00

与历史数据相比,2016 年,企业员工人数在 20—100 人以下最多,占 47.93%;2018 年,该比重增加到 58.09%。到了 2019 年,数据出现较大变化,企业员工人数在 10 人以下的最多,达 1426 家,占 48.09%,员工人数在 20—100 人以下的企业,则仅占 23.34%。

（三）销售收入

表 4-13 2016 年分行业样本企业销售收入规模情况① （单位:%）

行业	0	0—50 万元以下	50 万—100 万元以下	100 万—500 万元以下	500 万元及以上
信息技术	14.11	46.55	30.93	5.71	2.70
软件	11.90	52.04	26.02	7.43	2.60
节能环保	15.85	40.24	24.39	14.63	4.88
高端装备制造	11.67	50.83	29.17	5.00	3.33

① 该表没有与上一轮进行总体层面的对比,原因是上一轮与本轮的统计口径不完全一致。

续表

行业	0	0—50 万元以下	50 万—100 万元以下	100 万—500 万元以下	500 万元及以上
新能源	11.04	38.96	33.77	11.04	5.19
新材料	10.13	39.66	35.44	11.39	3.38
生物医药	17.70	46.90	30.09	4.42	0.88
文化创意	17.44	39.53	36.05	5.81	1.16
金融服务	14.34	45.66	31.70	6.79	1.51
专业技术服务	13.36	46.21	33.21	5.42	1.81
总体	13.27	45.40	31.25	7.44	2.63

表 4-14　2018 年分行业样本企业收入规模情况　（单位:%）

行业	50 万元以下	50 万—300 万元以下	300 万—1000 万元以下	1000 万—2000 万元以下	2000 万元及以上
信息技术	35.43	30.06	21.65	6.11	6.75
软件	32.38	29.89	24.91	4.86	7.95
节能环保	12.50	19.64	39.29	7.14	21.43
高端装备制造	20.07	26.64	37.83	6.58	8.88
新能源	18.97	25.86	20.69	6.90	27.59
新材料	9.76	21.95	26.83	14.63	26.83
生物医药	25.40	27.65	28.94	4.50	13.50
文化创意	27.80	36.10	26.91	5.16	4.04
金融服务	27.56	29.53	26.38	6.30	10.24
专业技术服务	37.16	26.05	22.22	6.13	8.43
现代农业	7.78	26.67	35.56	14.44	15.56
总体	29.67	29.57	25.95	5.97	8.84

表 4-15　2019 年分行业样本企业收入规模情况　（单位:%）

行业	50 万元以下	50 万—300 万元以下	300 万—1000 万元以下	1000 万—2000 万元以下	2000 万元及以上
信息技术	31.05	32.66	18.95	6.85	10.48
软件	29.69	34.38	20.94	8.75	6.25
节能环保	20.59	30.88	25.00	7.35	16.18

续表

行业	50 万元以下	50 万—300 万元以下	300 万—1000 万元以下	1000 万—2000 万元以下	2000 万元及以上
高端装备制造	18.75	25.00	23.96	10.42	21.88
新能源	21.88	15.63	31.25	15.63	15.63
新材料	25.00	28.13	20.31	9.38	17.19
生物医药	30.47	28.13	22.66	9.38	9.38
文化创意	37.55	36.36	18.97	5.14	1.98
金融服务	37.50	20.83	18.75	10.42	12.50
专业技术服务	30.12	33.51	19.67	6.51	10.18
现代农业	34.29	37.14	22.86	2.86	2.86
总体	30.51	32.22	20.17	7.35	9.76

表 4-16　2016 年各城市样本企业收入规模情况　（单位:%）

区域	0	0—50 万元以下	50 万—100 万元以下	100 万—500 万元以下	500 万元及以上
北京市	14.75	46.94	29.81	6.56	1.94
上海市	14.56	47.80	28.85	6.87	1.92
深圳市	10.94	44.53	35.09	7.17	2.26
杭州市	9.76	40.40	37.04	8.75	4.04
武汉市	13.21	42.45	29.25	11.79	3.30
西安市	14.96	48.82	27.56	3.94	4.72

表 4-17　2018 年各城市样本企业收入规模情况　（单位:%）

区域	50 万元以下	50 万—300 万元以下	300 万—1000 万元以下	1000 万—2000 万元以下	2000 万元及以上
北京市	37.61	32.63	18.65	5.13	5.98
上海市	36.14	27.62	21.36	6.88	8.01
深圳市	8.77	29.51	45.06	6.30	10.37
杭州市	36.51	31.07	19.50	4.54	8.39
西安市	26.23	21.86	25.14	11.48	15.30
武汉市	23.30	25.57	30.42	4.53	16.18

表 4-18　2019 年各城市样本企业收入规模情况　　（单位：%）

区域	50 万元以下	50 万—300 万元以下	300 万—1000 万元以下	1000 万—2000 万元以下	2000 万元及以上
北京市	45. 94	28. 03	17. 58	3. 48	4. 98
广州市	20. 91	31. 71	17. 77	8. 71	20. 91
深圳市	30. 48	32. 62	20. 86	6. 95	9. 09
郑州市	32. 20	38. 42	16. 95	3. 95	8. 47
武汉市	15. 08	35. 75	17. 32	12. 85	18. 99
长春市	57. 72	26. 17	10. 07	2. 68	3. 36
西安市	29. 94	32. 77	22. 03	7. 34	7. 91
上海市	25. 84	34. 90	25. 17	8. 05	6. 04
成都市	33. 80	34. 72	17. 59	5. 56	8. 33
杭州市	6. 02	33. 44	31. 77	15. 72	13. 04

总体来看，样本企业销售收入增长迅速。销售收入反映了企业财务成果的大小，是反映企业生产经营活动状况的重要财务指标。2016 年样本企业平均销售收入是 353 万元；2018 年达到 1160. 79 万元，是 2016 年的 3. 29 倍；2019 年达到 5150. 52 万元，是 2018 年的 4. 44 倍。经过 4 年的发展，样本企业收入增长迅速，说明企业市场前景良好，发展前途较大，2018—2019 年样本企业平均销售收入的增长速度更快，是 2016—2018 年的 1. 35 倍。2016 年，销售收入在 0—50 万元以下的企业占比为 45. 40%；50 万—100 万元以下的企业占比为 31. 25%。2018 年销售收入在 50 万元以下的企业有 1188 家，占比为 29. 67%；收入在 50 万—300 万元以下的企业有 1184 家，占比为 29. 57%；收入在 300 万—1000 万元以下的企业有 1039 家，占比为 25. 95%。相较 2016 年，2018 年的销售收入有所增加。2019 年的销售收入进一步提升，收入在 50 万—300 万元以下的企业比重提升，达到 32. 22%。

二、员工收入情况

员工的收入高低一方面反映了行业的薪资竞争力,另一方面也反映了企业经营状况。因问卷有调整,该问题只在2018年和2019年进行了调查,故此处仅总结2018年和2019年的情况。

表4-19 2018年分行业样本企业员工平均工资情况 (单位:%)

行业	2000元以下	2000—5000元以下	5000—10000元以下	10000元及以上
信息技术	0.93	3.05	27.84	68.18
软件	0.47	2.37	30.72	66.43
节能环保	0.00	0.00	50.00	50.00
高端装备制造	0.66	1.32	29.93	68.09
新能源	0.00	1.72	43.10	55.17
新材料	0.00	0.00	34.15	65.85
生物医药	0.32	1.29	30.55	67.85
文化创意	0.22	3.14	26.91	69.73
金融服务	0.39	1.77	30.91	66.93
专业技术服务	0.38	3.07	29.89	66.67
现代农业	0.00	0.00	40.00	60.00
总体	0.52	2.32	30.09	67.06

表4-20 2018年各城市样本企业员工平均工资情况 (单位:%)

区域	2000元以下	2000—5000元以下	5000—10000元以下	10000元及以上
北京市	0.23	3.42	27.04	69.31
上海市	1.33	3.39	32.44	62.83
深圳市	0.12	0.25	29.75	69.88
杭州市	0.68	2.72	33.79	62.81
西安市	0.00	0.55	30.60	68.85
武汉市	0.32	0.32	30.74	68.61

表 4-21 2019 年分行业样本企业员工平均工资情况 （单位：%）

行业	2000 元以下	2000—5000 元以下	5000—10000 元以下	10000 元及以上
信息技术	2.33	1.72	4.66	91.30
软件	1.73	2.59	4.90	90.78
节能环保	2.82	4.23	2.82	90.14
高端装备制造	0.00	1.92	3.85	94.23
新能源	0.00	5.56	2.78	91.67
新材料	1.43	0.00	2.86	95.71
生物医药	2.38	3.97	5.56	88.10
文化创意	5.20	2.97	5.58	86.25
金融服务	3.64	0.91	4.55	90.91
专业技术服务	2.05	2.39	2.84	92.72
现代农业	0.00	8.33	0.00	91.67
总体	2.34	2.37	4.05	91.24

表 4-22 2019 年各城市样本企业员工平均工资情况 （单位：%）

区域	2000 元以下	2000—5000 元以下	5000—10000 元以下	10000 元及以上
北京市	3.58	1.40	4.83	90.19
广州市	1.06	1.42	5.32	92.20
深圳市	2.27	1.42	4.26	92.05
郑州市	1.15	8.05	8.62	82.18
武汉市	0.56	1.12	1.12	97.19
长春市	6.94	25.43	6.36	61.27
西安市	1.14	5.68	6.25	86.93
上海市	3.54	0.25	1.77	94.44
成都市	0.47	0.93	2.33	96.28
杭州市	0.33	0.33	1.33	98.00

就员工收入而言，样本企业员工收入增长迅速。将上述列表中的月平均工资换算成年收入来看，2018 年企业员工收入集中在 12 万元以上，占比为 67.06%，2019 年企业员工收入基本都在 12

万元以上,达到91.24%。也就是说,2018年员工收入较高的企业占比较高,2019年样本企业员工基本都实现较高收入。具体来看,企业员工年平均收入在2.4万—6万元以下的企业占比2018年有2.32%,2019年有2.37%,比例略有上升;企业员工年平均收入在6万—12万元以下的企业占比2018年是30.09%,2019年是4.05%,比例明显大幅下降;企业员工年平均收入在12万元以上的企业占比2018年是67.06%,2019年是91.24%,占比大幅上升。因此,企业员工年平均收入实现快速增长。扣除通货膨胀后,员工实际年平均收入仍是增长迅速,这也从一个侧面说明企业经营状况稳定,发展前景良好。

三、企业员工对生产流程的熟悉状况

企业员工对企业的生产流程的熟悉程度在一个方面上反映了员工对企业的认同。不是所有员工都明确企业的生产流程。因问卷有调整,该问题只在2018年和2019年进行了调查,故此处仅总结2018年和2019年的情况。

表4-23 2018年各城市样本企业员工对生产业务流程的认识程度

(单位:%)

区域	所有员工都非常明确	中层管理人员明确	部分员工比较明确	部分中层明确	自己知道,不清楚别人是否知道	不清楚谁知道
北京市	35.48	30.05	20.03	4.43	7.30	2.72
上海市	35.66	29.82	20.18	4.71	6.86	2.77
深圳市	39.63	25.43	17.65	7.28	6.54	3.46
杭州市	30.16	29.71	22.22	7.03	8.84	2.04
西安市	39.89	27.87	18.58	6.56	4.92	2.19
武汉市	35.28	24.92	20.71	9.71	7.77	1.62

表 4-24　2019 年各城市样本企业员工对生产业务流程的认识程度

（单位:%）

区域	所有员工都非常明确	中层管理人员明确	部分员工比较明确	部分中层明确	自己知道,不清楚别人是否知道	不清楚谁知道
北京市	52. 98	26. 04	12. 50	2. 53	4. 02	1. 93
广州市	48. 87	19. 29	18. 65	8. 04	4. 82	0. 32
深圳市	44. 87	24. 79	19. 66	5. 98	3. 63	1. 07
郑州市	50. 27	28. 96	15. 85	2. 19	1. 09	1. 64
武汉市	36. 31	29. 05	21. 79	5. 03	6. 70	1. 12
长春市	59. 74	26. 62	9. 09	3. 25	1. 30	0. 00
西安市	41. 34	23. 46	16. 20	15. 64	2. 79	0. 56
上海市	60. 31	26. 23	9. 42	1. 57	2. 24	0. 22
成都市	49. 07	23. 61	19. 44	4. 17	3. 24	0. 46
杭州市	51. 33	28. 33	16. 67	1. 33	1. 67	0. 67
总体	50. 51	25. 48	15. 41	4. 38	3. 28	0. 93

就员工对企业业务的生产服务业务流程认识程度而言,样本企业员工仍未普遍熟悉业务流程。2018 年调查的 1441 家企业中,西安市、深圳市认为所有员工都非常明确企业的生产流程的企业最多,分别占 39. 89%和 39. 63%,仍不足四成。认为中层管理人员明确企业的生产流程的企业,北京市、上海市和杭州市有三成左右;不清楚谁知道生产流程的企业占比均不超过 5%。2019 年调查的 1570 家企业中,认为所有员工都非常明确企业的生产流程的企业占 50. 51%(见表 4-24);上海市、长春市认为所有员工都非常明确企业的生产流程的企业最多,分别占 60. 31%和 59. 74%。整体来看,员工对企业生产流程熟悉程度有所提升,但仍需加强,且地区之间存在差异较小。

第二节　企业的发展绩效

本部分从企业的市场占有率和偿债能力、产品独创性、企业的产品/技术变化情况和市场/顾客变化情况、企业利润率以及产品领先情况几个维度分析企业发展绩效。

一、企业市场占有率

市场占有率是判断企业竞争水平的重要因素。因问卷有修改,该问题只在2018年和2019年进行了调查,故此处仅总结2018年和2019年的情况。在市场大小不变的情况下,市场占有率越高的公司其产品销售量越大。同时,由于规模经济的作用,提高市场占有率也可能降低单位产品的成本、增加利润率。市场占有率在很大程度上反映了企业的竞争地位和盈利能力。创业企业基本属于地区性的企业,有待开拓新的市场。

表4-25　2018年分行业样本企业市场份额情况　　(单位:%)

行业	本地区市场	大陆其他地区	港澳台市场	国际市场
信息技术	48.09	25.13	7.79	18.98
软件	48.22	24.30	7.99	19.49
节能环保	53.31	27.24	5.45	14.09
高端装备制造	51.23	22.55	8.36	17.86
新能源	62.28	25.42	5.58	6.72
新材料	47.82	30.09	3.33	24.76
生物医药	48.93	30.07	3.30	20.70
文化创意	48.50	25.58	7.08	18.84

续表

行业	本地区市场	大陆其他地区	港澳台市场	国际市场
金融服务	48.92	23.64	6.59	20.85
专业技术服务	46.92	26.22	8.57	18.29
现代农业	52.64	27.92	3.42	16.01
总体	49.10	24.87	7.16	18.87

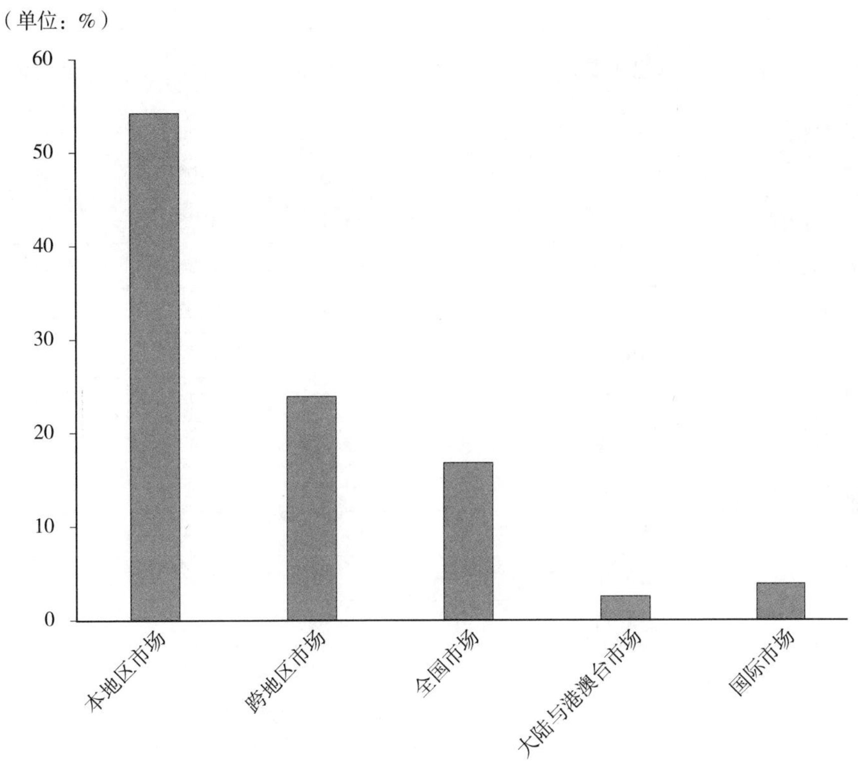

图 4-1　2019 年企业的市场平均份额

注：跨地区在本报告中是指跨 5 个省以下的市场；全国市场是指跨 20 个省以上的市场。

表 4-26　2018 年各城市样本企业市场份额情况　（单位：%）

区域	本地区市场	大陆其他地区	港澳台市场	国际市场
北京市	45.96	25.74	9.17	19.13
上海市	48.09	25.14	7.49	19.28
深圳市	51.52	24.51	4.02	19.95

续表

区域	本地区市场	大陆其他地区	港澳台市场	国际市场
杭州市	46.63	25.87	9.58	17.93
西安市	61.37	20.31	2.42	15.90
武汉市	56.64	22.00	4.33	17.03

表 4-27　2019 年分行业样本企业市场份额情况　（单位:%）

行业	本地区市场	跨地区市场	全国市场	大陆与港澳台市场	国际市场
信息技术	52.50	25.57	17.85	3.33	0.76
软件	49.51	26.56	18.03	2.95	2.95
节能环保	57.81	15.63	20.31	3.13	3.13
高端装备制造	38.46	37.50	19.23	0.96	3.85
新能源	60.87	21.74	17.39	0.00	0.00
新材料	46.67	28.00	18.67	1.33	5.33
生物医药	50.43	25.22	19.13	1.74	3.48
文化创意	61.68	16.82	15.42	3.27	2.80
金融服务	57.41	19.44	19.44	1.85	1.85
专业技术服务	58.32	22.42	14.03	1.79	3.44
现代农业	52.38	19.05	14.29	4.76	9.52
总体	54.24	23.91	16.76	2.48	3.81

表 4-28　2019 年各城市样本企业市场份额情况　（单位:%）

区域	本地区市场	跨地区市场	全国市场	大陆与港澳台市场	国际市场
北京市	54.46	27.33	13.86	1.39	2.97
广州市	49.05	23.57	17.87	6.08	3.42
深圳市	45.65	24.27	20.32	3.69	6.07
郑州市	59.06	23.62	12.60	0.79	3.94
武汉市	61.49	27.01	10.34	0.00	1.15
长春市	77.33	20.00	1.33	1.33	0.00
西安市	61.06	24.78	12.39	0.00	1.77

续表

区域	本地区市场	跨地区市场	全国市场	大陆与港澳台市场	国际市场
上海市	52. 51	18. 47	23. 48	1. 32	4. 22
成都市	47. 06	26. 47	14. 12	4. 71	7. 65
杭州市	55. 94	19. 54	18. 77	3. 07	2. 68

就创业企业的平均市场份额而言，企业的市场份额区域性较强，本地区市场份额基本占据半壁江山。2018 年，在调查企业的 3975 份有效回答中，创业企业的平均市场份额在本地区市场占 49. 10%，大陆其他地区的市场份额占 24. 87%，港澳台市场份额和国际市场份额只有 7. 16%和 18. 87%。分行业来看，新能源企业在本地区市场占比最高，达到 62. 28%，而新材料行业的国际市场份额最高，将近 1/4，其余大部分行业企业的国际市场份额均在 10%—20%，行业之间差异不大。分区域来看，西安市企业在本地区市场占比最多，而杭州市、北京市在港澳台市场中占比最高，分别为 9. 58%和 9. 17%；深圳市和上海市企业的国际市场份额最高。2019 年，在调查企业的 2417 份有效回答中，创业企业的平均市场份额在本地区市场占 54. 24%，跨地区市场份额占 23. 91%，全国市场份额占 16. 76%，大陆与港澳台市场份额和国际市场份额只有 2. 48%和 3. 81%。分行业来看，文化创意企业在本地区市场占比最高，达到 61. 68%。分区域来看，长春市企业在本地区市场占比最多，将近八成；广州市在大陆与港澳台市场中占比最高，达 6. 08%，成都市和深圳市的国际市场占比分列前两位，分别为 7. 65%和 6. 07%。

二、企业的债务偿还能力

资产负债率反映在总资产中有多大比例是通过借债来筹资

的,也可以衡量企业在清算时保护债权人利益的程度。资产负债率反映债权人所提供的资金占全部资金的比重,以及企业资产对债权人权益的保障程度。这一比率越低(50%以下),表明企业的偿债能力越强。多数创业企业资产负债率较低,企业偿债能力较好。

表 4-29　2016 年分行业样本企业资产负债率分析　　(单位:%)

行业	20%以下	20%—50%以下	50%—100%以下	100%及以上
信息技术	68.17	10.21	20.42	1.20
软件	63.94	9.67	24.91	1.49
节能环保	63.41	10.98	18.29	7.32
高端装备制造	65.83	13.33	16.67	4.17
新能源	66.23	12.99	14.94	5.84
新材料	56.54	10.97	23.21	9.28
生物医药	66.37	7.96	15.93	9.73
文化创意	56.98	8.14	27.91	6.98
金融服务	56.23	12.83	24.91	6.04
专业技术服务	64.26	10.83	22.38	2.53
总体	62.86	10.90	21.59	4.65
上一轮	62.43	11.64	21.20	4.73

表 4-30　2016 年企业分城市样本企业资产负债率分析　　(单位:%)

区域	20%以下	20%—50%以下	50%—100%以下	100%及以上
北京市	63.79	9.69	22.65	3.87
上海市	63.19	12.64	22.80	1.37
深圳市	64.15	11.70	18.11	6.04
杭州市	61.62	12.46	20.20	5.72
武汉市	61.32	10.85	21.70	6.13
西安市	59.84	7.09	22.83	10.24

表 4-31　2018 年分行业样本企业资产负债率情况　（单位：%）

行业	20%以下	20%—50%以下	50%—100%以下	100%及以上
信息技术	10.28	18.06	69.44	2.22
软件	10.44	19.69	65.12	4.74
节能环保	19.64	30.36	42.86	7.14
高端装备制造	9.87	23.68	59.54	6.91
新能源	6.90	29.31	48.28	15.52
新材料	4.88	43.90	46.34	4.88
生物医药	9.97	23.47	61.41	5.14
文化创意	8.97	23.32	64.35	3.36
金融服务	9.45	19.09	65.75	5.71
专业技术服务	10.34	17.24	68.58	3.83
现代农业	6.67	33.33	54.44	5.56
总体	9.94	20.86	64.80	4.40

表 4-32　2018 年各城市样本企业资产负债率情况　（单位：%）

区域	20%以下	20%—50%以下	50%—100%以下	100%及以上
北京市	9.95	15.31	72.57	2.18
上海市	8.83	19.61	68.38	3.18
深圳市	9.63	32.47	49.63	8.27
杭州市	11.14	11.82	73.18	3.86
西安市	12.02	26.78	54.64	6.56
武汉市	11.33	26.86	55.02	6.80

表 4-33　2019 年分行业样本企业资产负债率情况　（单位：%）

行业	20%以下	20%—50%以下	50%—100%以下	100%及以上
信息技术	55.02	26.60	13.30	5.08
软件	55.71	25.91	11.42	6.96
节能环保	53.42	32.88	6.85	6.85
高端装备制造	42.16	36.27	18.63	2.94
新能源	56.76	21.62	18.92	2.70
新材料	65.33	18.67	14.67	1.33

续表

行业	20%以下	20%—50%以下	50%—100%以下	100%及以上
生物医药	54.89	23.31	18.80	3.01
文化创意	65.23	22.58	7.17	5.02
金融服务	67.26	23.01	6.19	3.54
专业技术服务	63.25	23.90	9.47	3.38
现代农业	67.44	27.91	4.65	0.00
总体	59.02	25.27	11.30	4.41

表 4-34 2019 年各城市样本企业资产负债率情况 （单位:%）

区域	20%以下	20%—50%以下	50%—100%以下	100%及以上
北京市	61.60	21.44	10.72	6.24
广州市	64.45	21.59	11.30	2.66
深圳市	67.94	27.27	4.31	0.48
郑州市	36.16	29.38	25.42	9.04
武汉市	59.89	25.99	11.30	2.82
长春市	63.70	21.23	8.90	6.16
西安市	45.25	28.49	24.58	1.68
上海市	62.98	24.16	7.71	5.14
成都市	46.30	27.78	19.91	6.02
杭州市	58.67	31.00	5.67	4.67

2016 年被调查企业资产负债率在 20%以下约为六成，资产负债率在 20%—50%以下约为一成，资产负债率在 50%—100%以下约为两成，资产负债率在 100%及以上不足一成。2018 年被调查企业的 4003 份有效回答中，2594 家企业的资产负债率在 50%—100%以下，占 64.80%；其次是 835 家企业的资产负债率在 20%—50%以下，占 20.86%；只有 176 家企业资不抵债，资产负债率在 100%及以上，占 4.40%。2019 年被调查企业中，1728 家企业的资产负债率在 20%以下，占 59.02%；其次是 740 家企业的资产负债

率在 20%—50% 以下，占 25.27%；331 家企业的资产负债率在 50%—100%以下，占 11.30%；只有 129 家企业资不抵债，资产负债率在 100%及以上，占 4.41%。基于这三年的数据，初创企业的偿债能力整体增强，应对风险的能力增强。

三、企业产品独创性

本企业的产品和服务在三年前的可获得情况可以从侧面反映出企业产品的独创性。如果三年前产品已经很普遍，则说明该企业所生产的产品或提供的服务在一定程度上缺乏创新，没有明显改进。因问卷有修改，该问题只在 2018 年和 2019 年进行了调查，故此处仅总结 2018 年和 2019 年的情况。

表 4-35　2018 年分行业样本企业产品和服务三年前可获得情况

（单位：%）

行业	不可以	可以，但很少	可以，但不多	可以，很普遍
信息技术	12.49	24.24	24.88	38.39
软件	13.06	22.33	21.50	43.11
节能环保	10.71	32.14	25.00	32.14
高端装备制造	9.54	23.36	22.70	44.41
新能源	10.34	20.69	17.24	51.72
新材料	14.63	31.71	17.07	36.59
生物医药	15.43	24.12	22.83	37.62
文化创意	13.23	23.32	25.11	38.34
金融服务	13.02	23.47	25.84	37.67
专业技术服务	13.46	25.38	19.23	41.92
现代农业	15.56	16.67	27.78	40.00
总体	12.85	23.59	23.52	40.04

表 4-36 2018 年各城市样本企业产品和服务三年前可获得情况 （单位:%）

区域	不可以	可以,但很少	可以,但不多	可以,很普遍
北京市	11.98	24.20	26.15	37.67
上海市	13.55	23.82	20.64	41.99
深圳市	13.33	22.22	23.70	40.74
杭州市	13.86	23.64	22.95	39.55
西安市	10.38	20.22	21.86	47.54
武汉市	12.94	25.89	22.98	38.19

表 4-37 2019 年分行业样本企业产品和服务三年前可获得情况 （单位:%）

行业	不可以	可以,但很少	可以,但不多	可以,很普遍
信息技术	20.82	28.33	32.20	18.66
软件	25.90	32.51	23.97	17.63
节能环保	19.18	35.62	30.14	15.07
高端装备制造	20.19	33.65	27.88	18.27
新能源	20.00	22.50	40.00	17.50
新材料	21.25	23.75	26.25	28.75
生物医药	28.47	24.09	28.47	18.98
文化创意	17.30	27.68	28.72	26.30
金融服务	19.33	18.49	23.53	38.66
专业技术服务	15.52	25.77	26.93	31.78
现代农业	14.89	17.02	36.17	31.91
总体	19.59	27.39	28.59	24.43

表 4-38 2019 年各城市样本企业产品和服务三年前可获得情况 （单位:%）

区域	不可以	可以,但很少	可以,但不多	可以,很普遍
北京市	22.11	31.58	27.97	18.35
成都市	27.31	36.57	21.76	14.35
广州市	16.23	31.17	25.00	27.60
杭州市	34.01	28.28	26.26	11.45
上海市	18.43	18.20	31.24	32.13
深圳市	10.30	21.67	30.26	37.77

续表

区域	不可以	可以，但很少	可以，但不多	可以，很普遍
武汉市	16.29	23.60	30.90	29.21
西安市	10.17	23.16	32.20	34.46
长春市	25.85	36.05	29.25	8.84
郑州市	17.32	31.28	31.84	19.55

就企业产品和服务前三年的可获得情况而言，2018年，有40.04%的企业表示企业的产品或服务三年前可以很普遍地从市场上获得，仅有一成左右的企业表示不可以获得，还有近一半的企业认为它们所生产的产品或提供的服务在三年前可以很少获得和获得不多；分行业来看，新能源行业企业的产品服务在三年前的普遍可获得程度最高，占比为51.72%；分区域来看，城市之间差异较小，其中西安市企业的产品服务在三年前的普遍可获得程度最高。2019年，有24.43%的企业认为可以三年前很普遍地从市场上获得产品和服务，而表示不可以获得的企业只有603家，比例有所上升，占比为19.59%，仍有五成左右的企业表示所生产的产品或提供的服务在三年前可以很少获得和获得不多；分行业来看，金融服务行业企业的产品服务在三年前的普遍可获得程度最高，占比为38.66%；分区域来看，深圳市企业的产品服务在三年前的普遍可获得程度最高，占比为37.77%。

四、企业的产品/技术、市场/顾客变化情况

（一）企业产品/技术变化情况

因问卷有修改，该问题只在2018年和2019年进行了调查，故此处仅总结2018年和2019年的情况。

表 4-39　2018 年样本企业产品/技术变化情况　（单位:%）

分值＼时期	创业第一年	创业第二年	创业第三年
1	9.75	4.32	3.72
2	11.02	8.49	3.27
3	11.47	11.42	10.64
4	12.09	13.49	9.87
5	16.09	18.14	16.86
6	13.94	16.69	17.24
7	11.09	13.91	17.31
8	7.90	7.39	12.54
9	6.65	6.15	8.54
均值	4.80	5.12	5.68

注:用1—9 分描述变化程度,1 分为最少,9 分为最多。

表 4-40　2019 年样本企业产品/技术变化情况　（单位:%）

分值＼时期	创业第一年	创业第二年	创业第三年
1	28.19	8.71	8.11
2	19.69	15.40	7.41
3	17.50	19.18	14.69
4	8.10	15.36	11.05
5	12.32	18.78	18.03
6	5.44	9.67	13.25
7	3.29	6.32	11.89
8	2.12	4.30	8.82
9	3.35	2.28	6.75
均值	3.17	4.10	4.95

注:用1—9 分描述变化程度,1 分为最少,9 分为最多。

表 4-41 2018 年分行业样本企业产品/技术变化情况 (单位:%)

分值\时期	创业第一年	创业第二年	创业第三年
信息技术			
1	10.83	3.79	2.96
2	10.56	7.86	2.96
3	11.02	11.38	9.71
4	11.20	12.30	9.16
5	16.57	19.33	16.65
6	14.35	16.56	17.95
7	11.39	14.34	19.98
8	7.59	8.42	11.75
9	6.48	6.01	8.88
软 件			
1	9.49	5.46	4.04
2	11.74	8.79	4.51
3	12.10	12.83	11.64
4	12.22	13.06	10.21
5	15.78	18.05	16.27
6	13.17	16.39	17.58
7	9.85	13.54	16.15
8	8.54	6.29	12.11
9	7.12	5.58	7.48
节能环保			
1	1.79	3.57	5.36
2	8.93	5.36	3.57
3	19.64	17.86	3.57
4	1.79	7.14	14.29
5	16.07	10.71	12.50
6	26.79	21.43	14.29
7	14.29	16.07	16.07
8	7.14	12.50	19.64
9	3.57	5.36	10.71

续表

分值\时期	创业第一年	创业第二年	创业第三年
高端装备制造			
1	9.21	5.26	4.93
2	8.22	9.21	3.62
3	9.87	6.58	8.22
4	17.43	13.82	9.21
5	15.46	19.41	19.41
6	14.14	18.42	17.11
7	13.16	15.13	13.82
8	5.26	6.91	15.13
9	7.24	5.26	8.55
新能源			
1	13.79	5.17	1.72
2	12.07	8.62	0.00
3	13.79	8.62	15.52
4	15.52	15.52	10.34
5	12.07	20.69	18.97
6	13.79	20.69	22.41
7	8.62	12.07	15.52
8	6.90	6.90	10.34
9	3.45	1.72	5.17
新材料			
1	12.20	0.00	2.44
2	14.63	14.63	0.00
3	14.63	4.88	17.07
4	7.32	26.83	7.32
5	29.27	21.95	19.51
6	7.32	12.20	14.63
7	7.32	9.76	24.39
8	2.44	4.88	7.32
9	4.88	4.88	7.32

续表

分值＼时期	创业第一年	创业第二年	创业第三年
生物医药			
1	9. 00	3. 54	2. 25
2	10. 93	7. 40	3. 22
3	11. 90	10. 61	12. 22
4	11. 25	14. 47	7. 72
5	17. 36	17. 36	19. 94
6	14. 79	16. 08	18. 33
7	12. 22	15. 76	16. 72
8	7. 40	9. 32	12. 86
9	5. 14	5. 47	6. 75
文化创意			
1	8. 74	5. 16	4. 48
2	12. 33	8. 52	2. 91
3	9. 87	12. 56	11. 66
4	11. 88	13. 00	9. 87
5	16. 82	15. 02	14. 80
6	14. 35	15. 92	15. 70
7	9. 64	15. 92	16. 59
8	10. 31	6. 73	13. 90
9	6. 05	7. 17	10. 09
金融服务			
1	10. 24	3. 35	4. 13
2	11. 02	8. 66	2. 36
3	12. 80	11. 81	10. 43
4	10. 04	13. 78	10. 24
5	15. 16	19. 29	15. 94
6	12. 40	16. 14	16. 93
7	12. 80	12. 80	15. 94
8	7. 48	6. 30	13. 78
9	8. 07	7. 87	10. 24

续表

分值＼时期	创业第一年	创业第二年	创业第三年
专业技术服务			
1	8.46	4.60	4.98
2	11.15	8.81	3.07
3	10.38	11.49	8.43
4	15.00	14.94	11.49
5	14.23	15.33	18.77
6	14.23	18.77	16.48
7	11.15	10.73	19.16
8	8.85	9.20	9.58
9	6.54	6.13	8.05
现代农业			
1	11.11	2.22	2.22
2	11.11	10.00	4.44
3	10.00	11.11	15.56
4	15.56	20.00	16.67
5	15.56	21.11	16.67
6	14.44	15.56	14.44
7	7.78	10.00	13.33
8	7.78	3.33	11.11
9	6.67	6.67	5.56

注:用1—9分描述变化程度,1分为最少,9分为最多。

表4-42　2019年分行业样本企业产品/技术变化情况　（单位:%）

分值＼时期	创业第一年	创业第二年	创业第三年
信息技术			
1	25.69	7.07	7.44
2	19.44	14.90	6.70
3	15.97	15.91	14.29
4	9.49	16.79	9.82

续表

分值＼时期	创业第一年	创业第二年	创业第三年
5	13.66	21.21	17.86
6	5.67	9.97	15.33
7	3.47	7.07	12.35
8	2.66	4.67	8.63
9	3.94	2.40	7.59
软 件			
1	24.30	6.94	6.61
2	12.85	13.25	6.23
3	21.51	17.03	14.79
4	7.54	13.56	6.61
5	13.69	19.87	17.90
6	8.66	11.04	14.01
7	3.07	9.46	14.79
8	2.51	6.62	11.67
9	5.87	2.21	7.39
节能环保			
1	26.67	8.96	7.14
2	24.00	17.91	7.14
3	13.33	17.91	19.64
4	6.67	11.94	12.50
5	6.67	14.93	12.50
6	9.33	10.45	12.50
7	8.00	7.46	8.93
8	0.00	8.96	10.71
9	5.33	1.49	8.93
高端装备制造			
1	21.78	7.22	4.82
2	25.74	12.37	7.23
3	12.87	18.56	12.05
4	4.95	15.46	10.84

续表

分值＼时期	创业第一年	创业第二年	创业第三年
5	15.84	16.49	12.05
6	7.92	12.37	8.43
7	3.96	9.28	16.87
8	3.96	6.19	15.66
9	2.97	2.06	12.05
新能源			
1	28.21	6.06	3.45
2	20.51	18.18	0.00
3	23.08	21.21	20.69
4	5.13	21.21	17.24
5	10.26	12.12	17.24
6	10.26	12.12	20.69
7	0.00	9.09	10.34
8	0.00	0.00	6.90
9	2.56	0.00	3.45
新材料			
1	24.05	7.04	3.33
2	21.52	11.27	6.67
3	22.78	18.31	10.00
4	5.06	21.13	16.67
5	13.92	19.72	20.00
6	6.33	7.04	16.67
7	2.53	7.04	8.33
8	1.27	4.23	10.00
9	2.53	4.23	8.33
生物医药			
1	29.55	9.09	11.11
2	20.45	17.36	4.04
3	14.39	15.70	18.18
4	9.09	15.70	9.09

续表

时期 分值	创业第一年	创业第二年	创业第三年
5	11.36	18.18	15.15
6	3.79	8.26	16.16
7	5.30	4.13	11.11
8	2.27	7.44	6.06
9	3.79	4.13	9.09
文化创意			
1	30.36	11.69	14.42
2	18.21	16.13	7.69
3	20.36	22.18	15.38
4	9.64	14.92	13.94
5	12.14	18.15	18.27
6	3.21	6.85	8.65
7	2.50	4.84	9.62
8	2.14	4.03	6.73
9	1.43	1.21	5.29
金融服务			
1	34.23	13.13	10.42
2	15.32	12.12	9.38
3	14.41	14.14	10.42
4	2.70	18.18	7.29
5	18.92	17.17	15.63
6	8.11	15.15	14.58
7	2.70	7.07	12.50
8	1.80	2.02	17.71
9	1.80	1.01	2.08
专业技术服务			
1	31.72	10.01	8.07
2	22.87	17.16	9.08
3	17.48	23.24	15.13
4	7.98	13.71	12.39

续表

分值 \ 时期	创业第一年	创业第二年	创业第三年
5	9.82	17.52	19.60
6	3.24	9.30	11.82
7	2.48	4.29	11.53
8	1.73	2.38	6.77
9	2.70	2.38	5.62
现代农业			
1	26.09	5.41	0.00
2	6.52	10.81	8.00
3	17.39	24.32	12.00
4	6.52	21.62	28.00
5	15.22	13.51	28.00
6	15.22	2.70	12.00
7	13.04	10.81	0.00
8	0.00	8.11	8.00
9	0.00	2.70	4.00

注:用1—9分描述变化程度,1分为最少,9分为最多。

表4-43　2018年各城市样本企业产品/技术变化情况　(单位:%)

分值 \ 时期	创业第一年	创业第二年	创业第三年
北京市			
1	10.19	4.12	3.57
2	10.66	7.38	2.80
3	10.35	10.57	8.94
4	11.60	13.75	9.48
5	15.25	17.56	16.32
6	13.85	16.47	17.79
7	12.45	15.38	17.87
8	9.11	8.31	14.61
9	6.54	6.45	8.62

续表

时期 分值	创业第一年	创业第二年	创业第三年
上海市			
1	8. 62	3. 80	3. 39
2	12. 53	8. 83	4. 00
3	12. 83	13. 45	10. 16
4	12. 53	13. 14	11. 91
5	16. 22	19. 30	18. 28
6	13. 55	17. 45	16. 84
7	10. 47	12. 11	16. 32
8	7. 39	6. 78	11. 81
9	5. 85	5. 13	7. 29
深圳市			
1	9. 01	4. 44	3. 70
2	10. 62	8. 64	2. 35
3	11. 48	10. 00	11. 85
4	14. 94	14. 07	7. 78
5	16. 42	19. 38	18. 77
6	11. 85	15. 68	18. 52
7	10. 37	13. 09	15. 56
8	8. 27	7. 65	11. 36
9	7. 04	7. 04	10. 12
杭州市			
1	14. 29	5. 22	4. 55
2	8. 16	11. 34	4. 09
3	12. 93	12. 02	15. 23
4	10. 66	12. 70	10. 23
5	16. 78	17. 23	16. 14
6	14. 51	17. 69	14. 09
7	11. 34	12. 70	16. 59
8	4. 08	4. 76	9. 09
9	7. 26	6. 35	10. 00

续表

分值＼时期	创业第一年	创业第二年	创业第三年
西安市			
1	10.38	5.49	4.92
2	11.48	9.34	2.73
3	9.29	9.89	10.38
4	13.66	12.64	10.38
5	15.85	13.74	12.02
6	16.94	19.78	17.49
7	12.57	16.48	22.40
8	3.28	9.34	15.30
9	6.56	3.30	4.37
武汉市			
1	6.47	4.53	3.56
2	12.62	7.12	4.53
3	11.00	12.30	9.71
4	6.47	13.59	9.71
5	17.48	17.48	13.59
6	18.45	14.56	17.15
7	8.09	15.86	20.71
8	11.65	7.44	12.62
9	7.77	7.12	8.41

注:用1—9分描述变化程度,1分为最少,9分为最多。

表4-44　2019年各城市样本企业产品/技术变化情况　(单位:%)

分值＼时期	创业第一年	创业第二年	创业第三年
北京市			
1	39.84	15.28	12.37
2	11.81	17.61	7.53
3	14.80	14.95	15.95
4	7.87	11.46	12.72

续表

时期 分值	创业第一年	创业第二年	创业第三年
5	11. 18	19. 10	14. 34
6	4. 41	8. 97	8. 96
7	2. 99	4. 98	11. 83
8	2. 52	4. 49	8. 78
9	4. 57	3. 16	7. 53
成都市			
1	23. 92	7. 14	7. 74
2	11. 48	9. 34	3. 87
3	20. 10	15. 93	8. 39
4	7. 66	6. 04	2. 58
5	11. 48	26. 92	21. 29
6	8. 13	10. 44	15. 48
7	6. 22	12. 09	17. 42
8	3. 35	7. 14	12. 90
9	7. 66	4. 95	10. 32
广州市			
1	25. 32	11. 93	11. 84
2	26. 30	15. 79	7. 76
3	10. 06	18. 95	16. 33
4	8. 77	15. 44	12. 24
5	14. 61	15. 44	14. 29
6	4. 87	10. 53	14. 69
7	2. 92	6. 32	12. 24
8	3. 25	4. 56	6. 53
9	3. 90	1. 05	4. 08
杭州市			
1	19. 67	4. 35	5. 95
2	24. 33	7. 11	4. 86
3	18. 67	9. 49	3. 78
4	7. 67	20. 16	8. 11

续表

时期 分值	创业第一年	创业第二年	创业第三年
5	10.33	22.13	15.14
6	7.00	17.39	16.76
7	5.00	12.25	21.62
8	3.67	4.74	13.51
9	3.67	2.37	10.27
上海市			
1	32.38	6.04	3.68
2	28.81	17.59	7.69
3	20.71	30.18	11.71
4	4.29	19.69	11.04
5	7.62	14.17	29.43
6	4.52	5.77	16.05
7	1.43	4.20	10.03
8	0.00	1.84	8.70
9	0.24	0.52	1.67
深圳市			
1	13.17	5.83	5.09
2	17.28	14.56	14.97
3	25.70	18.93	15.57
4	13.17	19.90	13.77
5	17.49	21.84	17.96
6	7.99	9.95	13.17
7	2.59	4.37	9.28
8	0.65	2.67	6.29
9	1.94	1.94	3.89
武汉市			
1	25.84	5.77	4.29
2	12.92	17.31	2.86
3	17.98	16.67	20.00
4	11.80	10.90	10.00

续表

时期 分值	创业第一年	创业第二年	创业第三年
5	16.29	22.44	16.43
6	3.93	10.90	13.57
7	5.06	5.77	12.86
8	3.37	7.05	12.14
9	2.81	3.21	7.86
西安市			
1	34.08	5.99	9.76
2	27.37	14.37	4.07
3	13.97	26.95	13.82
4	3.91	20.36	17.07
5	8.94	11.38	15.45
6	5.03	7.78	14.63
7	3.35	4.79	8.13
8	0.56	5.99	6.50
9	2.79	2.40	10.57
长春市			
1	35.00	6.96	7.87
2	19.29	13.91	5.62
3	12.14	26.09	15.73
4	6.43	12.17	8.99
5	15.71	20.87	21.35
6	1.43	5.22	13.48
7	2.86	6.96	7.87
8	2.86	4.35	6.74
9	4.29	3.48	12.36
郑州市			
1	31.11	7.74	7.33
2	22.22	23.21	4.00
3	13.33	18.45	26.67
4	6.67	12.50	6.67

续表

分值 \ 时期	创业第一年	创业第二年	创业第三年
5	11. 11	14. 88	17. 33
6	5. 00	10. 12	13. 33
7	3. 33	7. 14	8. 00
8	3. 33	4. 76	8. 67
9	3. 89	1. 19	8. 00

注:用 1—9 分描述变化程度,1 分为最少,9 分为最多。

就企业产品/技术变化方面而言,被调查企业在创业的第一年,企业产品/技术变化的平均程度在 2018 年和 2019 年分别为 4. 80 和 3. 17;在创业的第二年,企业产品/技术变化情况居中,2018 年和 2019 年均值分别为 5. 12 和 4. 10;在创业的第三年,企业产品/技术变化的平均程度较前两年有明显增长,2018 年和 2019 年均值分别为 5. 68 和 4. 95。分行业来看,2018 年、2019 年大部分行业企业产品/技术在创业第一年有明显变化(7—9 分)分别在三成和一成左右;创业第二年,2018 年和 2019 年各行业企业产品/技术的变化情况均在过渡期;创业第三年,2018 年节能环保行业企业产品/技术发生的变化最为明显,有 46. 42%的企业变化程度在 7—9 分,而 2019 年高端装备制造业企业产品/技术发生的变化差异最为明显有,44. 58%的企业变化程度在 7—9 分。分区域来看,创业的第一年,2018 年各城市均有超过两成的企业认为技术/产品发生了明显变化(7—9 分),其中北京市占比最高,为 28. 10%,而 2019 年除深圳市、上海市、西安市以外,各城市均有超过一成的企业认为技术/产品发生了明显变化(7—9 分);创业的第二年,2018 年北京市、深圳市、西安市、武汉市均有 30%左右的企业认为企业产品/技术发生了重要变化(7—9分),而2019年,成都市、杭州市、武汉市均有15%以上的企业认为企业产品/技术发生了重要变化(7—9分);创业的第三年,2018年西安市的企业产品/技术变化最为明显(7—9分),占比为42.07%,而2019年杭州市的企业产品/技术变化最为明显(7—9分),占比为45.40%。

(二)企业市场/顾客变化情况

因问卷有修改,该问题只在2018年和2019年进行了调查,此处仅总结2018年和2019年的情况。

表4-45　2018年样本企业市场/顾客变化情况　　(单位:%)

分值＼时期	创业第一年	创业第二年	创业第三年
1	7.87	3.25	3.25
2	8.82	5.17	3.63
3	11.02	8.70	5.93
4	13.32	11.97	8.20
5	15.84	17.94	13.43
6	14.59	18.84	19.16
7	13.12	15.29	18.48
8	7.79	10.94	15.63
9	7.64	7.90	12.28
均值	5.04	5.58	6.08

注:用1—9分描述变化程度,1分为最少,9分为最多。

表 4-46 2019 年样本企业市场/顾客变化情况 （单位:%）

分值＼时期	创业第一年	创业第二年	创业第三年
1	27.35	8.19	7.31
2	18.28	14.47	7.49
3	16.89	16.85	14.45
4	10.63	15.50	9.97
5	12.45	19.96	16.76
6	6.06	11.59	13.63
7	3.77	6.29	12.32
8	1.89	4.82	9.80
9	2.68	2.34	8.27
均值	3.21	4.23	5.10

注:用 1—9 分描述变化程度,1 分为最少,9 分为最多。

就企业市场/顾客变化方面而言,2018 年,创业前三年,企业市场/顾客变化的平均程度分别为 5.04、5.58 和 6.08,呈明显增长的趋势;而 2019 年,创业的前三年,企业市场/顾客变化的平均程度分别为 3.21、4.23 和 5.10,也较前两年有明显增长,但相比 2018 年变化程度较弱。

（三）产品/服务或者顾客/市场变化原因

顾客反馈是产品/服务或者顾客/市场发生变化的重要原因。因问卷有修改,该问题只在 2018 年和 2019 年进行了调查,故此处仅总结 2018 年和 2019 年的情况。

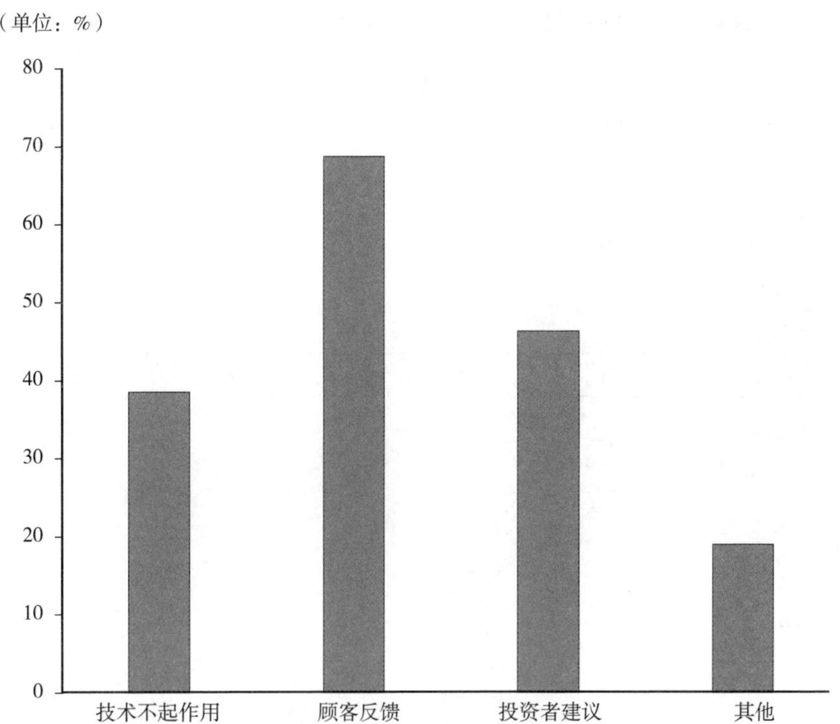

图 4-2　2018 年企业产品/服务或者顾客/市场发生变化的原因

表 4-47　2018 年分行业样本企业产品/服务或顾客/市场变化原因（单位:%）

行业	技术不起作用	顾客反馈	投资者建议	其他
信息技术	37.74	69.10	44.03	19.80
软件	41.40	68.09	46.74	18.51
节能环保	42.86	67.86	51.79	12.50
高端装备制造	42.76	67.43	44.08	19.41
新能源	37.93	63.79	48.28	18.97
新材料	47.62	71.43	47.62	16.67
生物医药	36.33	69.45	53.70	18.65
文化创意	39.24	68.16	45.52	17.94
金融服务	33.79	73.08	45.97	18.66
专业技术服务	36.78	65.52	47.89	19.54
现代农业	37.78	62.22	45.56	24.44
总体	38.56	68.76	46.30	19.01

注:该问题为多选。

表 4-48　2018 年各城市样本企业产品/服务或顾客/市场变化原因

（单位：%）

区域	技术不起作用	顾客反馈	投资者建议	其他
北京市	38.69	70.40	47.94	19.27
上海市	38.40	70.02	48.15	15.91
深圳市	38.64	67.16	45.06	20.49
杭州市	37.19	66.44	39.00	22.90
西安市	37.16	64.48	46.99	15.30
武汉市	41.10	67.96	46.93	20.39

注：该问题为多选。

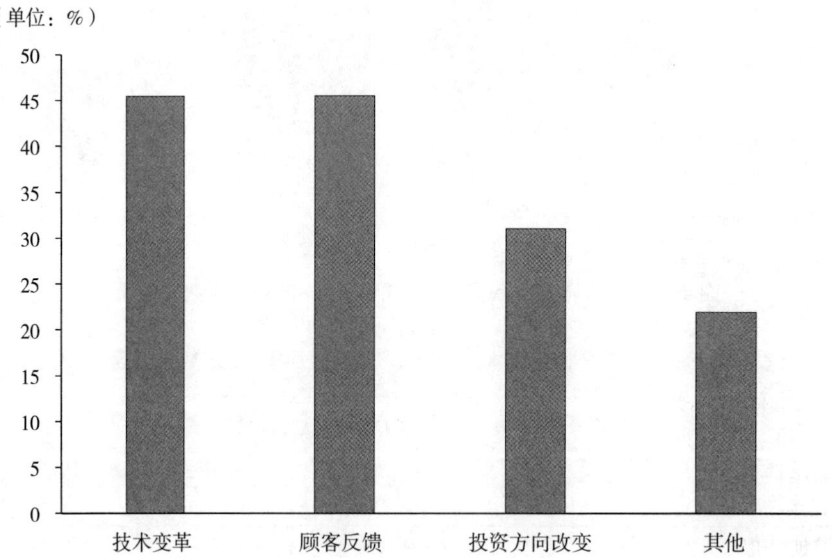

图 4-3　2019 年企业产品/服务或者顾客/市场发生变化的原因

表 4-49　2019 年分行业样本企业产品/服务或顾客/市场变化原因

（单位：%）

行业	技术变革	顾客反馈	投资方向改变	其他
信息技术	52.58	43.63	30.31	21.24
软件	60.73	52.26	34.18	14.12
节能环保	52.70	44.59	28.38	18.92
高端装备制造	64.42	39.42	18.27	13.46

续表

行业	技术变革	顾客反馈	投资方向改变	其他
新能源	67.50	45.00	30.00	7.50
新材料	42.31	42.31	38.46	23.08
生物医药	58.96	44.03	21.64	17.16
文化创意	40.50	56.27	26.88	20.43
金融服务	27.59	33.62	40.52	31.03
专业技术服务	32.05	44.34	32.48	27.35
现代农业	34.04	46.81	42.55	19.15
总体	45.47	45.57	31.06	21.93

注:该问题为多选。

表 4-50　2019 年各城市样本企业产品/服务或顾客/市场变化原因

（单位:%）

区域	技术变革	顾客反馈	投资方向改变	其他
北京市	46.01	39.26	28.22	27.91
广州市	33.55	45.51	39.87	19.27
深圳市	32.19	43.56	36.05	25.97
郑州市	47.73	38.07	23.30	28.41
武汉市	63.07	46.02	37.50	11.36
长春市	58.62	38.62	33.10	21.38
西安市	55.11	59.09	16.48	11.93
上海市	27.09	50.34	28.44	25.96
成都市	61.69	47.26	29.35	14.43
杭州市	69.70	53.87	34.01	12.79

注:该问题为多选。

就产品/服务或者顾客/市场变化原因而言,2018 年,68.76%的企业认为顾客反馈是造成变化的主要原因,而 46.30%的企业认为是因为投资者建议,38.56%的企业认为是技术不起作用,这种原因分析在不同行业和城市中也表现趋同。2019 年,45.57%的企业认为顾客反馈是造成变化的主要原因,与此比例相近的是技术变革(45.47%),31.06%的企业认为是因为投资方向的改变。从不同行业来看,在高新技术行业中技术变革成为导致产品/服务或者顾客/市场发生变化的重要原因,而在其他行业中顾客反馈则占据重要地位。

五、企业利润率情况

企业利润率的高低反映了企业目前的盈利能力,综合反映企业生产经营活动的经济效果。

表 4-51　2016 年分行业样本企业利润率分析　　(单位:%)

行业	0 以下	0—10%以下	10%—30%以下	30%—50%以下	50%—100%以下	100%及以上
信息技术	32.73	33.03	21.92	2.10	10.21	0.00
软件	36.06	29.37	23.05	1.12	10.41	0.00
节能环保	19.51	35.37	31.71	7.32	3.66	2.44
高端装备制造	22.50	39.17	14.17	12.50	10.00	1.67
新能源	28.57	34.42	18.18	11.69	7.14	0.00
新材料	31.65	28.69	21.10	12.24	5.06	1.27
生物医药	25.66	33.63	17.70	11.50	9.73	1.77
文化创意	32.56	36.05	17.44	5.81	6.98	1.16
金融服务	32.45	27.55	21.13	10.94	7.55	0.38
专业技术服务	32.13	32.49	21.30	1.08	13.00	0.00
总体	30.99	31.92	20.97	6.61	8.94	0.57
上一轮	33.30	32.57	19.41	7.36	6.77	0.58

表 4-52　2016 年各城市样本企业分城市利润率分析　　(单位:%)

区域	0 以下	0—10%以下	10%—30%以下	30%—50%以下	50%—100%以下	100%及以上
北京市	31.59	33.38	21.31	4.02	9.39	0.30
上海市	29.40	35.71	20.05	4.95	9.34	0.55
深圳市	38.87	22.64	21.13	7.92	9.06	0.38
杭州市	30.64	30.64	20.20	11.11	6.06	1.35

续表

区域	0 以下	0—10%以下	10%—30%以下	30%—50%以下	50%—100%以下	100%及以上
武汉市	25.47	36.32	22.64	5.66	9.43	0.47
西安市	25.98	28.35	20.47	13.39	11.02	0.79

表 4-53　2018 年分行业样本企业利润总额情况　（单位:%）

行业	0 以下	0—50 万元以下	50 万—300 万元以下	300 万—1000 万元以下	1000 万元及以上
信息技术	75.58	21.83	1.02	1.02	0.56
软件	73.87	23.52	1.78	0.48	0.36
节能环保	71.43	21.43	3.57	0.00	3.57
高端装备制造	80.92	16.78	1.97	0.33	0.00
新能源	75.86	8.62	1.72	8.62	5.17
新材料	58.54	19.51	7.32	2.44	12.20
生物医药	79.10	19.29	0.32	0.96	0.32
文化创意	75.23	22.30	1.13	0.90	0.45
金融服务	77.32	17.95	2.37	0.99	1.38
专业技术服务	72.03	24.90	2.30	0.77	0.00
现代农业	67.78	24.44	4.44	1.11	2.22
总体	75.45	21.18	1.68	0.93	0.78

表 4-54　2018 年各城市样本企业利润总额情况　（单位:%）

区域	0 以下	0—50 万元以下	50 万—300 万元以下	300 万—1000 万元以下	1000 万元及以上
北京市	67.24	30.27	1.32	0.62	0.54
上海市	79.24	16.03	2.26	1.64	0.82
深圳市	85.17	11.99	1.48	0.49	0.87
杭州市	70.75	26.08	1.36	0.45	1.36
西安市	80.33	14.75	2.73	2.19	0.00
武汉市	76.05	20.39	1.62	0.97	0.97

对比 2016 年与 2018 年的企业获利情况，共同点在于企业利润总额（利润率）在 0 以下的占比较高，其中 2016 年，企业利润率

在0以下的占到30.99%,2018年企业利润总额为0的占到75.45%,比重大幅上升,意味着2018年企业的营利情况受到极大影响。

第三节　企业的整合能力

本部分从企业的资源整合能力、企业的生产整合能力、企业文化、企业激励机制等方面,分析创业企业的整合能力。

一、企业的资源整合能力

资源整合能力指在从外部环境中获取所需资源的基础上,在新创企业内部组合、选择、配置和利用资源的能力。资源整合能力通过提高企业的资源竞争力,增强企业的持续竞争力,使企业获得稳定性成长。

(一)企业合作供应商情况

表4-55　2016年分行业样本企业的合作供应商情况分析　(单位:%)

行业	增加了0—10%以下	增加了10%—30%以下	增加了30%—50%以下	增加了50%—100%以下	增加了100%及以上	与去年持平	比去年减少
信息技术	16.22	14.41	24.32	14.11	1.80	15.62	13.51
软件	21.56	14.13	17.10	14.13	3.72	17.84	11.52
节能环保	9.76	14.63	32.93	19.51	8.54	10.98	3.66
高端装备制造	8.33	20.83	13.33	20.00	7.50	16.67	13.33
新能源	10.39	17.53	22.08	17.53	12.34	5.84	14.29
新材料	10.13	21.52	18.99	18.14	8.44	11.39	11.39

续表

行业	增加了0—10%以下	增加了10%—30%以下	增加了30%—50%以下	增加了50%—100%以下	增加了100%及以上	与去年持平	比去年减少
生物医药	9.73	22.12	23.01	17.70	9.73	12.39	5.31
文化创意	10.47	25.58	30.23	9.30	6.98	12.79	4.65
金融服务	15.85	17.74	22.64	15.85	10.94	6.79	10.19
专业技术服务	20.58	11.91	20.22	10.47	1.08	23.47	12.27
总体	14.93	16.94	21.54	15.19	6.20	14.10	11.11
上一轮	15.26	16.11	22.15	14.52	7.31	13.88	10.76

表 4-56　2016 年各城市样本企业在各城市成功合作的供应商情况分析

（单位:%）

区域	增加了0—10%以下	增加了10%—30%以下	增加了30%—50%以下	增加了50%—100%以下	增加了100%及以上	与去年持平	比去年减少
北京市	19.23	16.84	21.01	10.43	3.58	16.99	11.92
上海市	18.41	15.38	22.53	15.66	3.02	14.01	10.99
深圳市	10.94	15.09	24.53	20.38	7.55	13.21	8.30
杭州市	7.74	15.82	19.19	18.86	12.79	12.79	12.79
武汉市	12.74	18.87	19.81	16.04	8.49	13.21	10.85
西安市	11.02	25.20	23.62	18.11	7.09	5.51	9.45

表 4-57　2018 年分行业样本企业合作的供应商情况　（单位:%）

行业	增加0—10%以下	增加10%—30%以下	增加30%—50%以下	增加50%—100%以下	增加100%及以上	与去年持平	比去年减少
信息技术	27.31	34.54	5.74	6.11	7.50	7.78	11.02
软件	22.78	31.79	8.42	6.41	9.85	8.66	12.10
节能环保	14.29	17.86	25.00	14.29	7.14	8.93	12.50
高端装备制造	21.05	28.62	7.89	9.54	8.55	12.17	12.17
新能源	20.69	10.34	18.97	17.24	10.34	10.34	12.07
新材料	12.20	7.32	29.27	24.39	0.00	7.32	19.51
生物医药	22.26	24.19	11.29	10.65	9.35	11.94	10.32
文化创意	25.62	27.87	9.89	6.74	7.19	9.66	13.03

续表

行业	增加0—10%以下	增加10%—30%以下	增加30%—50%以下	增加50%—100%以下	增加100%及以上	与去年持平	比去年减少
金融服务	22.09	32.54	9.86	6.51	8.28	7.50	13.21
专业技术服务	27.97	32.95	6.90	7.28	7.66	6.51	10.73
现代农业	14.44	15.56	20.00	20.00	11.11	4.44	14.44
总体	23.95	30.33	8.98	7.75	8.35	8.70	11.95

表4-58　2018年各城市样本企业成功合作的供应商情况　（单位:%）

区域	增加0—10%以下	增加10%—30%以下	增加30%—50%以下	增加50%—100%以下	增加100%及以上	与去年持平	比去年减少
北京市	26.75	41.45	5.99	5.29	6.84	7.00	6.69
上海市	20.23	33.78	6.88	6.26	7.80	6.88	18.17
深圳市	19.95	15.86	14.37	11.65	11.15	13.38	13.63
杭州市	37.41	26.98	8.16	5.90	6.58	8.16	6.80
西安市	14.21	20.22	14.75	14.21	12.57	8.20	15.85
武汉市	21.04	21.68	11.65	11.33	9.06	10.36	14.89

表4-59　2019年分行业样本企业合作的供应商情况　（单位:%）

行业	增加0—10%以下	增加10%—30%以下	增加30%—50%以下	增加50%—100%以下	增加100%及以上	与去年持平	比去年减少
信息技术	33.29	22.32	12.24	5.36	2.17	19.64	4.97
软件	36.02	23.63	9.22	3.75	3.17	20.17	4.03
节能环保	37.84	20.27	12.16	4.05	6.76	14.86	4.05
高端装备制造	22.68	31.96	11.34	1.03	7.22	21.65	4.12
新能源	35.14	37.84	8.11	2.70	0.00	10.81	5.41
新材料	33.78	14.86	12.16	5.41	5.41	22.97	5.41
生物医药	36.36	25.62	9.09	4.13	6.61	15.70	2.48
文化创意	35.09	19.25	11.70	2.64	2.26	22.26	6.79
金融服务	43.27	18.27	9.62	1.92	0.96	23.08	2.88
专业技术服务	36.16	22.50	10.37	3.06	2.47	18.49	6.95
现代农业	36.36	27.27	11.36	4.55	2.27	13.64	4.55
总体	35.01	22.60	10.91	3.79	2.90	19.38	5.40

表 4-60　2019 年各城市样本企业成功合作的供应商情况　（单位:%）

区域	增加 0—10%以下	增加 10%—30%以下	增加 30%—50%以下	增加 50%—100%以下	增加 100%及以上	与去年持平	比去年减少
北京市	37.59	18.10	10.69	3.97	2.76	22.59	4.31
成都市	34.98	24.14	15.27	3.94	5.91	11.33	4.43
广州市	34.58	27.80	11.19	2.37	1.36	17.63	5.08
杭州市	48.67	19.00	9.67	3.67	2.33	14.67	2.00
上海市	28.46	23.40	10.37	4.79	4.52	13.56	14.89
深圳市	34.29	19.48	8.31	2.08	1.30	29.35	5.19
武汉市	40.12	18.60	13.37	4.07	1.16	18.60	4.07
西安市	28.74	35.63	7.47	3.45	4.02	18.39	2.30
长春市	23.13	29.10	14.18	5.97	5.97	17.91	3.73
郑州市	29.55	24.43	13.64	5.68	1.70	22.73	2.27

2016 年，在调查的企业中，增加了 30%—50%以下供应商的企业占比为 21.54%；增加了 10%—30%以下供应商的企业占比为 16.94%；增加少于 10%供应商的企业占比为 14.93%；供应商数量与 2015 年持平的企业占比为 14.10%；只有 11.11%企业的供应商比去年减少。2018 年，1213 家企业增加了 10%—30%以下的供应商，占 30.33%；958 家企业增加了少于 10%的供应商，占比为 23.95%；359 家企业增加了 30%—50%以下的供应商，占比为 8.98%；334 家企业增加了 100%以上的供应商，占比为 8.35%；310 家企业增加了 50%—100%以下的供应商，占比为 7.75%；348 家企业的供应商数量与去年持平，占比为 8.70%；有 11.95%的企业，其供应商比去年减少。2019 年，979 家企业增加了少于 10%的供应商，占比为 35.01%；632 家企业增加了 10%—30%以下的供应商，占比为 22.60%；542 家企业的供应商数量与 2018 年持平，占比为 19.38%；305 家企业增加了 30%—50%以下的供应商，占比为 10.91%；151 家企业供应商比 2018 年减少，占比为 5.40%；106

家企业增加了 50%—100%以下的供应商,占比为 3.79%;只有 81 家企业增加了 100%及以上的供应商,占比为 2.90%。纵览三年的数据,绝大部分创业企业合作的供应商有所增长,前景良好。

(二)企业并购情况

企业并购是指两家或更多独立的企业、公司合并组成一家企业,通常由一家占优势的公司吸收一家或更多公司。并购可以获取战略机会,发挥协同效应,提高管理效率等。绝大部分企业近三年没有与其他企业发生并购行为。因问卷有修改,该问题只在 2018 年和 2019 年进行了调查,故此处仅总结 2018 年和 2019 年的情况。

表 4-61 2018 年近三年分行业样本企业并购行为的次数 (单位:%)

行业	没有	1 次	2 次	3 次	3 次以上
信息技术	97.41	2.04	0.28	0.00	0.28
软件	99.29	0.47	0.12	0.00	0.12
节能环保	94.64	5.36	0.00	0.00	0.00
高端装备制造	99.01	0.66	0.00	0.00	0.33
新能源	91.38	8.62	0.00	0.00	0.00
新材料	95.12	4.88	0.00	0.00	0.00
生物医药	99.04	0.96	0.00	0.00	0.00
文化创意	100.00	0.00	0.00	0.00	0.00
金融服务	98.82	1.18	0.00	0.00	0.00
专业技术服务	99.62	0.38	0.00	0.00	0.00
现代农业	97.78	1.11	1.11	0.00	0.00
总体	98.53	1.22	0.12	0.00	0.12

表 4-62 2018 年各城市样本企业并购行为的次数 (单位:%)

区域	没有	1 次	2 次	3 次	3 次以上
北京市	98.52	1.17	0.23	0.00	0.08
上海市	98.05	1.64	0.10	0.00	0.21

续表

区域	没有	1 次	2 次	3 次	3 次以上
深圳市	98. 89	0. 99	0. 00	0. 00	0. 12
杭州市	98. 64	1. 36	0. 00	0. 00	0. 00
西安市	98. 91	0. 55	0. 00	0. 00	0. 55
武汉市	98. 71	0. 97	0. 32	0. 00	0. 00

表 4-63 2019 年近三年分行业样本企业并购行为的次数 (单位:%)

行业	没有	1 次	2 次	3 次	3 次以上
信息技术	95. 32	2. 22	1. 41	0. 23	0. 82
软件	96. 07	1. 97	0. 84	0. 56	0. 56
节能环保	93. 33	4. 00	0. 00	2. 67	0. 00
高端装备制造	94. 23	3. 85	0. 96	0. 96	0. 00
新能源	97. 30	0. 00	0. 00	0. 00	2. 70
新材料	94. 87	3. 85	0. 00	0. 00	1. 28
生物医药	95. 49	3. 01	1. 50	0. 00	0. 00
文化创意	96. 52	2. 44	0. 35	0. 00	0. 70
金融服务	92. 17	4. 35	1. 74	0. 87	0. 87
专业技术服务	96. 87	2. 05	0. 54	0. 11	0. 43
现代农业	95. 45	2. 27	2. 27	0. 00	0. 00
总体	95. 72	2. 03	1. 26	0. 30	0. 70

表 4-64 2019 年各城市样本企业并购行为的次数 (单位:%)

区域	没有	1 次	2 次	3 次	3 次以上
北京市	95. 90	1. 98	0. 30	0. 46	1. 37
成都市	93. 52	2. 78	2. 31	0. 00	1. 39
广州市	96. 84	1. 40	0. 70	0. 00	1. 05
杭州市	93. 00	5. 33	1. 33	0. 33	0. 00
上海市	95. 83	2. 31	1. 16	0. 00	0. 69
深圳市	97. 12	0. 00	2. 44	0. 44	0. 00
武汉市	95. 35	2. 33	1. 16	0. 00	1. 16
西安市	92. 18	3. 91	2. 23	1. 12	0. 56
长春市	98. 64	0. 68	0. 68	0. 00	0. 00
郑州市	98. 26	0. 00	1. 16	0. 58	0. 00

2018年,3944家企业没有发生并购,占比为98.53%,2019年则有2833家企业没有发生并购,占比为95.72%,这一比重略微有所下降;2018年,49家企业发生一次并购,占比为1.22%;2019年,61家企业发生一次并购,占比为2.03%,比重略有上升;2018年,5家企业发生两次并购,占比为0.12%;5家企业发生三次以上并购行为,占比为0.12%,2019年,38家企业发生两次并购,占比为1.26%;30家企业发生三次及三次以上并购行为,占比为1%左右,如此看来,较之2018年,2019年,企业更愿意通过并购来获取企业资源,提升企业的整合能力,分行业来看,2018年并购发生次数最多的三个行业为新能源(8.62%)、节能环保(5.36%)、新材料(4.88%),2019年为金融服务(4.35%)、节能环保(4.00%)和高端装备制造及新材料(3.85%),这与金融服务业在近几年受到的金融政策压紧因素有关。分区域来看,2018年各城市之间的并购次数发生差异不大,2019年并购次数发生最多的城市为杭州市、西安市和成都市,次数发生较少的则是长春市与郑州市。

二、企业文化

企业文化是企业为解决生存和发展的问题而形成的、被组织成员认为有效而共享并共同遵循的基本信念和认知。企业文化集中体现了一个企业经营管理的核心主张,以及由此产生的组织行为。企业文化能激发企业员工的使命感,凝聚员工的归属感,加强员工的责任感。发展良好的企业使员工具有成就感和荣誉感。从调研结果来看,多数企业有明确的文化建设方案,且有相应的落实方案,企业文化氛围较好。

表 4-65　2016 年分行业样本企业文化建设情况　（单位:%）

行业	企业有明确的文化建设方案,并有相应的落实方案	企业有明确的文化建设思路,方案不是很细致,但企业文化氛围很好	企业有文化建设方案,奖惩非常分明	企业有专门的文化建设团队	企业没有明确的文化建设方案,但不影响企业经营	企业没有文化建设方案,影响企业运营
信息技术	40. 53	29. 29	2. 07	2. 37	24. 85	0. 89
软件	42. 38	23. 79	1. 86	2. 23	28. 62	1. 12
节能环保	35. 80	19. 75	17. 28	14. 81	6. 17	6. 17
高端装备制造	31. 67	20. 83	17. 50	15. 00	6. 67	8. 33
新能源	38. 71	19. 35	15. 48	7. 74	10. 97	7. 74
新材料	35. 02	19. 83	16. 03	13. 50	10. 13	5. 49
生物医药	28. 07	22. 81	12. 28	19. 30	13. 16	4. 39
文化创意	32. 56	19. 77	12. 79	15. 12	13. 95	5. 81
金融服务	37. 36	26. 79	6. 42	8. 68	19. 25	1. 51
专业技术服务	51. 81	23. 55	0. 36	0. 00	24. 28	0. 00
总体	39. 31	23. 70	7. 83	7. 52	18. 55	3. 09
上一轮	35. 11	25. 34	11. 35	4. 33	11. 46	12. 41

表 4-66　2016 年各城市样本企业的文化建设情况　（单位:%）

区域	企业有明确的文化建设方案,并有相应的落实方案	企业有明确的文化建设思路,方案不是很细致,但企业文化氛围很好	企业有文化建设方案,奖惩非常分明	企业有专门的文化建设团队	企业没有明确的文化建设方案,但不影响企业经营	企业没有文化建设方案,影响企业运营
北京市	43. 45	24. 70	3. 72	4. 46	22. 17	1. 49
上海市	42. 28	26. 56	3. 52	5. 69	19. 51	2. 44
深圳市	34. 21	22. 56	10. 15	8. 65	21. 80	2. 63
杭州市	37. 63	20. 68	14. 92	9. 83	11. 53	5. 42
武汉市	32. 86	21. 60	12. 68	12. 68	14. 08	6. 10
西安市	34. 13	23. 02	12. 70	12. 70	13. 49	3. 97

表 4-67　2018 年各城市样本企业文化建设情况　（单位:%）

区域	企业有明确的文化建设方案,并有相应的落实方案	企业有明确的文化建设思路,方案不是很细致,但企业文化氛围很好	企业有文化建设方案,奖惩非常分明	企业有专门的文化建设团队	没有明确的文化建设方案,但不影响企业经营	企业没有文化建设方案,影响企业运营
北京市	37.58	28.49	13.98	7.92	9.47	2.56
上海市	38.01	29.41	14.45	7.89	7.99	2.25
深圳市	37.41	25.31	13.33	7.04	12.96	3.95
杭州市	41.95	21.09	15.19	8.84	10.20	2.72
西安市	38.25	28.42	14.21	5.46	10.38	3.28
武汉市	40.13	28.48	14.24	6.15	8.74	2.27
总体	38.36	27.25	14.13	7.59	9.88	2.80

表 4-68　2019 年各城市样本企业文化建设情况　（单位:%）

区域	企业有明确的文化建设方案,并有相应的落实方案	企业有明确的文化建设思路,方案不是很细致,但企业文化氛围很好	企业有文化建设方案,奖惩非常分明	企业有专门的文化建设团队	没有明确的文化建设方案,但不影响企业经营	企业没有文化建设方案,影响企业运营
北京市	29.17	35.42	11.76	2.53	19.20	2.08
广州市	34.73	23.15	14.47	7.07	18.01	2.57
深圳市	32.12	28.48	11.56	8.99	17.34	1.50
郑州市	34.07	37.91	9.34	2.75	15.93	0.00
武汉市	31.28	25.14	10.61	9.50	18.99	4.47
长春市	38.96	37.66	12.34	3.90	6.49	0.65
西安市	27.93	26.26	5.03	3.91	36.31	0.56
上海市	41.83	23.94	8.95	2.91	17.67	4.70
成都市	25.00	36.11	12.96	2.31	21.76	1.85
杭州市	42.33	40.33	5.33	2.00	9.00	1.00
总体	33.79	31.16	10.49	4.51	17.93	2.16

2016 年,多数企业有明确的文化建设方案,且有相应的落实方案,企业文化氛围较好:39.31%的企业有明确的文化建设方案,并有相应的落实方案;23.70%的企业有明确的文化建设思路,方案不是很细致,但企业文化氛围很好;18.55%的企业没有明确的

文化建设方案,但不影响企业经营;7.52%的企业有专门的文化建设团队;7.83%的企业有文化建设方案,奖惩非常分明;只有3.09%的企业没有文化建设方案,影响企业运营。2018年,38.36%的企业有明确的文化建设方案,并有相应的落实方案;27.25%的企业有明确的文化建设思路,方案不是很细致,但企业文化氛围很好;14.13%的企业有文化建设方案,奖惩非常分明;9.88%的企业没有明确的文化建设方案,但不影响企业经营;7.59%的企业有专门的文化建设团队;只有2.80%的企业没有文化建设方案,影响企业运营。与2018年相比,2019年没有明确的文化建设方案组不影响企业经营的企业占比明显上升,总体来看,有明确的文化建设方案的企业所占比重呈现逐年下降趋势。

第四节　制约企业效益的因素

表4-69　2016年分行业制约样本企业效益的因素　（单位:%）

行业	技术	人才	资金	市场	政策	管理	成本
信息技术	21.62	69.07	90.39	76.28	48.95	12.61	28.23
软件	22.30	65.06	89.59	77.32	48.33	12.27	33.09
节能环保	20.73	67.07	90.24	87.80	35.37	23.17	37.80
高端装备制造	22.50	69.17	89.17	76.67	39.17	15.83	44.17
新能源	18.83	68.83	92.86	76.62	43.51	20.13	38.96
新材料	23.21	71.31	91.14	77.22	44.73	21.94	45.99
生物医药	23.89	69.91	88.50	74.34	46.02	20.35	46.90
文化创意	26.74	72.09	91.86	80.23	41.86	22.09	46.51
金融服务	20.38	66.79	90.19	73.21	49.81	12.45	35.85
专业技术服务	23.47	66.43	89.89	75.81	44.77	10.47	40.43
总体	22.16	68.18	90.34	76.65	45.76	15.50	38.02

表 4-70　2016 年各城市制约样本企业效益的因素　（单位:%）

区域	技术	人才	资金	市场	政策	管理	成本
北京市	22.80	69.15	90.46	75.11	48.88	14.16	35.77
上海市	24.18	70.33	90.93	76.65	44.51	12.36	40.11
深圳市	18.49	62.26	89.81	76.98	43.40	14.72	37.74
杭州市	22.22	70.37	90.57	75.76	47.47	20.88	40.07
武汉市	21.23	68.40	90.09	78.77	42.92	16.51	38.21
西安市	22.05	63.78	88.98	82.68	38.58	18.90	39.37

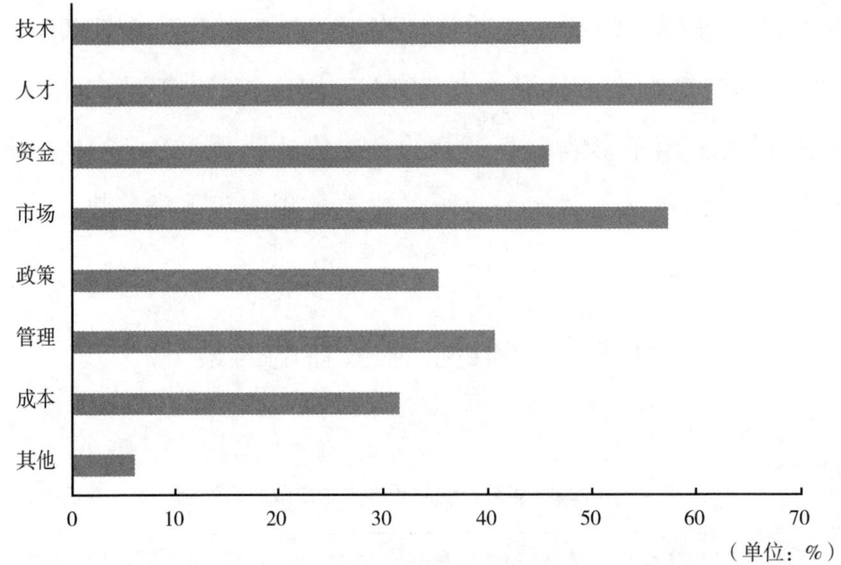

图 4-4　2018 年制约样本企业效益的因素分析

表 4-71　2018 年分行业制约样本企业效益的因素　（单位:%）

行业	技术	人才	资金	市场	政策	管理	成本	其他
信息技术	49.95	61.15	45.42	56.52	36.08	40.43	31.91	6.29
软件	47.45	63.70	46.38	55.40	35.59	40.45	34.40	6.52
节能环保	44.64	55.36	41.07	60.71	33.93	39.29	21.43	1.79
高端装备制造	50.00	61.51	44.74	59.21	34.54	40.64	33.88	5.92
新能源	39.66	62.07	56.90	62.07	44.83	46.55	29.31	6.90
新材料	43.90	56.10	46.34	43.90	29.27	43.90	24.39	4.88

续表

行业	技术	人才	资金	市场	政策	管理	成本	其他
生物医药	49. 52	61. 74	45. 02	61. 74	32. 15	40. 19	30. 23	5. 47
文化创意	51. 48	67. 98	48. 77	63. 55	36. 95	47. 54	32. 02	6. 65
金融服务	50. 98	61. 42	45. 28	59. 06	35. 63	40. 35	30. 51	5. 31
专业技术服务	53. 26	59. 77	46. 74	55. 94	37. 55	38. 70	31. 42	6. 13
现代农业	38. 89	56. 67	54. 44	52. 22	32. 22	48. 89	26. 67	2. 22
总体	48. 83	61. 51	45. 83	57. 24	35. 26	40. 66	31. 54	5. 92

表 4-72　2018 年各城市制约样本企业效益的因素　（单位:%）

区域	技术	人才	资金	市场	政策	管理	成本	其他
北京市	49. 57	61. 77	46. 00	56. 88	35. 59	39. 47	30. 23	4. 82
上海市	49. 69	60. 68	46. 61	57. 80	35. 93	41. 48	31. 93	6. 88
深圳市	48. 40	61. 36	47. 04	58. 27	35. 43	42. 10	33. 46	5. 31
杭州市	45. 58	60. 09	46. 03	51. 25	33. 33	40. 82	28. 57	5. 90
西安市	48. 09	61. 20	44. 26	60. 66	36. 61	39. 34	36. 61	6. 56
武汉市	49. 19	65. 70	40. 13	60. 84	33. 33	39. 81	32. 04	8. 74

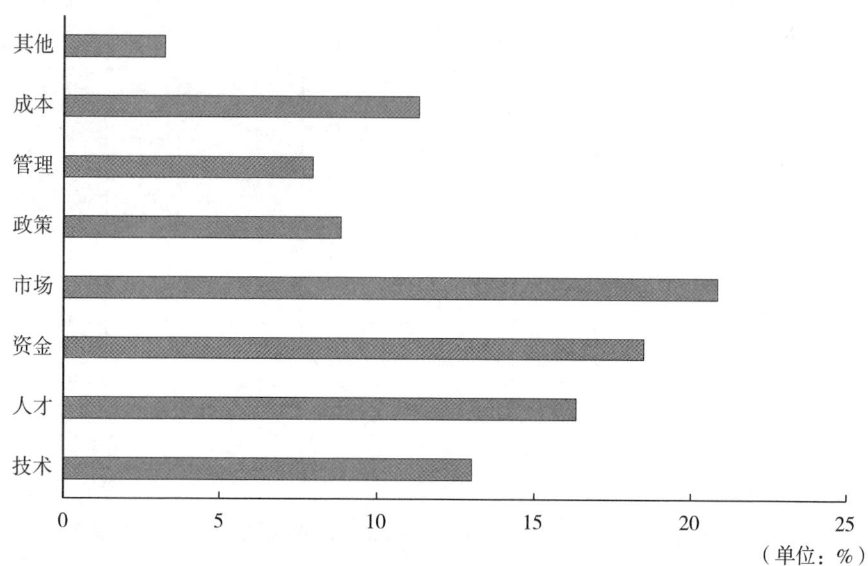

图 4-5　2019 年制约企业效益的因素分析

表 4-73　2019 年分行业制约样本企业效益的因素　(单位:%)

行业	技术	人才	资金	市场	政策	管理	成本	其他
信息技术	14.07	15.87	18.14	20.22	8.61	8.33	10.87	3.89
软件	16.79	19.28	20.04	17.98	7.48	6.07	9.86	2.49
节能环保	14.97	14.97	21.56	23.35	5.99	7.78	11.38	0.00
高端装备制造	16.37	16.73	18.86	18.15	10.32	6.41	11.74	1.42
新能源	15.32	14.41	18.02	19.82	11.71	8.11	10.81	1.80
新材料	10.71	14.29	19.64	19.05	7.14	6.55	18.45	4.17
生物医药	13.25	15.96	19.28	21.99	12.05	4.22	10.24	3.01
文化创意	10.76	17.27	17.42	23.18	8.64	8.33	11.67	2.73
金融服务	8.64	16.94	21.26	19.60	13.29	8.64	9.30	2.33
专业技术服务	12.84	17.69	19.89	25.05	9.92	10.07	0.37	4.18
现代农业	7.89	14.04	19.30	22.81	6.14	11.40	15.79	2.63
总体	13.01	16.33	18.49	20.83	8.84	7.96	11.31	3.22

表 4-74　2019 年各城市制约样本企业效益的因素　(单位:%)

区域	技术	人才	资金	市场	政策	管理	成本	其他
北京市	14.07	15.87	18.14	20.22	8.61	8.33	10.87	3.89
成都市	16.79	19.28	20.04	17.98	7.48	6.07	9.86	2.49
广州市	14.97	14.97	21.56	23.35	5.99	7.78	11.38	0.00
杭州市	16.37	16.73	18.86	18.15	10.32	6.41	11.74	1.42
上海市	15.32	14.41	18.02	19.82	11.71	8.11	10.81	1.80
深圳市	10.71	14.29	19.64	19.05	7.14	6.55	18.45	4.17
武汉市	13.25	15.96	19.28	21.99	12.05	4.22	10.24	3.01
西安市	10.76	17.27	17.42	23.18	8.64	8.33	11.67	2.73
长春市	8.64	16.94	21.26	19.60	13.29	8.64	9.30	2.33
郑州市	12.84	17.69	19.89	25.05	9.92	10.07	0.37	4.18

就制约企业效益因素方面而言,2016 年,企业认为资金、市场和人才是制约企业效益的三大因素,占比分别为 90.34%、76.65%和 68.18%。分行业来看,10 个行业制约企业效益的因素基本一致,第一是资金,第二是市场,第三是人才,技术、管理和成本等因

素的影响相对较弱。分区域来看，6个城市制约企业效益的因素同样是一致的，各影响因素从大到小的排序依次是资金、市场、人才、政策、成本、技术和管理。而2018年的调查数据显示，企业认为制约效益的三大因素分别是人才、市场和技术，占比分别为61.51%、57.24%和48.83%。分行业来看，技术影响的比重有所上升，尤其在高新技术产业，如专业技术服务业、文化创意、金融服务、高端装备制造等行业中最为明显；分区域来看（见表4-72），6个城市制约企业效益的因素是一致的，第一是人才，第二是市场，第三是技术，资金、政策、管理和成本等因素的影响比较小。2019年的调查数据显示，20.83%的企业认为市场是制约企业效益的首要因素，18.49%的企业认为资金是制约企业效益的次要因素，16.33%的企业认为人才是制约企业效益的第三重要因素。分行业来看，在节能环保行业中，市场是制约企业效益的主要因素，占比为23.35%，信息技术、节能环保、新能源、生物医药、文化创意、专业技术服务业、现代农业制约企业效益的因素中，市场均为第一，专业技术服务业占比最高，为25.05%；分区域来看（见表4-74），所有城市制约企业效益的主要因素是一致的，市场和资金是最重要的两大因素，第三是人才，政策、管理和成本等因素的影响比较小。

第五节　对比分析

本部分从企业发展概况、发展绩效、整合能力和企业经营满意度四方面，分析初创企业发展水平。企业发展概况包括企业的规模大小、企业员工收入高低、企业员工对生产流程熟悉程度等方面;企业发展绩效包括企业在不同市场的份额、企业利润情况、债务偿还能力、产品独创性情况、产品/技术和市场/顾客变化等方面;企业的整合能力包括资源整合能力、生产整合能力、企业文化、企业激励机制情况;企业满意度是指对企业发展现状是否满意,以及限制企业效益的因素。通过对信息技术、软件、节能环保、高端装备制造、新能源、新材料、生物医药、文化创意、金融服务、专业技术服务业、现代农业 11 个行业共 3000 余家创业企业的调查分析发现,我国创业企业在企业发展方面具有以下特点:

第一,创业企业规模有待提升。调查结果显示,纵观 2016 年、2018 年和 2019 年三年的数据来看创业企业资产规模整体偏低,多为中小企业,且呈现动态波动特征;员工规模呈小型化发展,2016 年和 2018 年,企业员工人数在 20—100 人以下最多,分别占 47.93%和 58.09%,而在 2019 年,员工规模呈小型化发展企业员工人数在 10 人以下的将近一半;但另一方面来看,员工平均收入仍呈现迅速增长趋势,这也从一个侧面说明企业经营状况稳定,发展前景良好;员工对企业生产流程熟悉程度有所提升,但仍需加强,且地区之间存在差异较小。

第二,企业发展绩效不容乐观。企业的市场份额区域性较强,本地区市场份额占据半壁江山,而分行业来看,新能源行业企业连续两年的本地市场占有率都较高,均超过六成;企业偿债能力强,仅有不到 5%的企业资不抵债,初创企业的偿债能力整体增强,应对风险的能力增强;企业产品的独创性有待加强,仅有不到两成的企业表示其产品和服务在前三年不可获得;企业市场/顾客变化有一定程度提升,侧面反映近几年企业市场/顾客情况有一定程度波动,不稳定因素加大,而顾客反馈和技术变革是促使企业产品/技术发生变化的重要因素,用户体验和技术革新应该作为企业发展的重要考量。

第三,企业整合能力较强。绝大多数企业的资源整合能力较强,前景较好,合作供应商数逐步增加,2016 年和 2018 年只有一成左右的企业供应商较去年减少,2019 年供应商数量有所减少的企业占比则更低,但基本未曾发生并购行为,协同效应还有待进一步提升;同时企业文化建设较好,多数企业有明确的文化建设方案或建设思路,但有明确文化建设方案的企业所占比重呈现出逐年下降趋势,企业文化建设需得到重视并加强。

第四,企业经营状况需进一步改善,满意度需进一步提升。即使企业整合能力强,但因绩效水平低,大部分企业认为企业经营状况一般,且行业和地区之间差距并不是很明显;而在制约企业效益因素方面,责任市场和资金短缺严重制约了企业的效益,人才和技术也是重要影响因素。最后,从不同行业和不同城市对上述四个方面进行比较,彼此之间差异较小。值得注意的是,无论是总体还是分行业和区域来看,各个制约因素所占比重呈现出下降趋势,这也从侧面反映出企业发展局面向好。

第五章　创业企业创新能力调查

创新能力是搜寻、识别、获得外部新知识进而产生能创造市场价值的内生性新知识所需要的一系列战略、组织、技术和市场惯例，是技术和各种实践活动领域中不断提供具有经济和社会价值的新思想、新理论、新方法和新发明的能力。创新能力是创业企业成长发展的核心能力。本章从创新投入、创新效益、创新地位和创新制约因素四个方面对2016年、2018年及2019年三次调查的创业企业的创新能力状况进行对比分析。该部分三次调查分别在2016年、2018年和2019年开展，但数据是基于企业2015年、2017年和2018年的生产经营情况所得。

第一节　企业创新投入

该节从研发人员和研发经费两个方面衡量企业的创新投入状况。

一、研发人员

研发人员是衡量企业创新投入的重要指标。研发人员是指企业从事基础研究、应用研究和试验发展三类活动的人员，既包括直接参加基础研究、应用研究和试验发展三类活动的人员，还包括这三类活动的管理人员，以及为这三类活动提供资料文献、材料供应、设备维护等的直接服务人员。我们用企业研发人员总量和企业研发人员占比这两个指标，分析创业企业的研发人员投入情况。

首先利用企业研发人员总量指标来分析研发人员投入（见表5-1至表5-6）。

表5-1　2016年所调查企业研发人员总量的行业分布　（单位:%）

行业	10人以下	10—20人以下	20—100人以下	100—300人以下	300人及以上
信息技术	57. 36	39. 94	1. 80	0. 90	0. 00
软件	52. 42	45. 35	1. 86	0. 37	0. 00
节能环保	42. 68	26. 83	7. 32	14. 63	8. 54
高端装备制造	60. 00	29. 17	7. 50	3. 33	0. 00
新能源	44. 16	20. 13	14. 94	14. 94	5. 84
新材料	43. 04	27. 00	15. 61	8. 02	6. 33
生物医药	65. 49	27. 43	6. 19	0. 00	0. 88
文化创意	69. 77	22. 09	5. 81	1. 16	1. 16
金融服务	65. 66	26. 04	5. 66	2. 64	0. 00
专业技术服务	57. 76	40. 07	1. 81	0. 36	0. 00
总体	55. 63	32. 90	6. 10	3. 67	1. 70
上一轮	55. 81	32. 36	6. 37	3. 71	1. 75

表 5-2　2016 年所调查企业研发人员总量的区域分布　（单位:%）

区域	10 人以下	10—20 人以下	20—100 人以下	100—300 人以下	300 人及以上
北京市	56. 63	37. 85	3. 28	1. 49	0. 75
上海市	56. 32	35. 99	3. 85	3. 30	0. 55
深圳市	61. 89	27. 17	6. 42	3. 02	1. 51
杭州市	49. 83	27. 61	10. 44	8. 08	4. 04
武汉市	55. 66	26. 89	9. 43	5. 66	2. 36
西安市	48. 82	32. 28	11. 02	3. 94	3. 94

表 5-3　2018 年所调查企业研发人员总量的行业分布　（单位:%）

行业	10 人以下	10—20 人以下	20—100 人以下	100—300 人以下	300 人及以上
信息技术	68. 89	15. 28	14. 63	1. 02	0. 19
软件	76. 63	10. 68	12. 10	0. 59	0. 00
节能环保	87. 50	7. 14	3. 57	1. 79	0. 00
高端装备制造	76. 64	8. 55	14. 8	0. 00	0. 00
新能源	77. 59	10. 34	12. 07	0. 00	0. 00
新材料	80. 90	12. 20	7. 32	0. 00	0. 00
生物医药	77. 49	7. 07	15. 43	0. 00	0. 00
文化创意	89. 01	4. 04	6. 73	0. 22	0. 00
金融服务	72. 39	9. 27	17. 55	0. 79	0. 00
专业技术服务	73. 95	13. 41	12. 64	0. 00	0. 00
现代农业	86. 67	6. 67	5. 56	1. 11	0. 00
总体	75. 74	10. 59	13. 04	0. 57	0. 05

表 5-4　2018 年所调查企业研发人员总量的区域分布　（单位:%）

区域	10 人以下	10—20 人以下	20—100 人以下	100—300 人以下	300 人及以上
北京市	78. 77	8. 01	12. 60	0. 62	0. 00
上海市	72. 69	12. 94	13. 55	0. 62	0. 21
深圳市	69. 84	11. 25	18. 54	0. 37	0. 00

续表

区域	10 人以下	10—20 人以下	20—100 人以下	100—300 人以下	300 人及以上
杭州市	76. 19	12. 93	9. 98	0. 91	0. 00
西安市	82. 51	9. 29	8. 20	0. 00	0. 00
武汉市	83. 50	9. 71	6. 15	0. 65	0. 00

表 5-5 2019 年所调查企业研发人员总量的行业分布 （单位:%）

行业	10 人以下	10—20 人以下	20—100 人以下	100—300 人以下	300 人及以上
信息技术	75. 26	14. 54	9. 73	0. 23	0. 23
软件	62. 46	22. 13	14. 85	0. 56	0. 00
节能环保	82. 86	11. 43	4. 29	1. 43	0. 00
高端装备制造	66. 35	17. 31	14. 42	0. 96	0. 96
新能源	89. 19	5. 41	5. 41	0. 00	0. 00
新材料	86. 49	10. 81	2. 70	0. 00	0. 00
生物医药	74. 05	16. 03	8. 40	1. 53	0. 00
文化创意	91. 82	5. 95	2. 23	0. 00	0. 00
金融服务	87. 85	5. 61	5. 61	0. 00	0. 93
专业技术服务	91. 69	4. 94	3. 26	0. 00	0. 11
现代农业	93. 02	4. 65	2. 33	0. 00	0. 00
总体	81. 19	11. 18	7. 19	0. 27	0. 17

表 5-6 2019 年所调查企业研发人员总量的区域分布 （单位:%）

区域	10 人以下	10—20 人以下	20—100 人以下	100—300 人以下	300 人及以上
北京市	81. 01	11. 53	7. 14	0. 32	0. 00
成都市	55. 35	25. 12	19. 53	0. 00	0. 00
广州市	86. 69	6. 48	5. 80	0. 68	0. 34
杭州市	80. 60	11. 37	8. 03	0. 00	0. 00
上海市	90. 29	4. 20	5. 25	0. 26	0. 00

续表

区域	10人以下	10—20人以下	20—100人以下	100—300人以下	300人及以上
深圳市	89.47	6.80	3.51	0.00	0.22
武汉市	77.84	12.50	8.52	0.57	0.57
西安市	84.83	8.99	5.06	0.56	0.56
长春市	75.68	18.92	5.41	0.00	0.00
郑州市	68.21	21.39	9.25	0.58	0.58

因此,从研发人员总量来看,绝大多数创业企业研发人员数量在20人以下,占比接近九成,其中:2016年,研发人员总量在10人以下的企业占比为55.63%,10—20人以下的企业占比为32.90%;2018年,企业的研发人员为10人以下的占比为75.74%,研发人员为10—20人以下的占比为10.59%;2019年,81.19%的企业的研发人员为10人以下,11.18%的企业的研发人员为10—20人以下。从行业分布来看,2016年节能环保、新能源和新材料行业研发人员总量明显高于其他行业。2018年信息技术行业研发人员总量明显高于其他行业。信息技术行业中研发人员人数为10人以下的企业占比为68.89%,为所有行业中最低,却与2016年行业中最多的比重(文化创意行业中研发人员人数为10人以下的企业占比为69.77%)几乎持平,可见2016年到2018年研发人员总量有所下降。从区域分布来看,2016年杭州市、武汉市和西安市研发人员总量明显多于北京市、上海市和深圳市。2018年上海市和深圳市研发人员总量又高于其他城市。2019年成都市和郑州市研发人员总量明显高于其他城市。

之后,通过企业研发人员占比指标来分析研发人员投入。

表 5-7　2016 年所调查企业研发人员占比的行业分布　（单位:%）

行业	1%以下	1%—5%以下	5%—10%以下	10%—50%以下	50%及以上
信息技术	12.61	9.31	17.72	44.44	15.92
软件	10.04	4.83	20.45	45.72	18.96
节能环保	35.37	36.59	18.29	8.54	1.22
高端装备制造	43.33	24.17	23.33	5.83	3.33
新能源	43.51	29.22	15.58	2.60	9.09
新材料	42.19	25.32	19.41	6.33	6.75
生物医药	42.48	30.09	19.47	4.42	3.54
文化创意	40.70	37.21	16.28	0.00	5.81
金融服务	35.47	34.72	18.87	5.66	5.28
专业技术服务	3.61	5.42	20.94	48.01	22.02
总体	26.03	19.68	19.16	23.61	11.52
上一轮	26.50	20.03	19.40	22.79	11.29

表 5-8　2016 年所调查企业研发人员占比的区域分布　（单位:%）

区域	1%以下	1%—5%以下	5%—10%以下	10%—50%以下	50%及以上
北京市	14.61	11.92	19.23	38.90	15.35
上海市	19.78	14.56	23.08	28.02	14.56
深圳市	35.85	26.04	17.36	12.45	8.30
杭州市	41.75	27.61	19.19	7.41	4.04
武汉市	33.49	28.77	16.04	11.79	9.91
西安市	34.65	28.35	16.54	11.02	9.45

表 5-9　2018 年所调查企业研发人员占比的行业分布　（单位:%）

行业	1%以下	1%—5%以下	5%—10%以下	10%—50%以下	50%及以上
信息技术	0.19	0.09	0.65	86.76	12.31
软件	0.59	0.24	0.71	91.34	7.12
节能环保	0.00	0.00	0.00	100.00	0.00
高端装备制造	0.00	0.33	0.66	96.71	2.30

续表

行业	1%以下	1%—5%以下	5%—10%以下	10%—50%以下	50%及以上
新能源	0.00	0.00	0.00	100.00	0.00
新材料	0.00	2.44	0.00	97.56	0.00
生物医药	17.36	1.61	9.00	69.45	2.57
文化创意	25.11	4.04	10.09	58.07	2.69
金融服务	15.75	4.72	11.22	64.17	4.13
专业技术服务	1.53	0.77	1.15	92.72	3.83
现代农业	0.00	0.00	0.00	100.00	0.00
总体	6.42	1.35	3.7	82.26	6.27

表 5-10　2018 年所调查企业研发人员占比的区域分布　（单位:%）

区域	1%以下	1%—5%以下	5%—10%以下	10%—50%以下	50%及以上
北京市	10.19	1.56	4.74	72.01	11.51
上海市	13.45	2.46	4.31	73.92	5.85
深圳市	0.00	0.00	0.99	98.64	0.37
杭州市	8.16	1.81	4.08	80.05	5.90
西安市	0.55	0.00	1.09	96.17	2.19
武汉市	2.91	0.00	3.24	91.26	2.59

表 5-11　2019 年所调查企业研发人员占比的行业分布　（单位:%）

行业	1%以下	1%—5%以下	5%—10%以下	10%—50%以下	50%及以上
信息技术	24.91	2.42	1.33	33.37	37.97
软件	13.26	1.73	3.75	26.80	54.47
节能环保	20.90	4.48	0.00	53.73	20.90
高端装备制造	14.85	0.99	5.94	39.60	38.61
新能源	24.32	2.70	5.41	40.54	27.03
新材料	41.18	1.47	4.41	32.35	20.59
生物医药	27.05	2.46	5.74	34.43	30.33
文化创意	41.20	4.80	4.00	33.60	16.40

续表

行业	1%以下	1%—5%以下	5%—10%以下	10%—50%以下	50%及以上
金融服务	45. 54	1. 98	5. 94	35. 64	10. 89
专业技术服务	52. 37	2. 24	3. 62	29. 93	11. 85
现代农业	51. 16	2. 33	2. 33	39. 53	4. 65
总体	34. 07	2. 46	3. 18	32. 59	27. 70

表 5-12 2019 年所调查企业研发人员占比的区域分布 （单位:%）

区域	1%以下	1%—5%以下	5%—10%以下	10%—50%以下	50%及以上
北京市	33. 28	2. 20	1. 86	25. 51	37. 16
成都市	12. 62	0. 47	0. 47	27. 10	59. 35
广州市	44. 52	2. 83	3. 53	35. 34	13. 78
杭州市	9. 09	0. 67	3. 70	53. 20	33. 33
上海市	69. 21	2. 13	0. 61	17. 68	10. 37
深圳市	51. 25	1. 50	3. 00	28. 00	16. 25
武汉市	24. 00	4. 00	12. 57	37. 14	22. 29
西安市	23. 53	0. 59	4. 12	45. 88	25. 88
长春市	17. 39	4. 35	5. 07	48. 55	24. 64
郑州市	16. 07	10. 12	2. 98	32. 14	38. 69

因此,从研发人员占比来看,2016 年,创业企业研发人员占比在 1%以下的企业占比最高,为 26. 03%;在 10%—50%以下的创业企业次之,占比为 23. 61%;在 50%及以上的企业占比为 11. 52%。2018 年,研发人员占比在 10%—50%以下的企业占比最高,为 82. 26%;在 1%以下的创业企业次之,占比为 6. 42%;在 50%及以上的企业占比为 6. 27%。2019 年,研发人员占比在 1%以下的企业占比最高,为 34. 07%;在 10%—50%以下的创业企业次之,占比为 32. 59%;在 50%及以上的企业占比为 27. 70%。数据显示,2018 年企业研发人员平均比例最高,2019 年次之,最低的是 2016 年,

本书认为,这可能与2018年国家支持创新的政策力度较大有关。2016年和2019年的企业研发人员平均比例主要集中于1%以下,投入水平很低,2018年的研发人员平均比例较为合理。

从行业分布来看,2016年信息技术、软件和专业技术服务三个行业研发人员占比明显高于其他行业。2018年行业差距十分明显,信息技术、软件、节能环保等行业研发人员占比为1%以下的比重均低于1%,甚至为0。研发人员占比处于50%及以上的比重最高的行业是信息技术行业(12.31%)。而2019年研发人员占比处于50%及以上的比重最高的行业是软件行业(54.47%)。

从区域分布来看,2016年北京市和上海市研发人员占比明显高于其他城市,处于1%以下的比重最低。2018年北京市和上海市研发人员占比处于1%以下的比重明显高于其他城市。2019年也存在类似现象。上海市研发人员占比处于1%以下的比重为所有城市中最高,除上海市外,北京市、广州市、深圳市也明显高于其他城市。反而一些新一线城市研发人员占比处于1%以下的比重很低,而且主要处于10%以上区间。

总体来看,无论是从企业研发人员总量绝对指标,还是从企业研发人员占比相对指标,可以发现当前创业企业都非常重视在研发人员方面的投入。创新对于企业发展的重要意义是众所周知的,但是创新的路径是多样的,可以选择自主研发,还可以通过模仿创新等,其中自主研发相比模仿创新而言,需要投入大量的研发人员和研发经费等,不仅在投入方面要求企业具有较为雄厚的资金基础,且还面临着研发失败的巨大风险,也正因为如此,我国很多中小型企业大多数选择模仿创新的路径。

二、研发经费

研发经费是衡量企业创新投入的核心指标。研发经费是指企业在报告年度用于内部开展研发活动的实际支出，包括用于研发项目（课题）活动的直接支出，以及间接用于研发活动的管理费、服务费、与研发有关的基本建设支出以及外协加工费等。企业提高创新能力的路径是多样的，不仅包括自主研发，还包括技术引进、技术改造、对外科技合作等，具体采取何种创新路径取决于企业所处发展阶段和企业自身实力状况。为此，本部分从自主研发、技术引进、技术改造和对外科技合作四个方面，分析创业企业研发经费状况。

（一）自主研发经费

自主研发经费是衡量企业自主创新能力的重要指标。

表 5-13　2016 年所调查企业自主研发费用的行业分布　（单位：%）

行业	10 万元以下	10 万—50 万元以下	50 万—100 万元以下	100 万—500 万元以下	500 万元及以上
信息技术	6.01	15.62	57.66	18.92	1.80
软件	2.60	16.36	64.31	15.61	1.12
节能环保	21.95	34.15	34.15	4.88	4.88
高端装备制造	22.50	30.83	41.67	2.50	2.50
新能源	21.43	33.12	38.31	3.90	3.25
新材料	18.57	33.33	39.66	4.22	4.22
生物医药	18.58	30.97	41.59	2.65	6.19
文化创意	23.26	22.09	46.51	4.65	3.49
金融服务	17.74	32.83	39.25	6.79	3.40
专业技术服务	4.33	9.39	63.54	22.02	0.72
总体	12.86	23.66	49.74	11.05	2.69
上一轮	13.37	20.69	52.31	10.82	2.81

表 5-14 2016 年所调查企业自主研发费用的区域分布 （单位:%）

区域	10 万元以下	10 万—50 万元以下	50 万—100 万元以下	100 万—500 万元以下	500 万元及以上
北京市	7.75	14.90	59.76	16.54	1.04
上海市	10.99	21.43	51.65	14.01	1.92
深圳市	16.60	30.94	41.51	6.42	4.53
杭州市	17.17	35.02	38.38	4.38	5.05
武汉市	19.34	28.30	41.51	8.02	2.83
西安市	16.54	26.77	48.82	3.94	3.94

表 5-15 2018 年所调查企业自主研发费用的行业分布 （单位:%）

行业	10 万元以下	10 万—50 万元以下	50 万—100 万元以下	100 万—500 万元以下	500 万元及以上
信息技术	60.00	17.96	7.78	9.63	4.63
软件	49.58	19.69	11.86	12.93	5.93
节能环保	21.43	41.07	12.50	8.93	16.07
高端装备制造	40.13	28.29	17.11	10.20	4.28
新能源	29.31	25.86	8.62	15.52	20.69
新材料	17.07	26.83	12.20	24.39	19.51
生物医药	63.02	24.44	5.14	5.14	2.25
文化创意	72.87	20.40	2.02	4.04	0.67
金融服务	69.29	19.29	3.15	6.50	1.77
专业技术服务	60.92	18.77	7.66	9.20	3.45
现代农业	21.11	31.11	20.00	21.11	6.67
总体	56.91	20.93	8.32	9.44	4.40

表 5-16 2018 年所调查企业自主研发费用的区域分布 （单位:%）

区域	10 万元以下	10 万—50 万元以下	50 万—100 万元以下	100 万—500 万元以下	500 万元及以上
北京市	74.98	14.45	3.34	4.51	2.72
上海市	60.47	18.28	8.21	8.62	4.41
深圳市	30.86	33.21	15.93	14.69	5.31
杭州市	65.45	18.64	5.91	5.91	4.09

续表

区域	10 万元以下	10 万—50 万元以下	50 万—100 万元以下	100 万—500 万元以下	500 万元及以上
西安市	36. 07	24. 59	9. 84	22. 95	6. 56
武汉市	38. 83	25. 24	11. 97	15. 86	8. 09

表 5-17　2019 年所调查企业自主研发费用的行业分布　（单位:%）

行业	10 万元以下	10 万—50 万元以下	50 万—100 万元以下	100 万—500 万元以下	500 万元及以上
信息技术	46. 43	23. 78	9. 01	15. 64	5. 13
软件	32. 16	26. 32	13. 45	18. 42	9. 65
节能环保	52. 24	23. 88	7. 46	11. 94	4. 48
高端装备制造	31. 43	21. 90	11. 43	28. 57	6. 67
新能源	48. 48	15. 15	15. 15	18. 18	3. 03
新材料	70. 00	17. 14	1. 43	2. 86	8. 57
生物医药	47. 54	12. 30	10. 66	23. 77	5. 74
文化创意	70. 63	17. 06	4. 37	6. 35	1. 59
金融服务	75. 00	8. 65	3. 85	8. 65	3. 85
专业技术服务	74. 70	14. 65	3. 75	5. 45	1. 45
现代农业	70. 00	16. 67	6. 67	6. 67	0. 00
总体	56. 95	19. 24	7. 35	12. 18	4. 29

表 5-18　2019 年所调查企业自主研发费用的区域分布　（单位:%）

区域	10 万元以下	10 万—50 万元以下	50 万—100 万元以下	100 万—500 万元以下	500 万元及以上
北京市	58. 46	14. 49	6. 63	14. 83	5. 58
成都市	24. 02	20. 10	18. 14	30. 39	7. 35
广州市	64. 06	15. 63	5. 47	8. 98	5. 86
杭州市	25. 77	46. 39	10. 65	14. 78	2. 41
上海市	82. 86	6. 49	3. 12	4. 94	2. 60
深圳市	76. 81	11. 72	4. 24	5. 24	2. 00
武汉市	47. 62	22. 02	6. 55	15. 48	8. 33
西安市	42. 68	26. 83	12. 20	12. 20	6. 10

续表

区域	10 万元以下	10 万—50 万元以下	50 万—100 万元以下	100 万—500 万元以下	500 万元及以上
长春市	53.28	24.82	8.03	10.22	3.65
郑州市	54.39	25.15	6.43	12.87	1.17

因此,从企业自主研发经费来看,2016 年,企业年度自主研发费用在 50 万—100 万元以下的创业企业数量最多,占比为 49.74%;研发经费在 10 万—50 万元以下的次之,占比为 23.66%。2018 年,研发经费为 10 万元以下的企业数量最多,占比为 56.91%;经费为 10 万—50 万元以下的次之,占比为 20.93%。2019 年,研发经费为 10 万元以下的企业数量最多,占比为 56.95%;经费为 10 万—50 万元以下的次之,占比为 19.24%。2018 年和 2019 年均有超过半数的企业年研发投入不足 10 万元,投入严重不足,2016 年虽稍好一些,但是经费投入主要集中在 50 万—100 万元以下,依然处于一个较低的水平。从行业分布来看,2016 年,信息技术、软件和专业技术服务行业企业自主研发经费明显高于其他行业。2018 年,新能源、现代农业、新材料和节能环保行业企业自主研发经费明显高于其他行业。2019 年,高端装备制造行业和生物医药行业的研发费用为 100 万—500 万元的企业占比明显多于其他行业。从区域分布来看,2016 年,北京市和上海市两市企业自主研发经费为 100 万—500 万元的企业占比明显高于其他城市。2018 年,武汉市自主研发经费为 500 万元及以上的企业占比明显多于其他城市,2019 年,成都市自主研发经费为 100 万—500 万元以下的企业占比明显多于其他城市。

(二)技术引进费用

除了自主研发之外,技术引进是企业提升自身技术水平、管理水平和创新能力的重要渠道。技术引进是指企业通过一定方式从本国或其他国家、地区的企业、研究单位、机构获得先进适用的技术的行为。国际经验表明,技术引进是世界各国互相促进经济技术发展必不可少的重要途径,可以使技术引进方迅速取得成熟的先进技术成果,不必重复别人已做过的科学研究和试制工作。

表 5-19　2016 年所调查企业技术引进费用的行业分布　（单位:%）

行业	10 万元以下	10 万—20 万元以下	20 万—50 万元以下	50 万—100 万元以下	100 万元及以上
信息技术	55.56	17.12	27.03	0.30	0.00
软件	61.34	10.78	27.51	0.00	0.37
节能环保	63.41	25.61	7.32	1.22	2.44
高端装备制造	74.17	16.67	7.50	1.67	0.00
新能源	65.58	21.43	9.09	1.95	1.95
新材料	70.89	20.25	7.17	1.27	0.42
生物医药	62.83	23.89	9.73	1.77	1.77
文化创意	66.28	22.09	8.14	3.49	0.00
金融服务	71.70	18.11	7.92	0.75	1.51
专业技术服务	55.96	16.61	26.71	0.72	0.00
总体	63.69	17.98	16.68	0.98	0.67
上一轮	50.66	23.13	18.67	4.08	3.45

表 5-20　2016 年所调查企业技术引进费用的区域分布　（单位:%）

区域	10 万元以下	10 万—20 万元以下	20 万—50 万元以下	50 万—100 万元以下	100 万元及以上
北京市	60.80	14.75	23.10	0.75	0.60
上海市	60.71	17.86	20.05	0.55	0.82
深圳市	71.32	18.11	9.81	0.00	0.75
杭州市	66.33	21.89	8.42	2.69	0.67
武汉市	63.21	22.64	12.74	0.94	0.47
西安市	66.14	18.11	13.39	1.57	0.79

表 5-21　2018 年所调查企业技术引进费用的行业分布　（单位:%）

行业	10 万元以下	10 万—50 万元以下	50 万—100 万元以下	100 万—500 万元以下	500 万元及以上
信息技术	81.96	12.12	1.85	3.24	0.83
软件	76.48	16.27	2.97	3.56	0.71
节能环保	66.07	16.07	3.57	14.29	0.00
高端装备制造	75.66	19.41	1.64	2.30	0.99
新能源	62.07	17.24	5.17	12.07	3.45
新材料	58.54	19.51	4.88	14.63	2.44
生物医药	90.32	6.45	1.61	1.61	0.00
文化创意	92.38	5.61	1.12	0.67	0.22
金融服务	88.98	7.48	1.57	1.57	0.39
专业技术服务	84.67	9.58	3.45	1.92	0.38
现代农业	65.56	22.22	5.56	6.67	0.00
总体	82.08	12.07	2.22	3.00	0.62

表 5-22　2018 年所调查企业技术引进费用的区域分布　（单位:%）

区域	10 万元以下	10 万—50 万元以下	50 万—100 万元以下	100 万—500 万元以下	500 万元及以上
北京市	90.20	6.07	1.32	2.10	0.31
上海市	83.66	10.69	1.64	3.39	0.62
深圳市	71.60	21.60	2.47	3.33	0.99
杭州市	86.62	8.39	1.81	2.72	0.45
西安市	65.03	22.95	8.20	3.83	0.00
武汉市	74.43	15.21	4.21	4.53	1.62

表 5-23　2019 年所调查企业技术引进费用的行业分布　（单位:%）

行业	10 万元以下	10 万—50 万元以下	50 万—100 万元以下	100 万—500 万元以下	500 万元及以上
信息技术	85.84	9.40	1.83	1.95	0.98
软件	78.57	13.71	2.86	3.71	1.14
节能环保	78.87	12.68	4.23	1.41	2.82
高端装备制造	73.33	16.19	2.86	5.71	1.90

续表

行业	10 万元以下	10 万—50 万元以下	50 万—100 万元以下	100 万—500 万元以下	500 万元及以上
新能源	78. 79	12. 12	6. 06	3. 03	0. 00
新材料	92. 31	5. 13	0. 00	1. 28	1. 28
生物医药	80. 49	9. 76	2. 44	6. 50	0. 81
文化创意	85. 50	11. 15	1. 86	1. 12	0. 37
金融服务	83. 18	7. 48	3. 74	3. 74	1. 87
专业技术服务	90. 41	6. 66	1. 69	1. 13	0. 11
现代农业	91. 67	5. 56	2. 78	0. 00	0. 00
总体	85. 54	9. 38	2. 12	2. 19	0. 76

表 5-24　2019 年所调查企业技术引进费用的区域分布　（单位:%）

区域	10 万元以下	10 万—50 万元以下	50 万—100 万元以下	100 万—500 万元以下	500 万元及以上
北京市	89. 04	6. 34	2. 23	1. 71	0. 68
成都市	86. 05	7. 91	2. 79	2. 79	0. 47
广州市	88. 77	6. 67	1. 75	1. 75	1. 05
杭州市	60. 87	31. 44	3. 34	4. 01	0. 33
上海市	94. 59	3. 87	0. 52	1. 03	0. 00
深圳市	89. 55	4. 32	2. 50	2. 05	1. 59
武汉市	76. 88	17. 34	1. 16	4. 62	0. 00
西安市	85. 88	5. 08	3. 39	2. 82	2. 82
长春市	84. 51	12. 68	1. 41	1. 41	0. 00
郑州市	89. 08	6. 90	2. 30	1. 15	0. 57

因此，从企业技术引进费用来看，2016 年，超过六成的企业技术引进费用在 10 万元以下，技术引进费用在 10 万—20 万元以下的企业占比次之，为 17. 98%；2018 年，超过八成创业企业的年度技术引进费用在 10 万元以下，技术引进费用为 10 万—50 万元以下的次之，占比为 12. 07%；2019 年与 2018 年一样，超过八成创业企业的年度技术引进费用在 10 万元以下，技术引进费用在 10

万—50万元以下的企业数量次之,占比为9.38%。此外,调查结果显示,2018年创业企业的年度平均技术引进费用约为16.63万元,2019年有所降低,约为13.02万元,远远低于年度平均自主研发费用(262.99万元)。从行业分布来看,2016年,与其他行业相比,信息技术、软件和专业技术服务行业技术引进费用较高。2018年,新材料、新能源、现代农业行业技术引进费用较高。2019年,新能源、高端装备制造和节能环保行业技术引进费用较高。从区域分布来看,2016年,年度平均技术引进费用在10万元以下所占比重最低的城市是上海市(60.71%)。2018年,年度平均技术引进费用在10万元以下所占比重最低的城市是西安市(65.03%),而上海市比重为83.66%。2019年,年度平均技术引进费用在10万元以下所占比重低于80%的城市分别为杭州市(60.87%)和武汉市(76.88%),其他城市均为80%以上。

(三)技术改造费用

技术改造是企业采用新技术、新工艺、新设备、新材料对现有设施、工艺条件及生产服务等进行改造提升,淘汰落后产能,实现内涵式发展的投资活动,是实现技术进步、提高生产效率、推进节能减排、促进安全生产的重要途径。促进企业技术改造,对优化投资结构、培育消费需求、推动自主创新、加快结构调整、促进产业升级具有重要意义,是推进工业转变发展方式,实现科学发展的重要举措。《国务院关于促进企业技术改造的指导意见》指出,促进企业技术改造,要坚持市场主导与政府引导相结合,技术创新与技术改造相结合,改造传统产业与发展新兴产业相结合,突出重点与全面提升相结合。

表 5-25　2016 年所调查企业技术改造费用的行业分布　（单位:%）

行业	10 万元以下	10 万—20 万元以下	20 万—50 万元以下	50 万—100 万元以下	100 万元及以上
信息技术	41. 74	30. 63	19. 82	7. 51	0. 30
软件	42. 01	34. 20	15. 61	7. 81	0. 37
节能环保	70. 73	17. 07	8. 54	1. 22	2. 44
高端装备制造	56. 67	21. 67	13. 33	5. 00	3. 33
新能源	66. 88	17. 53	8. 44	3. 25	3. 90
新材料	57. 81	24. 05	13. 08	2. 95	2. 11
生物医药	62. 83	31. 86	2. 65	1. 77	0. 88
文化创意	59. 30	22. 09	16. 28	1. 16	1. 16
金融服务	61. 51	18. 87	11. 32	7. 92	0. 38
专业技术服务	32. 85	31. 77	26. 35	8. 30	0. 72
总体	51. 34	26. 39	15. 24	5. 79	1. 24
上一轮	48. 01	20. 41	17. 60	11. 27	2. 71

表 5-26　2016 年所调查企业技术改造费用的区域分布　（单位:%）

区域	10 万元以下	10 万—20 万元以下	20 万—50 万元以下	50 万—100 万元以下	100 万元及以上
北京市	39. 94	32. 49	18. 78	8. 20	0. 60
上海市	45. 60	28. 02	18. 68	6. 87	0. 82
深圳市	64. 53	23. 77	7. 92	3. 02	0. 75
杭州市	65. 99	17. 85	12. 12	2. 69	1. 35
武汉市	55. 66	21. 23	15. 09	4. 25	3. 77
西安市	59. 06	23. 62	9. 45	5. 51	2. 36

表 5-27　2018 年所调查企业技术改造费用的行业分布　（单位:%）

行业	10 万元以下	10 万—50 万元以下	50 万—100 万元以下	100 万—500 万元以下	500 万元及以上
信息技术	78. 45	14. 89	2. 50	2. 87	1. 30
软件	70. 90	19. 71	4. 04	3. 80	1. 54
节能环保	64. 29	17. 86	3. 57	10. 71	3. 57
高端装备制造	68. 75	23. 68	2. 96	3. 95	0. 66

续表

行业	10万元以下	10万—50万元以下	50万—100万元以下	100万—500万元以下	500万元及以上
新能源	56.90	15.52	6.90	18.97	1.72
新材料	39.02	36.59	4.88	7.32	12.20
生物医药	88.39	7.10	1.29	3.23	0.00
文化创意	91.70	5.83	1.79	0.67	0.00
金融服务	87.77	8.48	1.97	1.58	0.20
专业技术服务	82.76	10.34	3.45	2.68	0.77
现代农业	53.33	33.33	4.44	7.78	1.11
总体	78.36	14.55	2.82	3.25	1.02

表5-28　2018年所调查企业技术改造费用的区域分布　（单位:%）

区域	10万元以下	10万—50万元以下	50万—100万元以下	100万—500万元以下	500万元及以上
北京市	89.49	6.23	1.71	1.87	0.70
上海市	79.98	13.35	2.16	3.80	0.72
深圳市	64.40	26.21	4.57	3.83	0.99
杭州市	85.26	9.52	1.59	2.04	1.59
西安市	59.56	26.78	6.56	7.10	0.00
武汉市	64.72	22.33	4.53	5.18	3.24

表5-29　2019年所调查企业技术改造费用的行业分布　（单位:%）

行业	10万元以下	10万—50万元以下	50万—100万元以下	100万—500万元以下	500万元及以上
信息技术	86.56	9.44	1.69	1.69	0.61
软件	81.66	12.32	2.87	2.58	0.57
节能环保	77.14	18.57	0.00	2.86	1.43
高端装备制造	79.81	13.46	2.88	1.92	1.92
新能源	84.85	9.09	6.06	0.00	0.00
新材料	88.31	5.19	1.30	2.60	2.60
生物医药	81.60	8.00	4.80	5.60	0.00
文化创意	92.65	6.25	0.74	0.37	0.00

续表

行业	10万元以下	10万—50万元以下	50万—100万元以下	100万—500万元以下	500万元及以上
金融服务	87.04	7.41	3.70	0.93	0.93
专业技术服务	91.85	5.21	1.70	1.02	0.23
现代农业	88.24	8.82	0.00	2.94	0.00
总体	87.54	8.30	1.98	1.67	0.52

表5-30　2019年所调查企业技术改造费用的区域分布　（单位:%）

区域	10万元以下	10万—50万元以下	50万—100万元以下	100万—500万元以下	500万元及以上
北京市	88.12	6.79	2.89	1.53	0.68
成都市	82.33	9.77	4.19	3.26	0.47
广州市	92.14	5.36	1.07	0.71	0.71
杭州市	79.00	19.00	0.67	1.33	0.00
上海市	92.80	4.37	1.54	1.29	0.00
深圳市	91.84	3.63	2.27	2.04	0.23
武汉市	83.63	11.70	3.51	1.17	0.00
西安市	83.71	8.99	1.12	2.25	3.93
长春市	86.43	10.71	0.71	2.14	0.00
郑州市	85.39	12.36	0.56	1.69	0.00

因此,从企业技术改造费用来看,2016年,技术改造费用在10万元以下的创业企业数量占比最高,为51.34%;技术改造费用为10万—20万元以下的创业企业数量次之,占比为26.39%。2018年,年度技术改造费用为10万元以下的创业企业数量最高,占比为78.36%;技术改造费用处于10万—50万元以下的企业占比次之,为14.55%。2019年,技术改造费用为10万元以下的创业企业占比为87.54%;技术改造费用为10万—50万元以下的企业占比为8.30%。从平均指标来看,2016年调查创业企业年度平均技术改造经费约19万元,2018年创业企业年度平均技术改造经费

约30万元,2019年创业企业年度平均技术改造经费为16.15万元。此外,三年调查结果均显示年均技术改造费用高于技术引进费用。可见,相比技术引进,创业企业更倾向于采用技术改造路径促进产品升级换代、提高经济效益和产品质量。从行业分布来看,2016年,各行业技术改造费用在10万元以下的占比中最低的是专业技术服务行业,为32.85%。2018年,各行业技术改造费用在10万元以下的占比中最低的是新材料行业,为39.02%。2019年,各行业技术改造费用在10万元以下的占比中最低的是节能环保行业,为77.14%。从区域分布来看,2016年,各城市技术改造费用在10万元以下的占比中最低的是北京市,为39.94%。2018年,各城市技术改造费用在10万元以下的占比中最低的是西安市,为59.56%。2019年,各城市技术改造费用在10万元以下的占比中最低的是杭州市,为79.00%。

(四)对外科技合作费用

对外科技合作也是企业提升自身创新能力的重要渠道。

表5-31　2016年所调查企业对外科技合作费用的行业分布（单位:%）

行业	10万元以下	10万—50万元以下	50万—100万元以下	100万—500万元以下	500万元及以上
信息技术	62.16	19.52	16.82	1.20	0.30
软件	55.76	23.05	20.07	0.74	0.37
节能环保	69.51	23.17	7.32	0.00	0.00
高端装备制造	71.67	22.50	5.00	0.83	0.00
新能源	74.68	19.48	4.55	1.30	0.00
新材料	65.82	23.63	8.86	1.27	0.42
生物医药	71.68	18.58	7.08	1.77	0.88
文化创意	61.63	30.23	4.65	3.49	0.00

续表

行业	10万元以下	10万—50万元以下	50万—100万元以下	100万—500万元以下	500万元及以上
金融服务	71.70	20.38	5.66	2.26	0.00
专业技术服务	53.07	23.83	23.10	0.00	0.00
总体	64.15	22.00	12.45	1.19	0.21
上一轮	50.66	23.13	18.67	4.08	3.45

表5-32　2016年所调查企业对外科技合作费用的区域分布（单位:%）

区域	10万元以下	10万—50万元以下	50万—100万元以下	100万—500万元以下	500万元及以上
北京市	60.36	21.61	17.59	0.45	0.00
上海市	64.29	21.98	12.36	1.37	0.00
深圳市	60.00	27.17	9.43	2.64	0.75
杭州市	71.38	19.87	7.41	1.35	0.00
武汉市	70.28	19.81	8.96	0.47	0.47
西安市	65.35	22.05	9.45	2.36	0.79

表5-33　2018年所调查企业对外科技合作费用的行业分布（单位:%）

行业	10万元以下	10万—50万元以下	50万—100万元以下	100万—500万元以下	500万元及以上
信息技术	86.57	9.91	1.48	1.30	0.74
软件	83.25	11.88	2.02	2.02	0.83
节能环保	73.21	12.50	7.14	5.36	1.79
高端装备制造	85.53	10.53	1.64	1.64	0.66
新能源	70.69	8.62	5.17	12.07	3.45
新材料	58.54	26.83	0.00	7.32	7.32
生物医药	91.61	6.13	0.97	1.29	0.00
文化创意	95.96	3.36	0.45	0.22	0.00
金融服务	92.49	5.14	1.38	0.99	0.00
专业技术服务	87.74	8.81	1.92	1.15	0.38
现代农业	78.89	17.78	2.22	1.11	0.00
总体	87.19	9.03	1.60	1.58	0.60

表 5-34　2018 年所调查企业对外科技合作费用的区域分布　（单位:%）

区域	10 万元以下	10 万—50 万元以下	50 万—100 万元以下	100 万—500 万元以下	500 万元及以上
北京市	93.40	4.58	0.70	0.85	0.47
上海市	88.90	6.78	2.16	1.64	0.51
深圳市	81.02	14.89	1.36	2.36	0.37
杭州市	89.77	6.14	1.36	2.05	0.68
西安市	72.68	22.95	3.83	0.55	0.00
武汉市	77.02	15.21	3.24	2.27	2.27

表 5-35　2019 年所调查企业对外科技合作费用的行业分布　（单位:%）

行业	10 万元以下	10 万—50 万元以下	50 万—100 万元以下	100 万—500 万元以下	500 万元及以上
信息技术	87.59	8.11	2.15	1.67	0.48
软件	85.84	7.93	1.42	4.25	0.57
节能环保	86.57	5.97	2.99	2.99	1.49
高端装备制造	83.33	7.84	0.98	5.88	1.96
新能源	85.71	8.57	5.71	0.00	0.00
新材料	96.15	1.28	0.00	2.56	0.00
生物医药	87.10	4.84	3.23	4.84	0.00
文化创意	89.38	7.69	1.10	1.47	0.37
金融服务	92.86	2.68	1.79	1.79	0.89
专业技术服务	93.18	4.92	1.01	0.78	0.11
现代农业	95.00	2.50	0.00	2.50	0.00
总体	89.58	6.41	1.58	2.02	0.41

表 5-36　2019 年所调查企业对外科技合作费用的区域分布　（单位:%）

区域	10 万元以下	10 万—50 万元以下	50 万—100 万元以下	100 万—500 万元以下	500 万元及以上
北京市	89.92	5.62	1.65	2.64	0.17
成都市	87.91	6.51	2.33	3.26	0.00
广州市	93.31	3.52	1.41	1.06	0.70
杭州市	80.27	14.05	2.01	3.34	0.33

续表

区域	10 万元以下	10 万—50 万元以下	50 万—100 万元以下	100 万—500 万元以下	500 万元及以上
上海市	95. 74	3. 78	0. 24	0. 24	0. 00
深圳市	92. 00	3. 78	1. 56	1. 78	0. 89
武汉市	82. 14	11. 90	2. 38	2. 98	0. 60
西安市	86. 44	7. 34	1. 13	3. 39	1. 69
长春市	90. 00	7. 14	2. 14	0. 71	0. 00
郑州市	89. 10	7. 05	2. 56	1. 28	0. 00

因此，从企业对外科技合作费用来看，2016 年，企业对外科技合作费用在 10 万元以下的创业企业数量占比最高，为 64. 15%；介于 10 万—50 万元以下的创业企业数量次之，占比为 22. 00%。2018 年，企业对外科技合作费用在 10 万元以下的创业企业数量占比最高，为 87. 19%；介于 10 万—50 万元以下的创业企业数量次之，占比为 9. 03%。2019 年，企业对外科技合作费用在 10 万元以下的创业企业数量占比最高，为 89. 58%；介于 10 万—50 万元以下的创业企业数量次之，占比为 6. 41%。从平均指标来看，2016 年调查创业企业的年度平均对外科技合作经费约为 12. 00 万元，2018 年调查创业企业的年度平均对外科技合作经费约为 14. 00 万元，2019 年调查创业企业的年度平均对外科技合作经费约为 11. 27 万元。此外，三年调查结果均显示企业年度平均对外科技合作经费均低于企业年均技术改造费用和企业年均技术引进费用，说明创业企业的科技需求形式仍然以技术改造和技术引进居多，对外科技合作意愿较低。

从行业分布来看，2016 年，企业对外科技合作费用在 10 万元以下占比最低的行业为专业技术服务行业（53. 07%），2018 年，企业对外科技合作费用在 10 万元以下占比最低的行业为新材料行业(58.54%),其他行业均为70%以上。2019年,企业对外科技合作费用在10万元以下占比最低的行业为高端装备制造业(83.33%),且所有行业在该项的占比均在80%以上。

从区域分布来看,2016年各城市差距不明显。2018年武汉市、西安市等新一线城市发展劲头良好。2019年各城市中企业对外科技合作费用在10万元以下占比最低的为杭州市,而杭州市企业对外科技合作费用在10万—50万元以下的占比与其他城市相比是最高的。

第二节　企业创新效益

自熊彼特首次提出创新的概念并对创新理论做了比较全面的分析以后,人们对技术创新进行了不断的研究探索。总体来说,技术创新是一个始于研究开发而终于市场实现的过程,这一过程的普遍展开就是一项技术成果的产业化实现。基于创新价值链视角,可以将创新过程划分为创新成果开发、创新成果转移、创新成果转化三个阶段,其中,创新成果开发阶段反映了企业利用创新资源的技术研发能力,创新成果转移阶段反映了企业创新成果的技术转移能力,创新成果转化阶段反映了企业创新成果的经济转化能力,这样既关注了企业创新投入产出情况,又关注了企业创新成果的技术转移和经济转化情况。基于上述理论,本部分分别从技术研发能力、技术转移能力和技术转化能力三个层次,从价值链视角分析企业的创新效益状况。

一、技术研发能力

我们采用研发项目数、产品或工艺创新数、(发明)专利数和非专利技术数四个指标,衡量企业技术研发能力。由于2016年问卷设置中研发项目数、产品或工艺创新数两个问题未设0项的选项,又参考2018年和2019年的数据,故我们把这两个指标中的1项默认为0项或1项。

(一)研发项目数

研发项目数是衡量企业技术研发能力的重要指标。研发项目指企业在当年立项并开展研究工作、以前年份立项仍继续进行研究的开发项目或课题,包括当年完成和年内研究工作已告失败的研发项目或课题,但不包括委托外单位进行的研发项目。

表5-37　2016年所调查企业新增研发项目数的行业分布　(单位:%)

行业	1项	2项	3项	4项	5项	6—8项以下	8项及以上
信息技术	40.24	13.81	19.22	22.22	2.70	1.50	0.30
软件	38.29	12.27	23.79	23.05	1.49	0.74	0.37
节能环保	39.02	30.49	14.63	10.98	3.66	1.22	0.00
高端装备制造	46.67	29.17	12.50	8.33	2.50	0.00	0.83
新能源	40.91	27.92	14.94	12.34	1.30	2.60	0.00
新材料	48.95	24.89	10.13	8.44	3.80	3.38	0.42
生物医药	40.71	24.78	12.39	15.04	2.65	2.65	1.77
文化创意	46.51	26.74	9.30	8.14	3.49	5.81	0.00
金融服务	29.06	15.47	20.38	27.17	4.53	3.02	0.38
专业技术服务	42.60	16.97	20.94	19.13	0.36	0.00	0.00
总体	40.55	19.63	17.36	17.72	2.53	1.86	0.36
上一轮	17.52	22.92	22.13	16.62	7.52	8.68	4.61

表 5-38　2016 年所调查企业新增研发项目数的区域分布　（单位:%）

区域	1 项	2 项	3 项	4 项	5 项	6—8 项以下	8 项及以上
北京市	40. 69	17. 14	19. 37	20. 72	0. 89	1. 04	0. 15
上海市	39. 84	18. 41	17. 86	19. 23	2. 47	1. 65	0. 55
深圳市	37. 74	21. 13	18. 11	16. 23	3. 02	3. 40	0. 38
杭州市	39. 06	24. 92	15. 49	15. 15	2. 69	2. 02	0. 67
武汉市	43. 87	18. 40	15. 57	14. 62	5. 66	1. 42	0. 47
西安市	45. 67	22. 83	11. 02	11. 81	4. 72	3. 94	0. 00

表 5-39　2018 年所调查企业新增研发项目数的行业分布　（单位:%）

行业	0 项	1 项	2 项	3 项	4 项	5 项	6—8 项以下	8 项及以上
信息技术	33. 95	9. 99	11. 93	11. 56	6. 48	8. 33	8. 88	8. 88
软件	46. 62	9. 02	10. 44	11. 63	5. 46	3. 68	6. 64	6. 52
节能环保	87. 50	0. 00	3. 57	1. 79	0. 00	1. 79	1. 79	3. 57
高端装备制造	52. 30	5. 26	11. 84	11. 51	3. 95	3. 62	5. 92	5. 59
新能源	84. 48	5. 17	3. 45	3. 45	0. 00	0. 00	0. 00	3. 45
新材料	92. 68	0. 00	2. 44	2. 44	2. 44	0. 00	0. 00	0. 00
生物医药	49. 20	8. 36	8. 36	11. 25	6. 11	3. 86	5. 14	7. 72
文化创意	38. 34	9. 64	13. 68	10. 99	5. 61	7. 40	5. 38	8. 97
金融服务	39. 37	4. 92	14. 57	14. 17	5. 91	5. 12	8. 46	7. 48
专业技术服务	38. 70	9. 96	11. 88	10. 73	6. 90	5. 36	7. 28	9. 20
现代农业	86. 67	1. 11	2. 22	1. 11	1. 11	2. 22	3. 33	2. 22
总体	43. 96	8. 09	11. 31	11. 16	5. 54	5. 52	6. 89	7. 52

表 5-40　2018 年所调查企业新增研发项目数的区域分布　（单位:%）

区域	0 项	1 项	2 项	3 项	4 项	5 项	6—8 项以下	8 项及以上
北京市	25. 95	11. 89	12. 35	13. 68	8. 00	8. 31	8. 94	10. 88
上海市	40. 86	10. 47	11. 60	11. 70	6. 16	4. 83	7. 49	6. 88
深圳市	58. 15	1. 48	12. 59	12. 96	1. 98	2. 10	3. 95	6. 79
杭州市	37. 64	11. 56	12. 24	6. 35	7. 03	8. 84	9. 75	6. 58

续表

区域	0 项	1 项	2 项	3 项	4 项	5 项	6—8 项以下	8 项及以上
西安市	83. 61	0. 55	6. 01	4. 92	1. 09	2. 19	0. 55	1. 09
武汉市	77. 02	1. 62	4. 53	4. 85	3. 24	2. 27	3. 88	2. 59

表 5-41　2019 年所调查企业新增研发项目数的行业分布　（单位:%）

行业	0 项	1 项	2 项	3 项	4 项	5 项	6—8 项以下	8 项及以上
信息技术	56. 51	13. 70	11. 66	6. 91	2. 04	3. 96	3. 06	2. 15
软件	47. 66	18. 73	12. 67	5. 79	1. 38	5. 51	3. 86	4. 41
节能环保	57. 33	24. 00	5. 33	1. 33	2. 67	4. 00	2. 67	2. 67
高端装备制造	41. 51	21. 70	11. 32	8. 49	2. 83	4. 72	1. 89	7. 55
新能源	70. 00	10. 00	10. 00	5. 00	0. 00	0. 00	2. 50	2. 50
新材料	73. 42	12. 66	5. 06	1. 27	1. 27	1. 27	2. 53	2. 53
生物医药	54. 68	14. 39	12. 95	7. 91	1. 44	1. 44	4. 32	2. 88
文化创意	75. 60	11. 68	5. 50	2. 06	0. 69	2. 06	0. 69	1. 72
金融服务	83. 19	9. 24	2. 52	3. 36	0. 00	0. 00	0. 84	0. 84
专业技术服务	80. 53	8. 36	5. 08	2. 75	0. 42	0. 53	1. 48	0. 85
现代农业	65. 22	10. 87	13. 04	6. 52	2. 17	0. 00	2. 17	0. 00
总体	65. 81	12. 73	8. 55	4. 70	1. 23	2. 50	2. 33	2. 14

表 5-42　2019 年所调查企业新增研发项目数的区域分布　（单位:%）

区域	0 项	1 项	2 项	3 项	4 项	5 项	6—8 项以下	8 项及以上
北京市	67. 81	9. 13	10. 03	5. 09	0. 90	2. 54	1. 95	2. 54
成都市	37. 96	22. 22	12. 50	10. 65	4. 17	6. 48	3. 24	2. 78
广州市	66. 23	11. 04	8. 77	4. 22	1. 62	2. 92	2. 60	2. 60
杭州市	50. 00	27. 00	8. 33	3. 67	1. 33	3. 33	4. 33	2. 00
上海市	79. 50	8. 43	4. 56	2. 73	0. 23	1. 14	2. 05	1. 37
深圳市	82. 07	8. 21	4. 32	2. 16	0. 22	0. 86	1. 08	1. 08
武汉市	67. 42	14. 61	7. 87	3. 93	0. 00	0. 56	2. 81	2. 81
西安市	55. 31	15. 64	13. 97	9. 50	1. 68	1. 12	2. 23	0. 56

续表

区域	0项	1项	2项	3项	4项	5项	6—8项以下	8项及以上
长春市	61.18	13.82	12.50	3.95	1.97	3.29	1.97	1.32
郑州市	55.19	10.38	10.93	6.56	3.28	5.46	2.73	5.46

因此,就研发项目数来说,2016年全部调查创业企业年均新增研发项目数为2.3项。2018年创业企业年度新增研发项目数为0项的占比为43.96%,全部调查创业企业年均新增研发项目数为2项。2019年创业企业年度新增研发项目数为0项的占比为65.81%,全部调查创业企业年均新增研发项目数为1.04项。从行业分布来看,2016年各行业中创业企业年度新增研发项目数为0项或1项的占比最低的为金融服务行业(29.06%),最高的为新材料行业(48.95%)。2018年新材料行业创业企业年度新增研发项目数为0项或1项的占比依旧为最高,达到了92.68%。2019年则是金融服务行业创业企业年度新增研发项目数为0项或1项的占比达到最高(92.43%)。从区域分布来看,2016年各城市差异不大。2016—2018年,深圳市、武汉市和西安市创业企业年度新增研发项目数为0项或1项的比重明显增加,但由于2016年问卷设计的局限性,我们无法确定是年度新增研发项目数为0项的比重增加了还是为1的比重增加了。2018年到2019年,仅西安市的创业企业年度新增研发项目数整体有明显增加。

(二)产品或工艺创新数

产品或工艺创新数也是衡量企业技术研发能力的重要指标。产品创新指的是企业创造某种新产品或对某一新产品或老产品的功能进行创新。而工艺创新是指企业通过研究和运用新的方式方法和规则体系等,提高企业的生产技术水平、产品质量和生产效率的活动。可见,产品创新和工艺创新都是为了提高企业的社会经济效益,但二者途径不同,方式也不一样。

表 5-43　2016 年所调查企业新增产品或工艺创新数的行业分布

(单位:%)

行业	1 项	2 项	3 项	4 项	5 项	6—8 项以下	8 项及以上
信息技术	64. 86	13. 81	3. 60	14. 41	1. 20	1. 80	0. 30
软件	59. 11	13. 75	2. 23	21. 56	2. 23	0. 74	0. 37
节能环保	58. 54	21. 95	10. 98	6. 10	1. 22	1. 22	0. 00
高端装备制造	62. 50	21. 67	11. 67	4. 17	0. 00	0. 00	0. 00
新能源	55. 84	22. 73	12. 34	5. 84	1. 95	1. 30	0. 00
新材料	56. 12	20. 25	13. 08	5. 91	2. 11	0. 84	1. 69
生物医药	59. 29	22. 12	6. 19	7. 96	4. 42	0. 00	0. 00
文化创意	59. 30	20. 93	13. 95	4. 65	0. 00	0. 00	1. 16
金融服务	55. 09	13. 96	12. 45	11. 32	4. 91	0. 75	1. 51
专业技术服务	63. 90	14. 08	0. 72	21. 30	0. 00	0. 00	0. 00
总体	59. 81	16. 99	7. 49	12. 45	1. 91	0. 77	0. 57
上一轮	46. 20	17. 47	19. 60	4. 20	4. 78	4. 89	2. 87

表 5-44　2016 年所调查企业新增产品或工艺创新数的区域分布

(单位:%)

区域	1 项	2 项	3 项	4 项	5 项	6—8 项以下	8 项及以上
北京市	62. 15	14. 46	4. 02	17. 59	1. 19	0. 30	0. 30
上海市	63. 74	15. 11	4. 67	13. 74	1. 65	0. 55	0. 55
深圳市	58. 49	15. 85	9. 43	10. 57	4. 15	1. 51	0. 00
杭州市	55. 56	22. 22	13. 13	6. 40	0. 67	1. 01	1. 01
武汉市	55. 19	21. 70	11. 32	8. 02	1. 89	0. 94	0. 94
西安市	56. 69	18. 11	10. 24	7. 09	4. 72	1. 57	1. 57

表 5-45　2018 年所调查企业新增产品或工艺创新数的行业分布

（单位:%）

行业	0 项	1 项	2 项	3 项	4 项	5 项	6—8 项以下	8 项及以上
信息技术	33. 61	12. 78	12. 13	10. 83	9. 17	5. 83	8. 52	7. 13
软件	53. 03	8. 92	10. 94	8. 09	4. 99	2. 97	5. 83	5. 23
节能环保	69. 64	8. 93	10. 71	1. 79	0. 00	1. 79	0. 00	7. 14
高端装备制造	53. 62	8. 55	9. 21	8. 22	4. 28	3. 62	4. 93	7. 57
新能源	48. 28	8. 62	10. 34	5. 17	6. 90	1. 72	6. 90	12. 07
新材料	68. 29	7. 32	0. 00	2. 44	2. 44	9. 76	2. 44	7. 32
生物医药	60. 77	7. 40	9. 32	5. 47	4. 50	2. 25	5. 47	4. 82
文化创意	46. 97	10. 11	11. 91	11. 24	6. 29	3. 60	5. 17	4. 72
金融服务	55. 31	8. 66	9. 25	7. 28	6. 89	3. 94	4. 53	4. 13
专业技术服务	40. 23	8. 81	13. 41	9. 20	4. 98	6. 90	7. 28	9. 20
现代农业	81. 11	5. 56	2. 22	1. 11	0. 00	3. 33	6. 67	0. 00
总体	48. 18	9. 83	10. 73	8. 60	6. 23	4. 23	6. 25	5. 98

表 5-46　2018 年所调查企业新增产品或工艺创新数的区域分布

（单位:%）

区域	0 项	1 项	2 项	3 项	4 项	5 项	6—8 项以下	8 项及以上
北京市	22. 92	12. 16	14. 50	17. 30	8. 50	6. 16	8. 73	9. 74
上海市	37. 89	15. 50	11. 09	7. 91	8. 11	4. 93	7. 91	6. 67
深圳市	91. 23	1. 73	1. 73	0. 99	1. 36	0. 86	0. 49	1. 60
杭州市	29. 71	12. 02	23. 36	4. 31	8. 39	6. 35	10. 66	5. 22
西安市	81. 42	6. 56	2. 73	3. 28	2. 19	1. 09	0. 55	2. 19
武汉市	79. 29	2. 27	4. 21	3. 88	2. 91	1. 62	2. 91	2. 91

表 5-47　2019 年所调查企业新增产品或工艺创新数的行业分布

（单位:%）

行业	0 项	1 项	2 项	3 项	4 项	5 项	6—8 项以下	8 项及以上
信息技术	76. 62	7. 95	6. 47	3. 29	1. 36	1. 82	1. 59	0. 91
软件	72. 58	11. 08	6. 37	4. 16	1. 66	1. 66	1. 39	1. 11

续表

行业	0 项	1 项	2 项	3 项	4 项	5 项	6—8 项以下	8 项及以上
节能环保	72.00	14.67	6.67	0.00	1.33	1.33	0.00	4.00
高端装备制造	65.09	7.55	9.43	2.83	2.83	1.89	1.89	8.49
新能源	79.49	10.26	5.13	2.56	0.00	2.56	0.00	0.00
新材料	78.21	14.10	6.41	0.00	0.00	0.00	1.28	0.00
生物医药	71.94	10.07	11.51	2.88	0.00	2.88	0.00	0.72
文化创意	84.19	8.59	2.06	1.72	0.34	1.37	0.69	1.03
金融服务	85.71	6.72	5.88	0.84	0.00	0.00	0.00	0.84
专业技术服务	89.96	5.39	2.11	0.85	0.53	0.42	0.42	0.32
现代农业	73.91	13.04	6.52	2.17	2.17	0.00	2.17	0.00
总体	80.62	8.05	5.00	2.17	0.94	1.23	0.94	1.04

表 5-48 2019 年所调查企业新增产品或工艺创新数的区域分布

（单位:%）

区域	0 项	1 项	2 项	3 项	4 项	5 项	6—8 项以下	8 项及以上
北京市	83.36	5.55	4.35	2.55	1.05	1.65	0.45	1.05
成都市	67.59	11.11	9.72	3.24	1.85	2.78	1.85	1.85
广州市	76.55	9.12	8.79	1.95	0.33	0.65	1.30	1.30
杭州市	76.00	13.00	4.00	1.33	1.67	1.33	1.67	1.00
上海市	89.50	6.39	2.05	0.46	0.46	0.46	0.46	0.23
深圳市	89.20	4.75	2.38	1.94	0.43	0.43	0.43	0.43
武汉市	77.97	9.04	4.52	2.82	1.13	0.56	2.26	1.69
西安市	74.30	8.94	8.94	3.91	0.56	1.12	0.56	1.68
长春市	75.66	10.53	5.26	1.32	1.32	3.29	0.66	1.97
郑州市	70.33	12.09	7.14	4.40	1.65	1.65	1.65	1.10

因此,从产品或工艺创新数来看,2016 年全部调查创业企业年均新增产品创新或工艺创新数为 1.8 项。2018 年全部调查创业企业年均新增产品创新或工艺创新数略微增加,为 2 项,而 2019 年创业企业年均新增产品创新或工艺创新数却不到 1 项,年

度新增产品创新或工艺创新数为 0 的创业企业占比就达到了 80. 62%。从行业分布来看,2016 年年度新增产品创新或工艺创新数为 0 项或 1 项的比重在各行业中最低的为金融服务行业(55. 09%),最高的为信息技术行业(64. 86%)。而 2018 年信息技术行业年度新增产品创新或工艺创新数为 0 项或 1 项的比重在各行业中为最低,仅为 46. 39%。2019 年专业技术服务年度新增产品创新或工艺创新数为 0 项或 1 项的比重在各行业中为最高。从区域分布看,从 2016 年到 2018 年,北京市企业年度新增产品创新或工艺创新数为 0 项或 1 项的比重明显降低,而处于 8 项及以上区间内的比重有所增加,高于其他城市年度新增产品创新或工艺创新数处于 8 项及以上区间内的占比。深圳市、武汉市和西安市企业年均新增产品创新或工艺创新数为 0 项或 1 项的比重则明显增加。从 2018 年到 2019 年,北京市、上海市和杭州市的企业年度新增产品创新或工艺创新数为 0 项或 1 项的比重明显增加。此外,成都市、郑州市等新一线城市表现良好。

(三)发明专利数

发明专利是指对产品、方法或者其改进所提出的新的技术方案,是国际通行的反映企业拥有自主知识产权技术的核心指标。随着我国科技水平的发展,专利创新也越来越重要。

表 5-49　2016 年所调查企业拥有专利数量的行业分布　(单位:%)

行业	没有	1—5 项以下	5—10 项以下	10—15 项以下	15—20 项以下	20 项及以上
信息技术	57. 96	28. 23	12. 31	1. 50	0. 00	0. 00
软件	64. 31	20. 07	11. 15	2. 97	0. 74	0. 74

续表

行业	没有	1—5 项以下	5—10 项以下	10—15 项以下	15—20 项以下	20 项及以上
节能环保	35.37	25.61	13.41	13.41	3.66	8.54
高端装备制造	42.50	35.83	12.50	5.83	2.50	0.83
新能源	27.92	27.92	19.48	9.09	9.74	5.84
新材料	32.91	22.78	16.03	14.35	5.91	8.02
生物医药	41.59	30.97	15.93	6.19	4.42	0.88
文化创意	48.84	29.07	10.47	5.81	1.16	4.65
金融服务	53.21	29.81	9.43	3.77	2.64	1.13
专业技术服务	64.26	22.38	12.64	0.36	0.00	0.36
总体	50.36	26.34	13.02	5.27	2.58	2.43
上一轮	51.19	25.73	12.73	5.36	2.71	2.28

表 5-50　2016 年所调查企业拥有专利数量的区域分布　（单位:%）

区域	没有	1—5 项以下	5—10 项以下	10—15 项以下	15—20 项以下	20 项及以上
北京市	60.21	22.35	12.52	2.09	1.64	1.19
上海市	51.92	29.67	12.91	3.30	1.37	0.82
深圳市	47.17	28.30	12.08	6.79	4.53	1.13
杭州市	38.38	26.60	12.79	11.11	4.38	6.73
武汉市	46.23	30.19	11.79	7.55	1.89	2.36
西安市	35.43	26.77	20.47	7.09	3.94	6.30

表 5-51　2016 年所调查企业拥有发明专利数量的行业分布　（单位:%）

行业	没有	1—5 项以下	5—10 项以下	10—15 项以下	15—20 项以下	20 项及以上
信息技术	75.68	21.32	0.90	1.20	0.30	0.60
软件	77.70	18.96	0.74	0.74	1.49	0.37
节能环保	65.85	23.17	6.10	0.00	1.22	3.66
高端装备制造	60.83	30.00	5.83	2.50	0.83	0.00
新能源	57.14	35.06	3.25	1.30	0.65	2.60
新材料	64.56	23.63	2.95	3.38	1.69	3.80

续表

行业	没有	1—5项以下	5—10项以下	10—15项以下	15—20项以下	20项及以上
生物医药	64.60	28.32	3.54	0.00	0.00	3.54
文化创意	60.47	31.40	3.49	2.33	1.16	1.16
金融服务	54.34	31.32	4.15	2.64	3.02	4.53
专业技术服务	77.98	20.58	0.36	0.72	0.00	0.36
总体	67.87	25.10	2.48	1.55	1.08	1.91
上一轮	67.29	24.95	3.03	1.54	1.22	1.97

表5-52 2016年所调查企业拥有发明专利数量的区域分布 (单位:%)

区域	没有	1—5项以下	5—10项以下	10—15项以下	15—20项以下	20项及以上
北京市	74.22	22.50	1.34	0.60	0.45	0.89
上海市	71.15	24.45	1.10	1.10	1.10	1.10
深圳市	61.89	28.30	4.15	2.26	1.13	2.26
杭州市	61.95	26.26	3.37	2.36	1.68	4.38
武汉市	66.51	24.06	3.77	2.36	1.89	1.42
西安市	53.54	33.07	4.72	3.15	1.57	3.94

表5-53 2018年所调查企业拥有发明专利数量的行业分布 (单位:%)

行业	没有	1—5项以下	5—10项以下	10项及以上
信息技术	97.13	2.68	0.09	0.09
软件	99.05	0.59	0.36	0.00
节能环保	91.07	8.93	0.00	0.00
高端装备制造	93.42	6.25	0.33	0.00
新能源	82.93	14.63	0.00	2.44
新材料	85.00	15.00	0.00	0.00
生物医药	97.11	1.93	0.96	0.00
文化创意	99.55	0.22	0.22	0.00
金融服务	99.21	0.59	0.20	0.00
专业技术服务	98.47	1.53	0.00	0.00
现代农业	96.67	3.33	0.00	0.00
总体	97.40	2.17	0.35	0.06

表 5-54　2018 年所调查企业拥有发明专利数量的区域分布　（单位:%）

区域	没有	1—5 项以下	5—10 项以下	10 项及以上
北京市	96. 27	3. 19	0. 47	0. 08
上海市	98. 67	1. 23	0. 10	0. 00
深圳市	97. 53	2. 10	0. 25	0. 12
杭州市	97. 49	1. 59	0. 68	0. 23
西安市	97. 81	2. 19	0. 00	0. 00
武汉市	97. 41	1. 94	0. 65	0. 00

表 5-55　2019 年所调查企业拥有发明专利数量的行业分布　（单位:%）

行业	没有	1—5 项以下	5—10 项以下	10 项及以上
信息技术	83. 11	12. 95	2. 48	1. 46
软件	82. 51	13. 39	3. 28	0. 82
节能环保	64. 00	25. 33	2. 67	8. 00
高端装备制造	65. 09	22. 64	3. 77	8. 49
新能源	87. 18	10. 26	0. 00	2. 56
新材料	80. 00	15. 00	2. 50	2. 50
生物医药	67. 63	25. 18	2. 88	4. 32
文化创意	92. 76	6. 90	0. 34	0. 00
金融服务	94. 17	5. 83	0. 00	0. 00
专业技术服务	92. 74	6. 21	0. 74	0. 32
现代农业	84. 78	15. 22	0. 00	0. 00
总体	85. 54	11. 33	1. 74	1. 39

表 5-56　2019 年所调查企业拥有发明专利数量的区域分布　（单位:%）

区域	没有	1—5 项以下	5—10 项以下	10 项及以上
北京市	85. 84	10. 28	1. 79	2. 09
成都市	68. 52	24. 54	4. 63	2. 31
广州市	89. 87	6. 54	1. 96	1. 63
杭州市	76. 51	19. 46	1. 68	2. 35
上海市	91. 52	6. 92	1. 56	0. 00
深圳市	92. 98	5. 32	1. 49	0. 21

续表

区域	没有	1—5 项以下	5—10 项以下	10 项及以上
武汉市	82. 68	12. 85	1. 68	2. 79
西安市	85. 47	13. 41	0. 56	0. 56
长春市	84. 77	13. 91	0. 66	0. 66
郑州市	81. 77	14. 92	1. 10	2. 21

因此,从专利数来看,2016 年 50. 36%的创业企业仍然没有专利,拥有 1—5 项以下专利的企业占比为第二高,为 26. 34%。67. 87%的创业企业没有发明专利。2018 年没有发明专利的企业占比继续增加,超过九成。全部调查创业企业平均拥有不到 1 项发明专利。2019 年尚未拥有发明专利的企业占比为 85. 54%,拥有 1—5 项以下发明专利的创业企业占比也不到 2016 年的一半。全部调查创业企业平均拥有发明专利数为 0. 67。从行业分布来看,2016 年和 2018 年行业差距不明显,且从 2016 年到 2018 年各行业没有发明专利的比重明显增加,除新能源和新材料行业之外,其余行业均为 90%以上。而 2019 年各个行业出现较为明显的差距,节能环保行业中发明专利数量为 0 的企业所占比重最低为 64. 00%,而金融服务行业中发明专利数量为 0 的企业占比却达到了 94. 17%。从区域分布来看,2016 年,深圳市、杭州市、武汉市和西安市拥有的发明专利数量高于北京市和上海市。2018 年各个城市差距不明显。2019 年,成都市、杭州市相对于其他城市来说表现更良好。

(四)非专利技术数

非专利技术数也是衡量企业技术研发能力的重要指标。非专利技术是指不为外界所知、在生产经营活动中已经采用了的、不享有法律保护的、可以带来经济效益的各种技术和诀窍。可见,非专利技术是企业无形资产的一种,非专利技术与专利权一样,能使企业在竞争中处于优势地位。

表 5-57 2016 年所调查企业拥有非专利技术数量的行业分布 (单位:%)

行业	没有	1—5 项以下	5—10 项以下	10—15 项以下	15—20 项以下	20 项及以上
信息技术	49. 55	34. 83	13. 21	0. 90	0. 90	0. 60
软件	54. 28	31. 23	12. 27	1. 49	0. 37	0. 37
节能环保	31. 71	34. 15	20. 73	6. 10	6. 10	1. 22
高端装备制造	35. 00	35. 83	20. 00	5. 00	4. 17	0. 00
新能源	37. 01	31. 17	20. 13	6. 49	3. 90	1. 30
新材料	44. 30	27. 85	16. 03	4. 22	5. 06	2. 53
生物医药	43. 36	28. 32	17. 70	1. 77	5. 31	3. 54
文化创意	38. 37	30. 23	26. 74	2. 33	2. 33	0. 00
金融服务	44. 53	27. 92	16. 60	3. 77	4. 91	2. 26
专业技术服务	54. 51	33. 21	10. 83	0. 36	1. 08	0. 00
总体	46. 07	31. 46	15. 70	2. 74	2. 89	1. 14
上一轮	46. 31	31. 72	15. 12	2. 65	2. 97	1. 22

表 5-58 2016 年所调查企业拥有非专利技术数量的区域分布 (单位:%)

区域	没有	1—5 项以下	5—10 项以下	10—15 项以下	15—20 项以下	20 项及以上
北京市	51. 27	34. 13	10. 88	1. 19	2. 09	0. 45
上海市	47. 25	28. 57	18. 41	3. 02	2. 20	0. 55
深圳市	38. 11	31. 32	21. 89	4. 53	2. 26	1. 89
杭州市	41. 75	28. 28	19. 19	4. 38	5. 05	1. 35
武汉市	48. 11	30. 19	12. 74	3. 30	2. 83	2. 83
西安市	38. 58	35. 43	17. 32	1. 57	5. 51	1. 57

表 5-59 2018 年所调查企业拥有非专利技术数量的行业分布 (单位:%)

行业	没有	1—5 项以下	5—10 项以下	10—15 项以下	15—20 项以下	20 项及以上
信息技术	37. 72	20. 95	17. 42	10. 10	7. 14	6. 67

续表

行业	没有	1—5项以下	5—10项以下	10—15项以下	15—20项以下	20项及以上
软件	54.46	14.74	11.53	9.16	5.23	4.88
节能环保	74.55	21.82	3.64	0.00	0.00	0.00
高端装备制造	52.81	22.77	9.90	3.96	4.95	5.61
新能源	50.00	29.31	13.79	3.45	1.72	1.72
新材料	41.46	43.90	7.32	2.44	2.44	2.44
生物医药	58.20	18.01	9.97	3.86	5.79	4.18
文化创意	49.66	13.48	16.85	7.64	5.62	6.74
金融服务	59.41	11.49	13.07	6.34	3.76	5.94
专业技术服务	44.44	17.62	16.86	9.20	4.98	6.90
现代农业	83.33	13.33	1.11	1.11	1.11	0.00
总体	50.30	17.48	13.65	7.61	5.36	5.61

表5-60 2018年所调查企业拥有非专利技术数量的区域分布 (单位:%)

区域	没有	1—5项以下	5—10项以下	10—15项以下	15—20项以下	20项及以上
北京市	29.93	21.12	20.03	10.91	9.20	8.81
上海市	42.39	18.83	16.15	9.88	6.07	6.69
深圳市	85.40	11.51	1.73	0.25	0.37	0.74
杭州市	35.68	19.55	20.00	10.91	7.05	6.82
西安市	77.05	11.48	4.37	4.92	0.55	1.64
武汉市	73.05	14.29	6.82	2.92	0.65	2.27

表5-61 2019年所调查企业拥有非专利技术数量的行业分布 (单位:%)

行业	没有	1—5项以下	5—10项以下	10—15项以下	15—20项以下	20项及以上
信息技术	79.11	10.96	3.42	3.20	1.03	2.28
软件	76.16	11.23	6.03	3.01	1.64	1.92
节能环保	74.67	20.00	0.00	2.67	1.33	1.33
高端装备制造	67.96	18.45	2.91	4.85	0.00	5.83
新能源	90.00	7.50	2.50	0.00	0.00	0.00

续表

行业	没有	1—5 项以下	5—10 项以下	10—15 项以下	15—20 项以下	20 项及以上
新材料	78.75	12.50	3.75	2.50	0.00	2.50
生物医药	79.41	10.29	3.68	1.47	0.00	5.15
文化创意	89.55	6.97	1.05	1.39	0.35	0.70
金融服务	92.50	6.67	0.00	0.00	0.83	0.00
专业技术服务	87.08	9.00	2.01	0.64	0.32	0.95
现代农业	80.43	13.04	4.35	0.00	2.17	0.00
总体	82.39	10.32	2.86	1.95	0.72	1.76

表 5-62　2019 年所调查企业拥有非专利技术数量的区域分布　（单位:%）

区域	没有	1—5 项以下	5—10 项以下	10—15 项以下	15—20 项以下	20 项及以上
北京市	83.51	8.93	2.72	2.42	1.21	1.21
成都市	78.70	8.80	6.02	3.24	0.93	2.31
广州市	86.05	6.98	2.33	1.66	0.33	2.66
杭州市	77.26	18.06	1.67	1.00	1.34	0.67
上海市	81.92	8.71	3.57	2.01	0.22	3.57
深圳市	90.81	6.84	1.28	0.64	0.43	0.00
武汉市	81.36	10.17	3.39	2.82	0.00	2.26
西安市	75.14	20.34	1.13	1.13	1.13	1.13
长春市	76.16	13.25	5.30	4.64	0.00	0.66
郑州市	77.59	10.92	4.02	1.72	1.15	4.60

因此,从非专利技术数来看,2016 年拥有 1—10 项以下非专利技术的企业占比达到了 47.16%。而 2018 年拥有 1—10 项以下非专利技术的创业企业占比仅为 31.13%,尚未拥有非专利技术的企业占比达到了 50.30%。2019 年尚未拥有非专利技术的企业占比则达到了 82.39%,比 2018 年又高出 30 多个百分点,拥有 1—5 项以下非专利技术的创业企业占比仅为 10.32%。从行业分布来看,2016 年各个行业差距不明显。2018 年现代农业和节能环保行

业中企业拥有的非专利技术数量为0的比重高于其他行业较多，分别为83.33%和74.55%。而2019年，除了高端装备制造业，其他行业企业拥有的非专利技术数量为0的比重均为70%以上。从区域分布来看，从2016年到2018年北京市拥有非专利技术数量为0以及处于1—5项以下的企业比重明显下降，而处于5项及以上的比重明显增加。深圳市则是拥有非专利技术数量为0的企业比重明显上升，其他区间比重明显下降。西安市和武汉市也是如此。而从2018年到2019年，仅西安市非专利技术数量的布局表现有所好转。

二、技术转移能力

促进科技成果转化是实施创新驱动发展战略的重要任务，是加强科技与经济紧密结合的关键环节，对于推进供给侧结构性改革、支撑经济转型升级和加速产业结构调整，促进大众创业、万众创新，打造经济发展新引擎具有重要意义。《国务院办公厅关于印发促进科技成果转移转化行动方案的通知》指出，要促进科技成果资本化、产业化，形成经济持续稳定增长新动力。其中技术转移是指技术在国家、地区、行业内部或行业之间以及技术自身系统内输入与输出的活动过程。技术转移包括技术成果、信息能力的转让、移植、吸收、交流和推广普及。企业技术交易收入是衡量技术转移能力的关键指标。

表5-63　2016年所调查企业技术交易收入的行业分布　（单位:%）

行业	0	0—10万元以下	10万—50万元以下	50万—100万元以下	100万—200万元以下	200万元及以上
信息技术	42.34	7.81	36.34	5.41	4.50	3.60

续表

行业	0	0—10 万元以下	10 万—50 万元以下	50 万—100 万元以下	100 万—200 万元以下	200 万元及以上
软件	49.07	5.20	37.55	2.97	2.97	2.23
节能环保	31.71	30.49	18.29	17.07	2.44	0.00
高端装备制造	13.33	27.50	20.00	23.33	10.83	5.00
新能源	36.36	30.52	20.78	10.39	1.95	0.00
新材料	27.00	33.76	21.94	13.50	2.11	1.69
生物医药	16.81	24.78	23.89	20.35	7.08	7.08
文化创意	17.44	25.58	20.93	17.44	9.30	9.30
金融服务	17.36	23.77	18.11	23.02	10.19	7.55
专业技术服务	49.82	3.25	41.16	4.33	0.36	1.08
总体	33.73	17.92	28.51	11.73	4.65	3.46
上一轮	31.79	15.28	24.07	18.64	4.74	5.48

表 5-64 2016 年所调查企业技术交易收入的区域分布 （单位:%）

区域	0	0—10 万元以下	10 万—50 万元以下	50 万—100 万元以下	100 万—200 万元以下	200 万元及以上
北京市	42.03	9.24	35.62	7.45	3.28	2.38
上海市	35.99	13.46	34.07	10.99	3.85	1.65
深圳市	23.40	21.89	20.75	18.49	9.06	6.42
杭州市	28.96	30.64	19.19	13.13	3.37	4.71
武汉市	30.19	21.23	24.53	12.26	8.02	3.77
西安市	22.05	33.07	19.69	18.11	2.36	4.72

表 5-65 2018 年所调查企业技术交易收入的行业分布 （单位:%）

行业	0	0—50 万元以下	50 万—100 万元以下	100 万—500 万元以下	500 万—1000 万元以下	1000 万元及以上
信息技术	46.57	40.46	4.07	6.76	1.11	1.02
软件	42.99	44.18	5.70	5.82	0.83	0.48
节能环保	25.00	55.36	3.57	12.50	0.00	3.57
高端装备制造	37.50	51.32	4.93	4.93	0.66	0.66
新能源	36.21	34.48	5.17	18.97	3.45	1.72

续表

行业	0	0—50 万元以下	50 万—100 万元以下	100 万—500 万元以下	500 万—1000 万元以下	1000 万元及以上
新材料	24.39	53.66	2.44	7.32	9.76	2.44
生物医药	40.65	43.23	7.10	7.10	1.61	0.32
文化创意	44.17	43.50	3.81	6.73	0.90	0.90
金融服务	43.79	42.60	5.52	6.51	0.99	0.59
专业技术服务	47.69	40.38	3.85	6.15	1.15	0.77
现代农业	27.78	57.78	7.78	5.56	1.11	0.00
总体	43.06	43.49	4.93	6.63	1.13	0.78

表 5-66　2018 年所调查企业技术交易收入的区域分布　（单位:%）

区域	0	0—50 万元以下	50 万—100 万元以下	100 万—500 万元以下	500 万—1000 万元以下	1000 万元及以上
北京市	53.31	34.55	4.44	6.07	0.62	1.01
上海市	39.20	43.72	4.84	8.85	2.26	1.13
深圳市	34.86	56.00	3.96	4.45	0.62	0.12
杭州市	39.46	45.35	6.12	7.94	0.68	0.45
西安市	41.85	41.85	9.78	5.43	0.54	0.00
武汉市	39.81	45.31	5.18	6.47	1.94	1.29

表 5-67　2019 年所调查企业技术交易收入的行业分布　（单位:%）

行业	0	0—50 万元以下	50 万—100 万元以下	100 万—500 万元以下	500 万—1000 万元以下	1000 万元及以上
信息技术	82.52	10.64	2.08	3.55	0.61	0.61
软件	81.53	8.24	2.84	5.11	0.85	1.42
节能环保	78.57	15.71	1.43	2.86	0.00	1.43
高端装备制造	82.69	10.58	0.00	4.81	0.96	0.96
新能源	87.88	9.09	0.00	3.03	0.00	0.00
新材料	87.01	9.09	0.00	2.60	0.00	1.30
生物医药	81.97	9.84	0.82	6.56	0.82	0.00
文化创意	87.87	10.66	0.37	1.10	0.00	0.00
金融服务	88.89	4.63	0.93	3.70	1.85	0.00

续表

行业	0	0—50 万元以下	50 万—100 万元以下	100 万—500 万元以下	500 万—1000 万元以下	1000 万元及以上
专业技术服务	89.66	7.05	0.80	1.82	0.23	0.45
现代农业	91.67	8.33	0.00	0.00	0.00	0.00
总体	85.52	9.02	1.32	3.06	0.49	0.59

表 5-68 2019 年所调查企业技术交易收入的区域分布 （单位:%）

区域	0	0—50 万元以下	50 万—100 万元以下	100 万—500 万元以下	500 万—1000 万元以下	1000 万元及以上
北京市	81.86	9.66	2.88	4.24	0.68	0.68
成都市	84.26	6.48	2.31	5.56	1.39	0.00
广州市	85.16	11.31	0.71	1.41	0.00	1.41
杭州市	85.00	11.00	0.67	3.00	0.00	0.33
上海市	93.30	4.12	0.77	1.55	0.26	0.00
深圳市	91.30	5.03	0.46	2.06	1.14	0.00
武汉市	83.83	10.18	0.00	4.19	0.00	1.80
西安市	82.02	10.11	0.56	5.06	0.56	1.69
长春市	75.71	21.43	1.43	0.71	0.00	0.71
郑州市	82.08	11.56	2.31	3.47	0.00	0.58

因此,从企业技术交易收入来看,2016 年创业企业的年度技术交易收入在 0—50 万元以下的占比为 46.43%。2018 年创业企业的年度技术交易收入为 0—50 万元以下的占比为 43.49%,和 2016 年相差不大,全部调查创业企业年均技术交易收入约为 51 万元。而 2019 年创业企业的年度技术交易收入为 0—50 万元以下的占比却仅为 9.02%,年度技术交易收入为 0 的占比达到了 85.52%。表明 2018—2019 年企业技术转移能力明显变弱,有待提高。从行业分布来看,2016 年企业技术交易收入为 0 的行业中,信息技术、软件和专业技术服务行业比例明显高于其他行业,都为 40%以上。2018 年与 2016 年情况类似,但金融服务和文化

创意行业的该项占比超过了软件行业。而2019年，除了节能环保行业，其他行业企业技术交易收入为0的比重都为80%以上，企业技术转移能力明显变弱。从区域分布来看，与行业分布类似，2016年和2018年差距不大，但从2018年到2019年，各个城市技术交易收入为0的创业企业占比明显提高。

三、技术转化能力

技术创新的本质是要实现技术的产业化，即将技术优势转化为经济优势。新产品或新业务收入是衡量企业技术经济转化能力的重要指标。新产品收入是指报告期企业销售新产品实现的销售收入。新产品是指企业采用新技术原理、新设计构思研制、生产的全新产品，或在结构、材质、工艺等某一方面比原有产品有明显改进，从而显著提高了产品性能或扩大了使用功能的产品，既包括经政府有关部门认定并在有效期内的新产品，也包括企业自行研制开发，未经政府有关部门认定，从投产之日起一年之内的新产品。由于三年的问卷设置不同，本指标只在2018年和2019年进行了调查，所以以下是对2018年和2019年两年的情况总结。

表5-69　2018年所调查企业新产品或新业务收入的行业分布　（单位：%）

行业	0	0—50万元以下	50万—100万元以下	100万—500万元以下	500万元及以上
信息技术	63.74	32.38	1.30	1.76	0.83
软件	47.86	45.96	2.61	3.33	0.24
节能环保	7.14	73.21	1.79	10.71	7.14
高端装备制造	30.59	62.50	3.29	2.63	0.99
新能源	12.07	63.79	3.45	15.52	5.17
新材料	4.88	65.85	9.76	7.32	12.20

续表

行业	0	0—50 万元以下	50 万—100 万元以下	100 万—500 万元以下	500 万元及以上
生物医药	38. 26	50. 48	4. 18	5. 47	1. 61
文化创意	53. 14	43. 72	1. 35	1. 79	0. 00
金融服务	45. 28	46. 26	3. 94	3. 54	0. 98
专业技术服务	59. 77	34. 10	3. 45	1. 92	0. 77
现代农业	7. 78	77. 78	7. 78	5. 56	1. 11
总体	48. 69	44. 49	2. 70	3. 15	0. 97

表 5-70　2018 年所调查企业新产品或新业务收入的区域分布　（单位:%）

区域	0	0—50 万元以下	50 万—100 万元以下	100 万—500 万元以下	500 万元及以上
北京市	74. 57	20. 76	1. 63	2. 26	0. 78
上海市	61. 19	33. 78	2. 16	1. 85	1. 03
深圳市	0. 86	90. 00	2. 96	5. 31	0. 86
杭州市	71. 43	23. 36	1. 13	3. 40	0. 68
西安市	13. 66	73. 22	8. 74	3. 83	0. 55
武汉市	15. 21	70. 87	6. 80	4. 53	2. 59

表 5-71　2019 年所调查企业新产品或新业务收入的行业分布　（单位:%）

行业	0	0—50 万元以下	50 万—100 万元以下	100 万—500 万元以下	500 万元及以上
信息技术	51. 03	20. 31	6. 29	12. 82	9. 55
软件	48. 13	22. 48	6. 92	14. 12	8. 36
节能环保	46. 48	28. 17	4. 23	14. 08	7. 04
高端装备制造	41. 58	13. 86	6. 93	21. 78	15. 84
新能源	57. 89	7. 89	2. 63	15. 79	15. 79
新材料	71. 83	9. 86	5. 63	5. 63	7. 04
生物医药	51. 52	15. 15	6. 06	18. 94	8. 33
文化创意	58. 09	22. 06	6. 99	10. 66	2. 21
金融服务	73. 68	10. 53	3. 51	1. 75	10. 53
专业技术服务	65. 09	14. 53	5. 74	11. 15	3. 49
现代农业	55. 26	21. 05	5. 26	10. 53	7. 89
总体	56. 78	17. 90	6. 04	12. 28	7. 00

表 5-72　2019 年所调查企业新产品或新业务收入的区域分布　（单位:%）

区域	0	0—50 万元以下	50 万—100 万元以下	100 万—500 万元以下	500 万元及以上
北京市	63.25	15.62	4.73	10.73	5.68
成都市	44.86	19.16	7.01	16.82	12.15
广州市	42.91	22.18	9.82	13.09	12.00
杭州市	40.88	25.00	8.78	19.59	5.74
上海市	79.57	6.01	3.61	8.41	2.40
深圳市	78.72	5.90	2.05	7.44	5.90
武汉市	46.59	20.45	5.68	17.61	9.66
西安市	46.02	19.89	10.80	16.48	6.82
长春市	35.37	42.18	8.84	7.48	6.12
郑州市	32.57	36.00	6.86	13.14	11.43

因此,从企业新产品或新业务收入来看,2018 年新产品或新业务年度收入处于 50 万元以上的企业占比为 6.82%,而 2019 年新产品或新业务年度收入处于 50 万元以上的企业占比为 25.32%,是 2018 年的近 4 倍。这说明企业创新产业化效果良好。从行业分布来看,2018 年各个行业差异较明显,比如信息技术和专业技术服务行业新产品或新业务收入为 0 的企业占比达到了 60%左右,而节能环保、新材料以及现代农业行业新产品或新业务收入为 0 的企业占比则仅为个位数,新产品或新业务收入则主要集中在 0—50 万元以下。然而 2019 年各个行业差异减小,但各行业新产品或新业务收入处于 0—50 万元以下的企业比重也大大减少,最高的也只有 28.17%。从区域分布来看,2018 年区域分层感较强,比如深圳市是一层,北京市、上海市和杭州市是一层,西安市、武汉市又是一层。各层之间差距较大。而 2019 年分层感相比之前有所减弱,新一线城市进步较大,与一线城市差距缩小甚至优于一线城市。

第三节　企业创新地位

该节从企业获奖情况和企业标准状况分析创业企业的创新地位。

一、获奖情况

奖励制度是一项重要的激励制度,奖励代表了政府、科学共同体和社会对企业所做贡献的认可,因而企业获得奖项的数量就代表着企业在行业或国家的创新地位。一般而言,企业所获奖励层次越高,获奖数量越多,其创新地位也就越高。本指标依旧只在2018年和2019年进行了调查,以下为2018年和2019年的情况分析。

表5-73　2018年所调查企业获得国家、省部级奖项数量的行业分布

(单位:%)

行业	没有	1—5项以下	5—10项以下	10—15项以下	15项及以上
信息技术	44.94	40.67	13.18	1.02	0.19
软件	61.80	29.18	7.83	0.95	0.24
节能环保	94.55	3.64	1.82	0.00	0.00
高端装备制造	71.62	22.77	5.28	0.33	0.00
新能源	89.66	10.34	0.00	0.00	0.00
新材料	95.12	4.88	0.00	0.00	0.00
生物医药	68.17	23.79	7.72	0.32	0.00
文化创意	53.81	33.63	10.54	1.35	0.67
金融服务	61.74	28.99	8.28	0.99	0.00
专业技术服务	50.96	35.63	12.26	1.15	0.00

续表

行业	没有	1—5 项以下	5—10 项以下	10—15 项以下	15 项及以上
现代农业	92. 22	4. 44	3. 33	0. 00	0. 00
总体	58. 75	30. 82	9. 35	0. 88	0. 20

表 5-74　2018 年所调查企业获得国家、省部级奖项数量的区域分布

（单位:%）

区域	没有	1—5 项以下	5—10 项以下	10—15 项以下	15 项及以上
北京市	34. 45	47. 86	14. 81	2. 42	0. 47
上海市	50. 51	37. 06	11. 91	0. 31	0. 21
深圳市	96. 17	3. 83	0. 00	0. 00	0. 00
杭州市	44. 22	43. 08	12. 47	0. 23	0. 00
西安市	91. 80	6. 56	1. 64	0. 00	0. 00
武汉市	88. 96	7. 79	3. 25	0. 00	0. 00

表 5-75　2019 年所调查企业获得国家、省部级奖项数量的行业分布

（单位:%）

行业	没有	1—5 项以下	5—10 项以下	10—15 项以下	15 项及以上
信息技术	94. 41	5. 13	0. 46	0. 00	0. 00
软件	93. 35	6. 65	0. 00	0. 00	0. 00
节能环保	91. 89	8. 11	0. 00	0. 00	0. 00
高端装备制造	89. 53	8. 57	0. 95	0. 00	0. 95
新能源	97. 44	2. 56	0. 00	0. 00	0. 00
新材料	92. 31	7. 69	0. 00	0. 00	0. 00
生物医药	92. 81	6. 47	0. 72	0. 00	0. 00
文化创意	95. 86	4. 14	0. 00	0. 00	0. 00
金融服务	92. 37	7. 63	0. 00	0. 00	0. 00
专业技术服务	96. 83	2. 54	0. 63	0. 15	0. 00
现代农业	93. 33	4. 45	0. 00	0. 00	2. 22
总体	94. 75	4. 75	0. 36	0. 07	0. 07

表 5-76 2019 年所调查企业获得国家、省部级奖项数量的区域分布

（单位：%）

区域	没有	1—5 项以下	5—10 项以下	10—15 项以下	15 项及以上
北京市	94. 72	4. 68	0. 45	0. 15	0. 00
成都市	93. 52	5. 56	0. 93	0. 00	0. 00
广州市	96. 73	2. 61	0. 33	0. 33	0. 00
杭州市	93. 34	6. 33	0. 33	0. 00	0. 00
上海市	97. 72	2. 05	0. 23	0. 00	0. 00
深圳市	95. 24	4. 76	0. 00	0. 00	0. 00
武汉市	94. 92	4. 52	0. 00	0. 00	0. 56
西安市	93. 82	6. 18	0. 00	0. 00	0. 00
长春市	91. 33	6. 67	2. 00	0. 00	0. 00
郑州市	90. 66	8. 79	0. 00	0. 00	0. 55

因此，从获奖情况来看，2018 年尚未获得国家、省部级奖项的创业企业占比为 58. 75%；获得国家、省部级奖 1—5 项以下的创业企业占比次之，为 30. 82%。而 2019 年尚未获得国家、省部级奖项的创业企业占比达到了 94. 75%；获得国家、省部级奖 1—5 项以下的创业企业占比仅为 4. 75%。可见，2018 年到 2019 年企业获奖情况明显变差。从行业分布来看，2018 年仅节能环保、新材料和现代农业 3 个行业获得国家、省部级奖项数量为 0 的企业比重达到 90%以上，而 2019 年，除了高端装备制造业，其他所有行业获得国家、省部级奖项数量为 0 的创业企业比重均为 90%以上。从区域分布来看，2018 年北京市、上海市和杭州市企业获得国家、省部级奖项数量要明显高于其他 3 个城市，其中北京市获得国家、省部级奖项数量为 0 的创业企业比重为 34. 45%，而 2019 年所有城市中获得国家、省部级奖项数量为 0 的创业企业比重均为 90%以上。

二、标准情况

标准是对重复性事物和概念所做的统一规定,它以科学、技术和实践经验的综合为基础,经过有关方面协商一致,由主管机构批准,以特定的形式发布,作为共同遵守的准则和依据。企业拥有标准数的多寡,以及是否将企业标准上升为行业标准或国家标准,是衡量一个企业在行业或国家中的创新地位的重要指标。调查结果显示,多数创业企业尚未拥有企业标准,更没能将企业标准上升为行业或国家的标准。

表 5-77　2016 年所调查企业拥有的标准数的行业分布　（单位:%）

行业	没有	1—5 项以下	5—10 项以下	10—15 项以下	15—20 项以下	20 项及以上
信息技术	63.96	18.02	15.02	0.90	0.90	1.20
软件	72.86	13.38	12.27	0.74	0.00	0.74
节能环保	42.68	28.05	19.51	3.66	4.88	1.22
高端装备制造	39.17	26.67	21.67	4.17	4.17	4.17
新能源	39.61	16.88	27.27	4.55	7.79	3.90
新材料	42.19	32.49	16.88	2.95	3.38	2.11
生物医药	35.40	27.43	24.78	3.54	2.65	6.19
文化创意	40.70	22.09	27.91	5.81	1.16	2.33
金融服务	42.64	29.06	19.62	4.15	3.02	1.51
专业技术服务	74.01	11.91	12.27	0.36	1.44	0.00
总体	53.98	21.38	17.82	2.48	2.48	1.86
上一轮	54.32	21.86	17.14	2.39	2.55	1.75

表 5-78　2016 年所调查企业拥有的标准数的区域分布　（单位:%）

区域	没有	1—5 项以下	5—10 项以下	10—15 项以下	15—20 项以下	20 项及以上
北京市	64.38	16.84	14.75	1.94	1.04	1.04
上海市	60.16	17.58	17.31	1.92	2.20	0.82
深圳市	45.28	26.79	21.51	2.64	1.89	1.89

续表

区域	没有	1—5 项以下	5—10 项以下	10—15 项以下	15—20 项以下	20 项及以上
杭州市	38.72	28.62	20.20	3.03	5.72	3.70
武汉市	46.70	24.53	19.81	3.77	3.77	1.42
西安市	47.24	22.83	18.90	3.15	2.36	5.51

表 5-79　2016 年所调查企业拥有的行业或国家标准数的行业分布　（单位:%）

行业名称	没有	1—3 项以下	3—5 项以下	5—10 项以下	10—15 项以下	15 项及以上
信息技术	79.58	16.82	3.00	0.00	0.30	0.30
软件	74.35	23.42	2.23	0.00	0.00	0.00
节能环保	69.51	18.29	9.76	1.22	0.00	1.22
高端装备制造	67.50	18.33	10.00	1.67	1.67	0.83
新能源	63.64	20.78	12.34	1.30	1.95	0.00
新材料	70.89	23.21	4.64	0.42	0.84	0.00
生物医药	65.49	23.01	7.08	2.65	0.88	0.88
文化创意	70.93	18.60	6.98	3.49	0.00	0.00
金融服务	77.36	15.85	5.28	0.75	0.75	0.00
专业技术服务	77.26	21.30	1.44	0.00	0.00	0.00
总体	73.50	19.94	5.06	0.72	0.57	0.21
上一轮	75.52	16.57	5.89	1.22	0.69	0.11

表 5-80　2016 年所调查企业拥有的行业或国家标准数的区域分布　（单位:%）

区域	没有	1—3 项以下	3—5 项以下	5—10 项以下	10—15 项以下	15 项及以上
北京市	77.65	18.33	3.13	0.60	0.15	0.15
上海市	72.25	24.18	3.02	0.55	0.00	0.00
深圳市	74.72	19.62	4.91	0.00	0.75	0.00
杭州市	68.35	19.19	8.42	2.02	1.68	0.34
武汉市	71.23	19.81	7.55	0.47	0.00	0.94
西安市	68.50	18.90	9.45	0.79	2.36	0.00

表 5-81　2018 年所调查企业拥有的标准数的行业分布　（单位:%）

行业	没有	1—5 项以下	5—10 项以下	10—15 项以下	15—20 项以下	20 项及以上
信息技术	33. 12	27. 20	25. 25	14. 15	0. 09	0. 19
软件	39. 86	28. 23	20. 17	11. 74	0. 00	0. 00
节能环保	43. 64	16. 36	16. 36	14. 55	3. 64	5. 45
高端装备制造	34. 65	27. 39	26. 07	11. 88	0. 00	0. 00
新能源	48. 28	22. 41	15. 52	10. 34	1. 72	1. 72
新材料	31. 71	21. 95	24. 39	2. 44	9. 76	9. 76
生物医药	37. 94	24. 12	23. 15	14. 47	0. 32	0. 00
文化创意	34. 98	27. 35	25. 34	12. 33	0. 00	0. 00
金融服务	39. 05	27. 22	23. 87	9. 86	0. 00	0. 00
专业技术服务	35. 63	28. 74	24. 90	10. 34	0. 00	0. 38
现代农业	37. 78	18. 89	21. 11	13. 33	4. 44	4. 44
总体	36. 64	26. 82	23. 54	12. 30	0. 32	0. 37

表 5-82　2018 年所调查企业拥有的行业、国家或国际标准数的行业分布

（单位:%）

行业	没有	1—5 项以下	5—10 项以下	10—15 项以下	15—20 项以下	20 项及以上
信息技术	55. 13	10. 64	12. 67	8. 60	4. 63	8. 33
软件	68. 45	7. 59	7. 12	7. 35	4. 98	4. 51
节能环保	92. 86	5. 36	0. 00	0. 00	1. 79	0. 00
高端装备制造	78. 29	4. 28	6. 91	3. 62	4. 61	2. 30
新能源	89. 66	6. 90	1. 72	1. 72	0. 00	0. 00
新材料	87. 80	7. 32	2. 44	2. 44	0. 00	0. 00
生物医药	75. 24	7. 07	5. 79	5. 14	2. 89	3. 86
文化创意	62. 33	10. 54	9. 64	6. 28	4. 71	6. 50
金融服务	71. 85	8. 86	7. 09	5. 91	4. 13	2. 17
专业技术服务	55. 17	8. 81	11. 11	10. 34	8. 05	6. 51
现代农业	92. 22	4. 44	0. 00	1. 11	2. 22	0. 00
总体	66. 41	8. 57	8. 64	6. 74	4. 52	5. 12

表 5-83 2018 年所调查企业拥有的标准数的区域分布 （单位：%）

区域	没有	1—5 项以下	5—10 项以下	10—15 项以下	15—20 项以下	20 项及以上
北京市	28. 56	30. 43	27. 00	13. 39	0. 23	0. 39
上海市	36. 07	26. 62	25. 39	11. 61	0. 21	0. 10
深圳市	43. 46	21. 85	21. 60	12. 59	0. 12	0. 37
杭州市	36. 96	26. 98	22. 00	13. 15	0. 45	0. 45
西安市	44. 26	25. 68	16. 94	9. 84	1. 09	2. 19
武汉市	49. 19	25. 89	14. 56	9. 39	0. 97	0. 00

表 5-84 2018 年所调查企业拥有的行业、国家或国际标准数的区域分布

（单位：%）

区域	没有	1—5 项以下	5—10 项以下	10—15 项以下	15—20 项以下	20 项及以上
北京市	47. 82	14. 54	14. 39	9. 02	5. 91	8. 32
上海市	58. 42	9. 03	10. 47	9. 24	6. 37	6. 47
深圳市	98. 64	1. 36	0. 00	0. 00	0. 00	0. 00
杭州市	54. 20	7. 71	10. 20	12. 47	9. 07	6. 35
西安市	88. 52	4. 92	2. 19	2. 19	0. 55	1. 64
武汉市	88. 67	4. 53	3. 24	1. 62	0. 65	1. 29

表 5-85 2019 年所调查企业拥有的标准数的行业分布 （单位：%）

行业	没有	1—5 项以下	5—10 项以下	10—15 项以下	15—20 项以下	20 项及以上
信息技术	87. 42	9. 78	1. 35	0. 56	0. 22	0. 67
软件	87. 47	9. 26	1. 09	1. 63	0. 00	0. 55
节能环保	82. 44	13. 51	2. 70	1. 35	0. 00	0. 00
高端装备制造	82. 86	10. 48	4. 76	0. 95	0. 00	0. 95
新能源	90. 00	10. 00	0. 00	0. 00	0. 00	0. 00
新材料	88. 60	8. 86	1. 27	0. 00	0. 00	1. 27
生物医药	79. 71	13. 04	2. 90	2. 90	0. 00	1. 45
文化创意	87. 63	9. 62	1. 72	0. 69	0. 00	0. 34
金融服务	90. 76	5. 88	2. 52	0. 00	0. 00	0. 84

续表

行业	没有	1—5 项以下	5—10 项以下	10—15 项以下	15—20 项以下	20 项及以上
专业技术服务	88.36	9.22	1.68	0.63	0.00	0.10
现代农业	74.47	14.89	6.38	2.13	0.00	2.12
总体	87.11	9.70	1.77	0.84	0.06	0.52

表 5-86 2019 年所调查企业拥有的行业、国家或国际标准数的行业分布

（单位：%）

行业	没有	1—5 项以下	5—10 项以下	10—15 项以下	15—20 项以下	20 项及以上
信息技术	88.00	9.75	1.47	0.56	0.22	0.00
软件	85.83	12.53	1.09	0.27	0.00	0.27
节能环保	82.66	14.67	2.67	0.00	0.00	0.00
高端装备制造	86.79	10.38	2.83	0.00	0.00	0.00
新能源	90.00	10.00	0.00	0.00	0.00	0.00
新材料	88.75	8.75	2.50	0.00	0.00	0.00
生物医药	88.49	7.19	3.60	0.00	0.00	0.72
文化创意	88.70	8.90	1.03	1.03	0.34	0.25
金融服务	91.67	6.67	0.83	0.00	0.83	0.00
专业技术服务	89.96	7.32	1.67	0.94	0.00	0.10
现代农业	74.47	14.89	2.13	8.51	0.00	0.00
总体	88.25	9.21	1.60	0.71	0.10	0.13

表 5-87 2019 年所调查企业拥有的标准数的区域分布 （单位：%）

区域	没有	1—5 项以下	5—10 项以下	10—15 项以下	15—20 项以下	20 项及以上
北京市	86.42	9.55	2.39	0.90	0.00	0.75
成都市	88.89	8.80	0.93	0.46	0.46	0.46
广州市	83.50	11.33	2.91	1.94	0.00	0.32
杭州市	91.67	5.67	2.00	0.67	0.00	0.00
上海市	91.06	7.38	1.12	0.22	0.00	0.22
深圳市	93.62	5.11	1.06	0.21	0.00	0.00
武汉市	74.85	20.67	1.68	1.12	0.56	1.12

续表

区域	没有	1—5项以下	5—10项以下	10—15项以下	15—20项以下	20项及以上
西安市	77.09	16.20	2.79	1.68	0.00	2.24
长春市	80.39	16.34	0.65	1.31	0.00	1.31
郑州市	87.29	9.94	1.66	1.10	0.00	0.00

表5-88　2019年所调查企业拥有的行业、国家或国际标准数的区域分布

（单位:%）

区域	没有	1—5项以下	5—10项以下	10—15项以下	15—20项以下	20项及以上
北京市	90.95	8.01	0.74	0.15	0.00	0.15
成都市	93.06	6.02	0.93	0.00	0.00	0.00
广州市	82.32	7.40	4.82	5.47	0.00	0.00
杭州市	72.33	25.33	1.67	0.33	0.33	0.00
上海市	97.10	2.46	0.45	0.00	0.00	0.00
深圳市	93.19	5.11	1.28	0.21	0.21	0.00
武汉市	79.33	16.76	2.79	0.00	0.00	1.12
西安市	86.59	11.17	1.12	0.56	0.56	0.00
长春市	87.01	10.39	1.30	0.65	0.00	0.65
郑州市	85.79	10.93	3.28	0.00	0.00	0.00

因此,从标准情况来看,2016年尚未拥有企业标准的企业占比最高,为53.98%。拥有1—5项以下企业标准的企业占比次之,为21.38%。全部调查创业企业平均拥有企业标准数为3.2项,平均拥有行业或国家的标准数为1.2项。绝大多数企业尚未拥有企业标准,更没能将企业标准上升为行业或国家的标准,这说明初创企业在行业中的创新地位是偏弱的,这与创业企业所处发展阶段是相适应的。2018年尚未拥有企业标准的企业占比为36.64%,拥有1—5项以下企业标准的企业占比为26.82%。全部调查创业

企业平均拥有企业标准数为 4 项，平均拥有的行业、国家或国际标准数也为 4 项，说明与 2016 年相比，创业企业在行业中的创新地位有所提升。2019 年尚未拥有企业标准的企业占比与前两年相比明显提高，为 87. 11%。拥有 1—5 项以下企业标准的企业占比也有所下降，为 9. 70%。绝大多数企业并未拥有企业标准以及行业、国家或国际标准。全部调查创业企业平均拥有企业标准数为 0. 52 项，平均拥有的行业、国家或国际标准数为 0. 40 项，均低于前两年。综合上述获奖情况和标准情况，可以发现 2018 年到 2019 年，创业企业在行业中的创新地位出现明显下降，有待加强。

从行业分布来看，2016 年各行业中，企业标准数为 0 的企业占比最高的三个行业为信息技术、软件和专业技术服务行业，行业或国家标准方面则为信息技术、金融服务和专业技术服务。而 2018 年有所好转，这几个行业企业标准数以及行业、国家或国际标准数为 0 的比重都在下降，也都不是最高的。然而 2019 年这几个行业企业标准数以及行业、国家或国际标准数为 0 的比重迅速升高，甚至高于 2016 年。其中，金融服务行业、国家或国际标准数为 0 的比重为各个行业中最高的，达到了 91. 67%。

从区域分布来看，2016 年就企业标准数而言，杭州市优于其他城市；就行业、国家或国际标准数而言，杭州市、西安市优于其他城市，但整体差距不大。2018 年就企业标准数而言，北京市明显优于其他城市；就行业、国家或国际标准数而言，北京市、上海市和杭州市优于其他城市，但差距开始明显。2019 年就企业标准数而言，西安市和武汉市的情况开始赶超北京市；就行业、国家或国际标准数而言，杭州市的情况明显优于其他城市。

第四节　企业创新制约因素

一、满意度调查

表 5-89　2016 年第一轮和第二轮样本企业创新创业环境满意度对比分析

（单位:%）

创新环境	第一轮	第二轮	创业环境	第一轮	第二轮
非常不满意	0.37	0.00	非常不满意	0.53	0.00
比较不满意	33.28	33.61	比较不满意	32.27	32.64
不满意	11.68	11.38	不满意	10.33	10.04
一般	32.54	32.47	一般	11.50	11.23
比较满意	21.92	22.54	比较满意	23.74	23.33
满意	0.16	0.00	满意	10.23	10.04
非常满意	0.05	0.00	非常满意	11.39	12.73

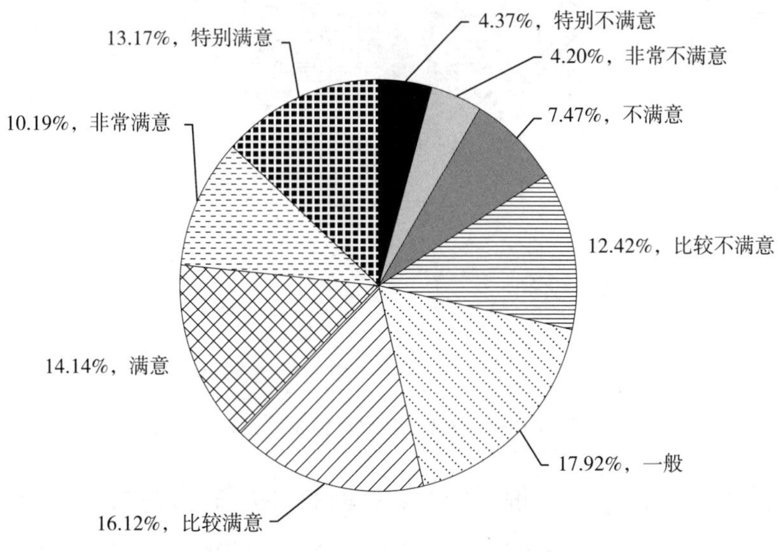

图 5-1　2018 年所调查企业对创新环境的满意度

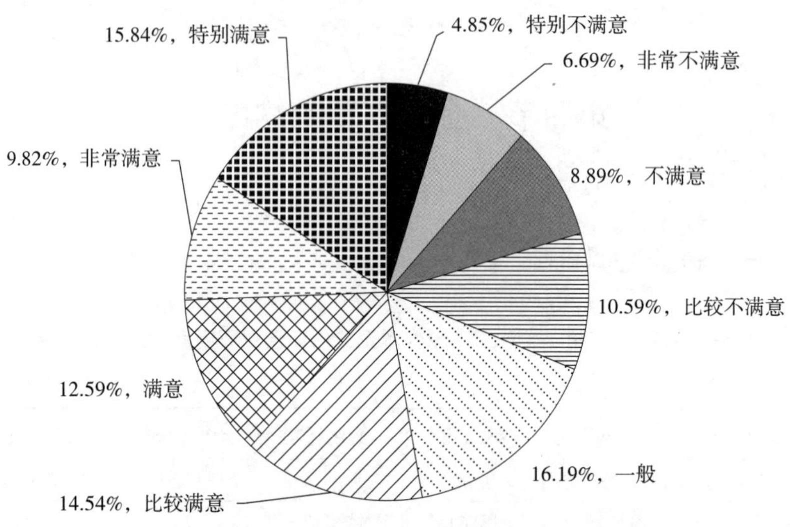

图 5-2　2018 年所调查企业对创业环境的满意度

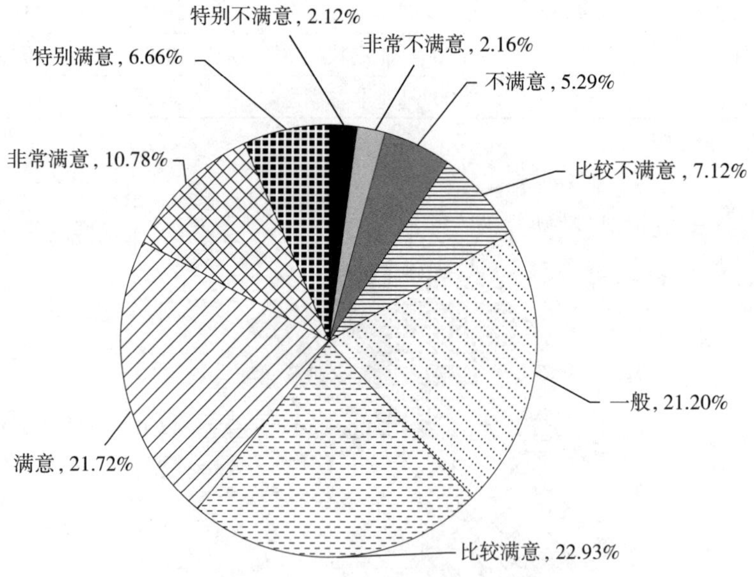

图 5-3　2019 年所调查企业对创新环境的满意度

因此，从满意度来说，从企业对创新环境的满意度看，2016 年对创新环境满意度评分达到比较满意及以上的企业占比为 22. 54%，2018 年对创新环境满意度评分达到比较满意及以上的企

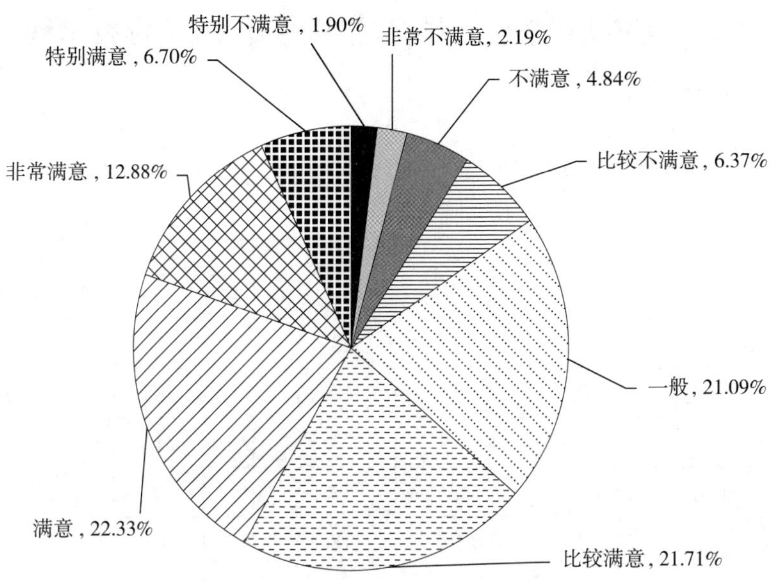

图 5-4 2019 年所调查企业对创业环境的满意度

业占比为 53.62%，2019 年对创新环境满意度评分达到比较满意及以上的企业占比为 62.09%。从企业对创业环境的满意度看，2016 年对创业环境满意度评分达到比较满意及以上的企业占比为 46.10%，2018 年对创业环境满意度评分达到比较满意及以上的企业占比为 52.79%，2019 年对创业环境满意度评分达到比较满意及以上的企业占比为 63.62%。说明近几年来，随着“大众创业、万众创新”的大力推进和各种政策措施的不断出台落地，企业创新创业环境得到很大的改善。特别是 2016 年至 2018 年，企业对创新创业环境满意程度的提高十分显著。这段时间正是国家双创政策大力推进和各种政策措施不断出台的高峰期，说明了国家政策改善创新环境的效果显著。

二、制约因素识别

那么，是哪些因素导致了多数企业对当前的创新创业环境不太满意呢？本书从产学研合作、技术服务体系、关键技术、资金支持和人才等方面展开了调查。

表 5-90　2016 年所调查企业制约创新创业主要因素的行业分布

（单位:%）

行业	缺少技术人才	缺少资金支持	缺乏关键技术	技术服务体系不完善	欠缺与高校、科研院所合作
信息技术	53.45	66.67	23.12	47.15	23.12
软件	63.20	68.77	18.96	42.38	20.07
节能环保	62.20	68.29	26.83	40.24	18.29
高端装备制造	55.83	75.83	12.50	42.50	24.17
新能源	51.30	70.78	18.18	41.56	22.73
新材料	50.21	63.29	22.78	51.05	24.89
生物医药	51.33	70.80	20.35	49.56	23.01
文化创意	51.16	75.58	15.12	47.67	26.74
金融服务	57.74	71.32	21.13	45.28	20.00
专业技术服务	54.87	66.79	21.30	46.21	23.83
总体	55.32	68.80	20.56	45.71	22.57
上一轮	55.31	66.51	22.28	41.15	19.66

表 5-91　2016 年所调查企业制约创新创业主要因素的区域分布

（单位:%）

区域	缺少技术人才	缺少资金支持	缺乏关键技术	技术服务体系不完善	欠缺与高校、科研院所合作
北京市	57.68	69.75	20.42	42.77	20.57
上海市	55.77	67.31	22.53	46.98	21.98
深圳市	59.25	71.32	18.11	41.89	21.51
杭州市	51.85	67.68	19.53	52.53	25.93
武汉市	48.58	70.28	19.81	47.17	26.89
西安市	52.76	62.99	24.41	47.24	22.05

表 5-92　2018 年所调查企业制约创新创业主要因素的行业分布

（单位:%）

行业	缺少技术人才	缺少资金支持	缺乏关键技术	技术服务体系不完善	欠缺与高校、科研院所合作	其他
信息技术	56. 43	46. 53	47. 27	40. 24	24. 33	13. 23
软件	55. 52	53. 14	46. 26	42. 59	24. 44	10. 91
节能环保	67. 86	48. 21	39. 29	32. 14	16. 07	10. 71
高端装备制造	50. 66	46. 38	45. 39	37. 83	22. 04	15. 46
新能源	56. 90	44. 83	48. 28	39. 66	20. 69	17. 24
新材料	43. 90	41. 46	43. 90	46. 34	24. 39	12. 20
生物医药	51. 45	50. 80	47. 59	41. 48	27. 33	12. 54
文化创意	56. 28	46. 41	46. 19	41. 26	23. 77	10. 31
金融服务	57. 09	49. 02	48. 03	44. 09	24. 61	12. 01
专业技术服务	50. 96	40. 61	44. 06	43. 30	24. 90	11. 88
现代农业	62. 22	50. 00	55. 56	46. 67	20. 00	3. 33
总体	55. 29	48. 15	46. 75	41. 48	24. 13	12. 09

表 5-93　2018 年所调查企业制约创新创业主要因素的区域分布

（单位:%）

区域	缺少技术人才	缺少资金支持	缺乏关键技术	技术服务体系不完善	欠缺与高校、科研院所合作	其他
北京市	54. 55	49. 42	48. 25	41. 88	23. 70	10. 02
上海市	56. 78	48. 87	47. 02	43. 74	24. 02	13. 24
深圳市	53. 33	47. 90	43. 95	40. 37	24. 44	12. 47
杭州市	56. 01	44. 90	46. 94	40. 36	24. 72	15. 87
西安市	55. 74	42. 62	44. 26	37. 16	21. 31	13. 11
武汉市	57. 61	49. 19	48. 22	39. 81	26. 21	10. 03

表 5-94　2019 年所调查企业制约创新创业主要因素的行业分布

（单位:%）

行业	缺少技术人才	缺少资金支持	缺乏关键技术	技术服务体系不完善	欠缺与高校、科研院所合作	其他
信息技术	51. 02	58. 98	35. 00	26. 48	16. 70	11. 70
软件	60. 39	65. 93	33. 24	25. 76	15. 79	10. 25

续表

行业	缺少技术人才	缺少资金支持	缺乏关键技术	技术服务体系不完善	欠缺与高校、科研院所合作	其他
节能环保	42.67	62.67	30.67	26.67	10.67	14.67
高端装备制造	50.00	54.72	38.68	34.91	18.87	8.49
新能源	50.00	72.50	35.00	27.50	12.50	7.50
新材料	45.45	49.35	38.96	33.77	15.58	14.29
生物医药	48.55	58.70	32.61	23.19	13.04	14.49
文化创意	47.42	52.23	27.49	27.15	10.65	19.59
金融服务	37.82	43.70	19.33	31.93	14.29	28.57
专业技术服务	44.44	51.75	30.90	25.61	12.70	19.89
现代农业	48.94	63.83	25.53	38.30	14.89	6.38
总体	48.72	56.28	32.09	26.92	14.36	15.46

表 5-95　2019 年所调查企业制约创新创业主要因素的区域分布

（单位:%）

区域	缺少技术人才	缺少资金支持	缺乏关键技术	技术服务体系不完善	欠缺与高校、科研院所合作	其他
北京市	42.64	48.35	23.27	23.27	12.76	28.53
成都市	62.44	69.95	32.39	33.33	21.13	2.35
广州市	51.61	60.97	34.52	22.26	17.74	13.55
杭州市	66.33	63.97	36.03	34.01	9.76	4.38
上海市	35.07	47.74	26.24	22.40	8.60	22.17
深圳市	47.11	62.31	43.25	23.55	11.56	14.13
武汉市	61.58	64.97	41.24	33.90	19.21	3.39
西安市	42.70	58.99	38.20	48.31	21.91	4.49
长春市	61.44	52.29	26.80	26.80	22.88	13.07
郑州市	40.91	46.02	28.41	21.02	15.91	15.91

因此，从制约因素来看，三次的调查结果均显示缺少资金支持和技术人才是制约创业企业创新的主要因素。可见加大资金支持和加强技术人才培养是促进和激励企业进行创新创业活动的重要途径。具体来说，在 2016 年被认为是制约创业企业创新的前三大

因素为缺少资金支持、缺少技术人才和技术服务体系不完善，而2018年和2019年被认为是制约创业企业创新的前三大因素为缺少资金支持、缺少技术人才和缺乏关键技术。从行业分布来看，三年各个行业均不存在较大差异。其中，与其他行业相比2016年软件和节能环保行业对技术人才需求较高；高端装备制造和文化创意行业更缺乏资金；新材料和生物医药行业更认为是技术服务体系不完善制约了企业的创新。2018年节能环保和现代农业行业对技术人才需求较高；软件和生物医药行业更认为缺少资金支持是制约因素；现代农业和新能源行业更认为缺乏关键技术是制约因素。2019年，认为缺少技术人才是重要的制约因素的软件和信息行业的企业比例最高。将缺少资金支持作为制约因素的新能源、软件和现代农业行业的企业比例较高。在将缺乏关键技术支持作为制约因素的行业中，新材料与高端技术装备行业的比例较高。从区域分布来看，2016年和2018年制约企业创新创业主要因素无明显的区域差异。而2019年出现略明显的差异，主要体现在北京市、郑州市和上海市认为缺少技术人才、缺少资金支持以及缺乏关键技术为主要制约因素的企业所占比重都明显低于大多数城市。

第五节　对比分析

本章根据2016年、2018年和2019年的调查结果，从企业创新投入、企业创新效益、企业创新地位以及企业创新制约因素四方面分析企业的创新情况。通过对信息技术、软件、节能环保、高端装备制造、新能源、新材料、生物医药、文化创意、金融服务、专业技术服务和现代农业 11 个行业三年的调查分析发现我国创业企业在创新能力方面具有以下特点：

一是企业创新投入方面。从研发人员角度来说，三年中无论是研发人员总量还是研发人员占比都是 2018 年最高，2019 年次之，最低的是 2016 年。本书认为，这可能与 2018 年国家支持创新的政策力度较大有关。从研发经费角度来说，三年调查结果均显示年均技术改造费用高于技术引进费用。可见，相比技术引进，创业企业更倾向于采用技术改造路径促进产品升级换代、提高经济效益和产品质量。另外，调查结果还显示企业年度平均对外科技合作经费均低于企业年均技术改造费用和企业年均技术引进费用，说明创业企业的科技需求形式仍然以技术改造和技术引进居多，对外科技合作意愿较低。

二是企业创新效益方面。从技术研发能力角度来说，三年全部调查创业企业年均新增研发项目数逐年递减；2016 年到 2018 年创业企业年均新增产品或工艺创新数有所增加，但 2019 年，年均新增的产品或工艺创新数却低于前两年的水平；2016 年将近 70%的创业企业没有发明专利，2018 年没有发明专利的企业占比继续增加超过 90%，2019 年该项指标虽有所下降，但依然有超八成以上企业尚未拥有发明专利。从技术转移能力角度来说，2016 年与 2018 年情况相差不大。而 2019 年创业企业的年度技术交易收入为 0—50 万元的占比却仅为 9.02%，对比 2018 年，创业企业的年度技术交易收入为 0—50 万元的占比为 43.49%，表明 2018 年到 2019 年企业技术转移能力明显变弱，有待提高。从技术转化能力角度来说，2019 年新产品或新业务年度收入处于 50 万元以上的企业占比是 2018 年的近 4 倍。综合以上三个角度来看，企业创新产业化效果良好。

三是企业创新地位方面。从获奖情况来看,2018 年到 2019 年尚未获得国家、省部级奖项的创业企业占比明显提高,可见 2018 年到 2019 年企业获奖情况明显变差。就标准情况角度来说,2016 年到 2018 年尚未拥有企业标准的企业占比减少,调查创业企业平均拥有企业标准数以及行业或国家的标准数增加,说明与 2016 年相比,创业企业在行业中的创新地位有所提升。而 2019 年尚未拥有企业标准的企业占比与前两年相比明显提高,调查创业企业平均拥有企业标准数以及行业、国家或国际标准数均低于前两年。综合上述获奖情况和标准情况,可以发现 2018 年到 2019 年,创业企业在行业中的创新地位出现明显下降,有待加强。

四是企业创新制约因素方面。从满意度角度来看,三年来企业对创新创业环境的满意度逐渐递增,特别是 2016 年至 2018 年,企业对创新创业环境满意程度的提高十分显著。这段时间正是国家双创政策大力推进和各种政策措施不断出台的高峰期,说明了国家政策改善创新环境的效果显著。从制约因素角度来看,三次的调查结果均显示缺少资金支持和缺少技术人才为制约创业企业创新的主要因素。可见,加大资金支持和加强技术人才培养是促进和激励企业进行创新创业活动的重要途径。

五是近年来新一线城市创新创业发展势头强劲。根据三年的调查数据发现,2016 年北京市、上海市等一线城市的创新指标明显优于其他城市,到了 2018 年一些新一线城市比如杭州市、成都市、西安市等城市的创业企业的创新指标与一线城市差距不断缩小,到了 2019 年这种现象更为明显,新一线城市的创新指标有时甚至优于北上广深这些一线城市。说明国家对新一线城市创新创业的重视程度以及投入力度较强,创新创业不再集中于北京市、上海市、广州市、深圳市等一线城市,拥有多重政策鼓励的新一线城市逐渐成为创新潮的新热点。

第六章　创业企业发展潜力调查

创业企业发展潜力代表了未来企业价值，本章从市场潜力、研发潜力、人力资源潜力、品牌潜力四个方面对 2016 年、2018 年及 2019 年三次调查的创业企业的发展潜力状况进行对比分析。该部分三次调查分别在 2016 年、2018 年和 2019 年开展，但数据是基于企业 2015 年、2017 年和 2018 年的生产经营情况所得。

第一节　市场潜力

本节从企业收入增长情况和利润增长情况来分析企业的市场潜力。

一、收入增长

收入是创业企业得以继续生存的重要保障，同时收入增长状况也是衡量企业市场潜力的重要指标。

表 6-1　2016 年企业销售收入增长率的行业分布　　（单位：%）

行业	0 及以下	0—10%以下	10%—30%以下	30%—50%以下	50%—100%以下	100%及以上
信息技术	18.92	23.12	30.93	4.20	20.12	2.70
软件	10.41	24.16	39.78	3.72	20.45	1.49
节能环保	29.27	17.07	10.98	12.20	15.85	14.63
高端装备制造	33.33	14.17	15.00	13.33	14.17	10.00
新能源	27.92	16.88	14.94	14.29	13.64	12.34
新材料	24.05	14.77	14.35	14.77	15.19	16.88
生物医药	28.32	18.58	13.27	14.16	15.04	10.62
文化创意	33.72	15.12	11.63	16.28	8.14	15.12
金融服务	28.30	13.96	14.34	16.23	15.85	11.32
专业技术服务	14.13	25.00	42.39	1.45	16.30	0.72
总体	22.22	19.33	24.50	9.51	16.54	7.91
上一轮	36.11	16.76	21.00	8.59	9.28	8.27

表 6-2　2016 年企业销售收入增长率的区域分布　　（单位：%）

区域	0 及以下	0—10%以下	10%—30%以下	30%—50%以下	50%—100%以下	100%及以上
北京市	18.03	20.57	33.38	5.51	18.63	3.87
上海市	21.15	25.00	26.92	6.32	15.93	4.67
深圳市	24.62	17.42	18.56	13.64	15.91	9.85
杭州市	24.92	14.14	16.16	15.15	14.81	14.81
武汉市	29.85	14.18	23.88	6.72	11.19	14.18
西安市	26.77	15.75	22.05	8.66	11.81	14.96

表 6-3　2018 年企业销售收入增长率的行业分布　（单位:%）

行业	0 及以下	0—30%以下	30%—50%以下	50%—100%以下	100%及以上
信息技术	56.98	4.63	2.59	7.12	28.68
软件	60.17	3.57	4.40	8.32	23.54
节能环保	51.79	5.36	1.79	16.07	25.00
高端装备制造	54.61	4.93	3.95	10.86	25.66
新能源	34.48	8.62	17.24	22.41	17.24
新材料	31.71	4.88	7.32	24.39	31.71
生物医药	54.34	5.79	3.22	9.97	26.69
文化创意	53.59	5.83	3.36	6.73	30.49
金融服务	57.20	3.35	3.16	7.30	28.99
专业技术服务	60.00	3.85	2.69	6.92	26.54
现代农业	43.82	5.62	1.12	11.24	38.20
总体	56.14	4.53	3.50	8.48	27.36

表 6-4　2018 年企业销售收入增长率的区域分布　（单位:%）

区域	0 及以下	0—30%以下	30%—50%以下	50%—100%以下	100%及以上
北京市	67.08	2.41	2.26	4.82	23.42
上海市	57.82	4.84	2.06	5.86	29.42
深圳市	41.16	6.80	6.43	17.43	28.18
杭州市	64.17	3.40	1.59	3.63	27.21
西安市	40.44	7.10	7.65	17.49	27.32
武汉市	42.39	6.47	5.83	10.03	35.28

表 6-5　2019 年企业销售收入增长率的行业分布　（单位:%）

行业	0 及以下	0—30%以下	30%—50%以下	50%—100%以下	100%及以上
信息技术	43.08	24.11	7.38	13.83	11.59
软件	43.43	20.94	6.88	15.94	12.81
节能环保	39.13	39.13	7.25	7.25	7.25
高端装备制造	37.63	33.33	7.53	12.90	8.60

续表

行业	0 及以下	0—30%以下	30%—50%以下	50%—100%以下	100%及以上
新能源	40.00	28.57	8.57	5.71	17.14
新材料	42.65	36.76	11.76	4.41	4.41
生物医药	36.92	26.15	10.77	15.38	10.77
文化创意	44.23	26.54	9.62	10.77	8.85
金融服务	46.94	26.53	9.18	14.29	3.06
专业技术服务	42.53	31.87	8.53	10.53	6.53
现代农业	64.28	19.05	4.76	4.76	7.14
总体	42.91	27.40	8.19	12.23	9.26

表 6-6　2019 年企业销售收入增长率的区域分布　（单位:%）

区域	0 及以下	0—30%以下	30%—50%以下	50%—100%以下	100%及以上
北京市	48.53	22.64	5.37	13.35	10.10
上海市	33.89	45.30	10.74	6.38	3.69
广州市	38.54	28.47	11.11	12.85	9.03
深圳市	60.24	25.30	5.22	6.43	2.81
杭州市	32.67	27.00	13.00	16.00	11.33
西安市	19.30	22.81	31.00	15.20	11.70
武汉市	30.51	36.72	9.60	12.99	10.17
成都市	50.00	10.19	6.48	14.35	18.98
长春市	49.32	23.29	6.85	15.75	4.79
郑州市	38.18	35.76	6.06	9.70	10.30

因此,从收入增长的总体情况来看,2018 年销售收入增长率高于 50%的企业占比最高,高达 35.84%;其次是 2016 年,占比为 24.45%;最后是 2019 年,占比最少,为 21.49%。从行业分布来看,2019 年专业技术服务、软件、生物医药和高端装备制造行业销售收入增长率在 0 及以下的企业占比明显低于 2018 年,而 2016 年这几个行业的占比明显低于 2018 年和 2019 年,此外,这几个行

业2018年销售收入增长率在50%以上企业的占比高于2016年和2019年。从区域分布来看,2018年相较于2016年,北京市、上海市和杭州市变化较大,半数以上的创业企业销售收入为零增长或负增长,而2019年这3大城市的情况有所缓和。深圳市创业企业销售收入为零增长或负增长的企业占比从2016—2019年呈递增趋势,2019年高达60.24%。此外2019年较2018年和2016年新增了广州市、成都市、长春市和郑州市4个城市,调查范围更加广阔,且这几个城市都具有较好的发展潜力。

二、利润增长

利润是收入与费用的差额,利润的大小体现了企业控制成本和取得收入的能力,同时利润增长状况也是衡量企业市场潜力的重要指标。

表6-7 2016年企业利润总额增长率的行业分布 (单位:%)

行业	0及以下	0%—30%以下	30%—50%以下	50%—100%以下	100%及以上
信息技术	38.44	40.54	7.81	11.11	2.10
软件	31.23	44.98	10.41	11.90	1.49
节能环保	24.39	52.44	13.41	6.10	3.66
高端装备制造	33.33	41.67	10.83	11.67	2.50
新能源	35.06	41.56	12.34	9.74	1.30
新材料	29.96	39.24	10.55	16.46	3.80
生物医药	33.63	38.05	12.39	10.62	5.31
文化创意	34.88	37.21	15.12	9.30	3.49
金融服务	24.15	50.19	9.06	12.45	4.15
专业技术服务	32.13	42.60	13.00	11.55	0.72
总体	31.92	42.98	10.80	11.73	2.58
上一轮	36.00	50.00	6.57	6.09	1.34

表 6-8　2016 年企业利润总额增长率的区域分布　（单位：%）

区域	0 及以下	0—10%以下	10%—30%以下	30%—50%以下	50%—100%以下	100%及以上
北京市	31. 15	23. 10	22. 50	12. 22	9. 84	1. 19
上海市	34. 62	17. 86	23. 63	10. 44	10. 71	2. 75
深圳市	25. 66	26. 42	20. 75	8. 68	14. 34	4. 15
杭州市	34. 34	21. 55	17. 85	9. 76	13. 80	2. 69
武汉市	33. 96	18. 40	20. 28	11. 32	11. 32	4. 72
西安市	32. 28	19. 69	20. 47	10. 24	14. 96	2. 36

表 6-9　2018 年企业利润总额增长率的行业分布　（单位：%）

行业	0 及以下	0—30%以下	30%—50%以下	50%—100%以下	100%及以上
信息技术	56. 80	9. 81	4. 44	8. 51	20. 44
软件	62. 87	8. 07	5. 81	9. 25	14. 00
节能环保	39. 29	19. 64	12. 50	14. 29	14. 29
高端装备制造	48. 36	15. 79	6. 58	11. 18	18. 09
新能源	51. 72	12. 07	5. 17	24. 14	6. 90
新材料	46. 34	9. 76	7. 32	29. 27	7. 32
生物医药	51. 45	9. 97	7. 40	10. 93	20. 26
文化创意	59. 19	9. 42	4. 71	10. 54	16. 14
金融服务	56. 10	11. 22	5. 91	9. 25	17. 52
专业技术服务	66. 54	8. 46	4. 62	8. 08	12. 31
现代农业	45. 56	13. 33	8. 89	20. 00	12. 22
总体	57. 18	10. 19	5. 60	10. 12	16. 91

表 6-10　2018 年企业利润总额增长率的区域分布　（单位：%）

区域	0 及以下	0—30%以下	30%—50%以下	50%—100%以下	100%及以上
北京市	63. 95	6. 14	4. 97	6. 76	18. 18
上海市	58. 07	12. 23	4. 32	8. 84	16. 55
深圳市	42. 96	16. 30	7. 53	16. 30	16. 91
杭州市	62. 13	6. 80	4. 99	7. 71	18. 37

续表

区域	0及以下	0—30%以下	30%—50%以下	50%—100%以下	100%及以上
西安市	56.28	6.56	8.20	16.39	12.57
武汉市	56.96	11.65	6.47	11.65	13.27

表6-11　2019年企业利润总额增长率的行业分布　（单位:%）

行业	0及以下	0—30%以下	30%—50%以下	50%—100%以下	100%及以上
信息技术	62.87	13.67	5.63	9.25	8.58
软件	38.96	12.27	25.77	13.80	9.20
节能环保	58.21	17.91	10.45	8.96	4.48
高端装备制造	47.31	19.35	18.28	3.23	11.83
新能源	56.25	15.63	3.13	9.38	15.63
新材料	64.06	20.31	4.69	6.25	4.69
生物医药	67.94	11.45	5.34	6.11	9.16
文化创意	61.18	14.90	7.06	10.98	5.88
金融服务	51.96	23.53	5.88	10.78	7.84
专业技术服务	59.25	20.99	4.83	6.91	8.01
现代农业	69.05	2.38	7.14	14.29	7.14
总体	60.53	16.27	6.04	8.95	8.21

表6-12　2019年企业利润总额增长率的区域分布　（单位:%）

区域	0及以下	0—30%以下	30%—50%以下	50%—100%以下	100%及以上
北京市	64.51	13.43	4.15	9.62	8.29
上海市	62.72	20.91	5.92	6.27	4.18
广州市	56.36	21.82	4.73	9.82	7.27
深圳市	72.73	19.05	2.60	3.46	2.16
杭州市	41.00	19.33	10.67	14.33	14.67
西安市	61.76	8.24	12.35	10.00	7.65
武汉市	40.78	27.93	11.17	9.50	10.61
成都市	69.91	4.17	1.85	12.96	11.11

续表

区域	0 及以下	0—30%以下	30%—50%以下	50%—100%以下	100%及以上
长春市	62.50	13.89	3.47	10.42	9.72
郑州市	64.41	13.56	7.34	8.47	6.21

因此,从利润增长的总体情况来看,2018 年、2019 年与 2016 年相比,创业企业的利润总额为零增长或负增长的企业占比均高达六成,明显高于 2016 年,而 2016 年仅占三成,说明 2016 年创业企业的盈利能力较强。从行业分布来看,2016 年和 2019 年,绝大多数行业超过七成企业利润总额增长率在 30%以下,且 2016 年有 30%左右的企业利润总额增长率在 0 及以下,而 2019 年有 60%左右的企业利润总额增长率在 0 及以下,相比较而言,2018 年各个行业的发展较好,各个行业(除新能源和新材料外)企业利润总额增长率在 100%及以上的占比均位于 10%以上,而 2016 年占比(除生物医药行业外)均位于 5%以下,2019 年(除高端装备制造和新能源外)占比均位于 10%以下。从区域来看,2016 年调查的城市中企业利润总额增长率在 0 及以下的企业占比最少,均在 35%以下,而 2018 年和 2019 年调查的城市中企业利润总额增长率在 0 及以下的企业占比均在 40%以上,说明 2018 年和 2019 年企业的盈利能力明显减弱,发展速度减缓。

第二节　研发潜力

研发潜力是指企业研究开发的潜在能力,在创新型企业中研发潜力是企业未来发展能力的重要指标,而研发经费增长状况能够较好地表示企业的研发潜力。

表 6-13 2016 年企业研发经费增长率的行业分布 （单位:%）

行业	0 及以下	0—30%以下	30%—50%以下	50%—100%以下	100%及以上
信息技术	24.92	62.17	3.90	0.60	8.41
软件	24.91	63.94	2.97	0.74	7.43
节能环保	37.80	36.58	21.95	0.00	3.66
高端装备制造	35.83	50.00	10.83	2.50	0.83
新能源	44.16	42.21	8.44	3.25	1.95
新材料	40.51	43.46	12.66	2.53	0.84
生物医药	41.59	44.25	13.27	0.88	0.00
文化创意	39.53	34.88	20.93	2.33	2.33
金融服务	38.87	43.02	13.96	3.02	1.13
专业技术服务	23.47	63.54	1.81	0.36	10.83
总体	32.90	52.02	8.78	1.55	4.75
上一轮	33.16	51.99	8.49	1.70	4.67

表 6-14 2016 年企业研发经费增长率的区域分布 （单位:%）

区域	0 及以下	0—10%以下	10%—30%以下	30%—50%以下	50%—100%以下	100%及以上
北京市	27.87	34.72	23.70	4.32	1.04	8.35
上海市	29.40	35.44	21.98	6.59	0.82	5.77
深圳市	36.98	26.79	19.62	12.83	2.26	1.51
杭州市	41.08	22.90	15.82	16.16	2.69	1.35
武汉市	36.79	26.89	23.58	8.96	1.89	1.89
西安市	35.43	22.05	25.98	12.60	1.57	2.36

表 6-15 2018 年企业研发经费增长率的行业分布 （单位:%）

行业	0 及以下	0—30%以下	30%—50%以下	50%—100%以下	100%及以上
信息技术	44.59	13.04	9.71	21.09	11.56
软件	38.20	14.59	9.96	26.81	10.44

续表

行业	0及以下	0—30%以下	30%—50%以下	50%—100%以下	100%及以上
节能环保	17.86	23.21	16.07	32.14	10.71
高端装备制造	29.28	16.45	12.17	28.62	13.49
新能源	20.69	24.14	15.52	34.48	5.17
新材料	21.95	9.76	19.51	43.90	4.88
生物医药	44.69	14.15	9.65	26.05	5.47
文化创意	46.64	12.78	11.88	21.52	7.17
金融服务	43.70	14.37	14.37	21.85	5.71
专业技术服务	44.62	17.69	6.54	20.00	11.15
现代农业	20.00	18.89	17.78	28.89	14.44
总体	40.69	14.54	11.02	24.13	9.62

表6-16 2018年企业研发经费增长率的区域分布 (单位:%)

区域	0及以下	0—30%以下	30%—50%以下	50%—100%以下	100%及以上
北京市	55.71	10.33	7.77	17.17	9.01
上海市	43.47	15.52	9.87	21.38	9.76
深圳市	20.74	17.65	15.19	34.81	11.60
杭州市	43.08	13.15	10.66	24.94	8.16
西安市	28.42	15.85	13.66	33.88	8.20
武汉市	25.57	22.01	16.18	26.86	9.39

表6-17 2019年企业研发经费增长率的行业分布 (单位:%)

行业	0及以下	0—30%以下	30%—50%以下	50%—100%以下	100%及以上
信息技术	65.01	21.87	4.61	5.56	2.96
软件	57.18	23.10	6.20	8.73	4.79
节能环保	69.44	22.22	4.17	1.39	2.78
高端装备制造	54.29	31.43	6.67	4.76	2.86
新能源	66.67	30.56	0.00	2.78	0.00
新材料	81.33	12.00	1.33	4.00	1.33

续表

行业	0 及以下	0—30% 以下	30%—50% 以下	50%—100% 以下	100%及 以上
生物医药	62.02	22.48	6.20	5.43	3.88
文化创意	81.25	13.97	1.10	3.31	0.37
金融服务	79.28	14.41	2.70	2.70	0.90
专业技术服务	81.67	11.44	2.00	4.11	0.78
现代农业	86.67	11.11	2.22	0.00	0.00
总体	71.59	17.89	3.56	4.85	2.10

表 6-18　2019 年企业研发经费增长率的区域分布　（单位:%）

区域	0 及以下	0—30% 以下	30%—50% 以下	50%—100% 以下	100%及 以上
北京市	71.17	15.96	4.23	5.21	3.42
上海市	86.03	6.73	3.49	2.99	0.75
广州市	73.26	18.06	3.82	3.13	1.74
深圳市	87.50	8.55	1.97	1.97	0.00
杭州市	60.33	31.67	3.33	3.33	1.33
西安市	66.09	25.86	1.15	4.60	2.30
武汉市	48.28	31.61	5.75	10.34	4.02
成都市	55.35	26.05	4.65	8.37	5.58
长春市	68.92	16.89	4.73	8.78	0.68
郑州市	61.36	19.89	10.80	5.11	2.84

因此,从研发潜力的总体情况来看,2016 年创业企业的研发经费为零增长或负增长的占比仅为 32.90%,2018 年这一比率增长为 40.69%,而 2019 年这一比率为 2016 年的 2 倍多,高达 71.59%,说明 2019 年创业企业的自主研发意愿较弱。从行业分布来看,在 2016 年,信息技术、软件和专业技术服务行业企业研发经费增长率大于 0 的企业占 70%以上;2018 年,节能环保行业、高端装备制造行业、新能源行业、新材料行业和现代农业行业企业研

发经费增长率大于0的企业占70%以上，而信息技术、软件和专业技术服务行业企业研发经费增长率大于0的企业占比下降超过了10%，约为60%；2019年仅有软件和高端装备制造行业企业研发经费增长率大于0的企业占比位于40%以上，其他行业均低于这个水平。从区域分布情况来看，2016年北京市和上海市创业企业研发经费增长率大于0的企业占比均高于70%；2018年，深圳市、西安市和武汉市创业企业研发经费增长率大于0的企业占比均高于70%；2019年，没有一个城市的创业企业研发经费增长率大于0的企业占比高于70%，仅有武汉市创业企业研发经费增长率大于0的企业占比为51.72%。

第三节　人力资源潜力

本节从人员规模、人员结构（学历结构和职称结构）、人才储备三个方面分析企业的人力资源潜力。

一、人员规模

企业员工规模增长状况代表了企业人力资源潜力，也是最能反映企业成长性的指标之一。

表6-19　2016年企业员工增长率的行业分布　（单位：%）

行业	0及以下	0—30%以下	30%—50%以下	50%—100%以下	100%及以上
信息技术	23.12	54.05	19.22	2.10	1.50
软件	23.79	51.30	22.68	0.37	1.86

续表

行业	0及以下	0—30%以下	30%—50%以下	50%—100%以下	100%及以上
节能环保	9.76	34.14	14.63	41.46	0.00
高端装备制造	0.83	85.00	9.17	5.00	0.00
新能源	12.99	33.77	19.48	33.77	0.00
新材料	7.17	40.93	19.83	32.07	0.00
生物医药	0.00	92.03	5.31	2.65	0.00
文化创意	2.33	84.88	8.14	4.65	0.00
金融服务	18.49	49.44	23.77	4.53	3.77
专业技术服务	23.47	53.79	22.02	0.36	0.36
总体	15.65	54.44	18.70	10.12	1.08
上一轮	24.24	15.28	29.81	13.10	16.98

表6-20 2016年企业员工增长率的区域分布 (单位:%)

区域	0及以下	0—10%以下	10%—30%以下	30%—50%以下	50%—100%以下	100%及以上
北京市	19.52	24.89	32.34	18.93	4.17	0.15
上海市	15.11	24.45	33.52	20.33	4.67	1.92
深圳市	17.36	17.36	32.83	21.51	8.68	2.26
杭州市	9.43	24.92	23.91	17.85	22.90	1.01
武汉市	11.79	23.58	31.60	13.21	18.40	1.42
西安市	14.17	21.26	29.13	18.11	16.54	0.79

表6-21 2018年企业员工增长率的行业分布 (单位:%)

行业	0及以下	0—30%以下	30%—50%以下	50%—100%以下	100%及以上
信息技术	35.62	13.97	13.69	28.31	8.42
软件	37.49	13.76	13.76	29.06	5.93
节能环保	58.93	25.00	5.36	7.14	3.57
高端装备制造	44.41	10.86	13.82	23.03	7.89
新能源	43.10	43.10	1.72	5.17	6.90
新材料	51.22	41.46	0.00	7.32	0.00

续表

行业	0及以下	0—30%以下	30%—50%以下	50%—100%以下	100%及以上
生物医药	40.19	14.79	14.15	26.69	4.18
文化创意	36.77	12.56	12.56	30.72	7.40
金融服务	34.06	14.37	14.57	32.48	4.53
专业技术服务	35.63	15.33	11.49	32.57	4.98
现代农业	46.59	42.05	4.55	6.82	0.00
总体	37.79	15.23	12.94	27.67	6.37

表6-22　2018年企业员工增长率的区域分布　（单位:%）

区域	0及以下	0—30%以下	30%—50%以下	50%—100%以下	100%及以上
北京市	39.47	12.28	12.59	27.04	8.62
上海市	39.53	17.76	11.29	27.10	4.31
深圳市	42.35	11.73	14.20	26.30	5.43
杭州市	14.97	18.82	17.69	40.36	8.16
西安市	44.81	26.23	6.56	18.03	4.37
武汉市	41.75	17.15	13.27	23.30	4.53

表6-23　2019年企业员工增长率的行业分布　（单位:%）

行业	0及以下	0—30%以下	30%—50%以下	50%—100%以下	100%及以上
信息技术	38.97	26.29	14.17	11.89	8.69
软件	34.90	28.81	14.96	10.53	10.80
节能环保	42.47	32.88	13.70	5.48	5.48
高端装备制造	24.27	37.86	19.42	12.62	5.83
新能源	37.50	25.00	10.00	17.50	10.00
新材料	45.57	30.38	15.19	7.59	1.27
生物医药	37.59	27.07	11.28	11.28	12.78
文化创意	53.36	24.38	8.48	9.19	4.59
金融服务	36.44	28.81	13.56	13.56	7.63
专业技术服务	44.32	29.51	11.03	8.65	6.49

续表

行业	0 及以下	0—30%以下	30%—50%以下	50%—100%以下	100%及以上
现代农业	68.89	8.89	8.89	4.44	8.89
总体	41.48	27.91	12.69	10.25	7.68

表 6-24　2019 年企业员工增长率的区域分布　（单位:%）

区域	0 及以下	0—30%以下	30%—50%以下	50%—100%以下	100%及以上
北京市	51.80	19.07	10.06	10.21	8.86
上海市	41.63	32.56	12.33	6.98	6.51
广州市	47.19	22.44	11.55	10.56	8.25
深圳市	43.89	33.71	12.22	7.01	3.17
杭州市	23.33	31.33	18.67	14.00	12.67
西安市	37.36	31.03	16.09	10.34	5.17
武汉市	27.12	37.29	12.99	14.69	7.91
成都市	30.99	25.82	15.02	14.08	14.08
长春市	42.28	26.17	11.41	14.09	6.04
郑州市	41.44	30.39	17.13	7.18	3.87

因此，从人员规模情况来看，创业企业员工的正增长率自 2016 年以来的占比逐渐降低，2016 年为 84.35%、2018 年为 62.21%、2019 年为 58.53%，说明创业企业的员工规模逐渐减少。从行业分布来看，2016 年，节能环保、高端装备制造、新材料、生物医药和文化创意行业企业员工增长率大于 0 的企业占比高达 90%，2018 年和 2019 年（除文化创意外）这几个行业的占比呈现出“先大幅下降，后有所回升”的趋势，而其他行业 2018 年和 2019 年相比总体变化不大。从区域分布来看，2016 年 6 个城市超过八成企业员工增长率为正值，2018 年除杭州市外，其余 5 个城市约六成创业企业员工总人数呈现明显正增长，2019 年，只有杭州市、西安市、武汉市和成都

市超过六成创业企业员工总人数呈现明显正增长。

二、人员结构

（一）学历结构

一般而言，企业员工中高学历员工占比越高，企业员工学历结构越优化，则意味着企业具有人力资源潜力，能够为企业未来可持续成长发展提供人才保障。

表 6-25　2016 年企业本科及以上学历员工占比的行业分布　（单位：%）

行业	10%以下	10%—30%以下	30%—50%以下	50%—80%以下	80%及以上
信息技术	3.00	9.31	19.82	19.52	48.35
软件	0.74	12.27	20.07	23.05	43.87
节能环保	3.66	8.54	2.44	34.15	51.22
高端装备制造	5.00	5.00	14.17	33.33	42.50
新能源	3.90	4.55	10.39	35.71	45.45
新材料	5.06	5.49	11.81	29.11	48.52
生物医药	5.31	7.08	8.85	33.63	45.13
文化创意	8.14	5.81	10.47	31.40	44.19
金融服务	4.53	6.04	9.06	27.92	52.45
专业技术服务	0.72	14.44	24.19	20.58	40.07
总体	3.41	8.57	15.13	26.60	46.28
上一轮	3.09	6.56	15.96	26.79	47.60

表 6-26　2016 年企业本科及以上学历员工占比的区域分布　（单位：%）

区域	10%以下	10%—30%以下	30%—50%以下	50%—80%以下	80%及以上
北京市	1.19	12.22	16.54	22.95	47.09
上海市	2.75	8.52	19.23	26.65	42.86
深圳市	4.91	4.15	12.08	26.79	52.08

续表

区域	10%以下	10%—30%以下	30%—50%以下	50%—80%以下	80%及以上
杭州市	4.71	5.39	12.12	31.31	46.46
武汉市	4.72	7.55	14.62	27.83	45.28
西安市	8.66	7.87	10.24	32.28	40.94

表 6-27　2018 年企业本科及以上学历员工占比的行业分布　（单位:%）

行业	10%以下	10%—30%以下	30%—50%以下	50%—80%以下	80%及以上
信息技术	1.85	0.00	3.98	64.91	29.26
软件	1.42	0.00	3.56	61.09	33.93
节能环保	1.79	1.79	33.93	51.79	10.71
高端装备制造	1.97	0.00	4.28	58.22	35.53
新能源	5.17	0.00	31.03	58.62	5.17
新材料	0.00	2.44	65.85	29.27	2.44
生物医药	1.29	0.00	7.72	63.99	27.01
文化创意	2.47	0.00	2.02	64.57	30.94
金融服务	2.56	0.00	2.96	63.12	31.36
专业技术服务	2.30	0.00	4.21	65.90	27.59
现代农业	0.00	0.00	44.94	43.82	11.24
总体	1.90	0.05	6.22	62.19	29.64

表 6-28　2018 年企业本科及以上学历员工占比的区域分布　（单位:%）

区域	10%以下	10%—30%以下	30%—50%以下	50%—80%以下	80%及以上
北京市	0.23	0.00	4.51	63.37	31.88
上海市	6.78	0.00	4.01	61.66	27.54
深圳市	0.49	0.12	4.94	61.73	32.72
杭州市	0.00	0.23	6.80	63.72	29.25
西安市	0.00	0.00	24.04	53.01	22.95
武汉市	0.97	0.00	12.30	63.43	23.30

表 6-29　2019 年企业本科及以上学历员工占比的行业分布　（单位:%）

行业	10%以下	10%—30%以下	30%—50%以下	50%—80%以下	80%及以上
信息技术	8.87	9.73	25.86	28.69	26.85
软件	8.67	8.38	22.54	35.84	24.57
节能环保	19.12	10.29	19.12	33.82	17.65
高端装备制造	10.00	14.00	26.00	27.00	23.00
新能源	18.92	8.11	29.73	29.73	13.51
新材料	20.00	12.86	28.57	18.57	20.00
生物医药	14.84	16.41	19.53	24.22	25.00
文化创意	11.07	13.28	25.83	28.04	21.77
金融服务	8.93	5.36	24.11	33.93	27.68
专业技术服务	16.69	16.69	27.19	24.39	15.05
现代农业	35.71	11.90	14.29	26.19	11.90
总体	12.77	12.38	25.29	28.00	21.56

表 6-30　2019 年企业本科及以上学历员工占比的区域分布　（单位:%）

区域	10%以下	10%—30%以下	30%—50%以下	50%—80%以下	80%及以上
北京市	9.70	5.72	19.40	31.32	33.86
上海市	15.30	15.30	25.68	23.22	20.49
广州市	27.40	22.78	23.49	19.22	7.12
深圳市	12.33	10.14	50.96	16.44	10.14
杭州市	2.67	13.33	22.00	40.67	21.33
西安市	6.74	13.48	24.72	34.27	20.79
武汉市	23.03	25.84	16.29	21.35	13.48
成都市	4.17	9.72	24.07	33.33	28.70
长春市	12.75	8.05	17.45	28.19	33.56
郑州市	19.34	8.84	18.78	35.91	17.13

因此,从学历结构来看,在 2016 年超过七成企业的员工 50%以上具有本科及以上学历,而 2018 年和 2019 年这一比例分别占到九成和五成,说明创业企业员工素质在 2018—2019 年出现大幅下滑。

从行业分布来看，2016 年，金融服务行业拥有本科及以上学历的员工占比在 80%以上的企业占比位列第一，为 52.45%；2018 年金融服务这一占比位列第三，为 31.36%；2019 年金融服务这一占比位列第一，为 27.68%。可见金融服务行业总体人才水平有所下降，而其他行业人才水平也出现类似情形。从区域分布来看，2016 年 6 个城市企业的员工 50%以上具有本科及以上学历的企业占比均大于 60%，而 2018 年（除西安市外）这一比率增长至 85%，2019 年仅有北京市、杭州市、成都市和长春市这一比率在 60%以上。

（二）职称结构

员工职称结构也是反映企业人力资源潜力的重要指标，一般而言，企业中高级技术职称人数占全体员工的比重越大，意味着企业拥有越多的中高端技术人才。

表 6-31　2016 年企业中高级技术职称人数占比的行业分布　（单位：%）

行业	1%以下	1%—5%以下	5%—10%以下	10%—50%以下	50%及以上
信息技术	36.94	17.72	33.93	9.91	1.50
软件	40.52	13.75	33.46	11.90	0.37
节能环保	34.15	31.71	23.17	7.32	3.66
高端装备制造	35.00	35.83	16.67	5.00	7.50
新能源	40.26	36.36	15.58	3.90	3.90
新材料	42.19	25.74	23.21	4.22	4.64
生物医药	38.94	31.86	23.01	3.54	2.65
文化创意	46.51	19.77	26.74	3.49	3.49
金融服务	41.13	32.08	17.36	4.91	4.53
专业技术服务	33.21	15.88	40.07	10.11	0.72
总体	38.69	23.97	27.22	7.28	2.84
上一轮	41.98	23.65	24.18	7.39	2.82

表 6-32 2016 年企业中高级技术职称人数占比的区域分布 (单位:%)

区域	1%以下	1%—5%以下	5%—10%以下	10%—50%以下	50%及以上
北京市	34. 13	20. 57	33. 23	10. 88	1. 19
上海市	40. 11	21. 98	27. 47	6. 87	3. 57
深圳市	37. 74	27. 55	26. 04	5. 28	3. 40
杭州市	43. 10	29. 29	18. 52	4. 38	4. 71
武汉市	38. 21	27. 36	27. 36	4. 25	2. 83
西安市	51. 18	22. 05	17. 32	5. 51	3. 94

表 6-33 2018 年企业中高级技术职称人数占比的行业分布 (单位:%)

行业	1%以下	1%—5%以下	5%—10%以下	10%—50%以下	50%及以上
信息技术	25. 72	9. 81	31. 54	30. 80	2. 13
软件	27. 05	8. 66	28. 35	34. 76	1. 19
节能环保	17. 54	7. 02	38. 60	35. 09	1. 75
高端装备制造	23. 68	11. 18	21. 71	41. 78	1. 64
新能源	17. 24	17. 24	27. 59	37. 93	0. 00
新材料	9. 76	7. 32	43. 90	39. 02	0. 00
生物医药	36. 33	9. 65	11. 58	40. 51	1. 93
文化创意	53. 14	7. 85	9. 87	28. 03	1. 12
金融服务	41. 73	8. 46	13. 58	35. 63	0. 59
专业技术服务	38. 70	17. 62	18. 77	23. 37	1. 53
现代农业	16. 67	12. 22	32. 22	38. 89	0. 00
总体	32. 04	9. 89	23. 23	33. 42	1. 42

表 6-34 2018 年企业中高级技术职称人数占比的区域分布 (单位:%)

区域	1%以下	1%—5%以下	5%—10%以下	10%—50%以下	50%及以上
北京市	44. 13	9. 56	20. 82	22. 53	2. 95
上海市	36. 76	11. 09	25. 15	25. 77	1. 23
深圳市	11. 60	6. 17	18. 15	63. 83	0. 25
杭州市	39. 46	12. 47	28. 80	18. 59	0. 68

续表

区域	1%以下	1%—5%以下	5%—10%以下	10%—50%以下	50%及以上
西安市	13.66	14.21	34.97	37.16	0.00
武汉市	20.71	11.00	25.57	42.07	0.65

表 6-35 2019 年企业中高级技术职称人数占比的行业分布 （单位:%）

行业	1%以下	1%—5%以下	5%—10%以下	10%—50%以下	50%及以上
信息技术	64.80	5.36	7.27	19.64	2.93
软件	66.67	1.54	8.95	18.83	4.01
节能环保	58.46	4.62	6.15	23.08	7.69
高端装备制造	46.15	5.49	14.29	28.57	5.49
新能源	68.57	0.00	2.86	22.86	5.71
新材料	69.57	2.90	14.49	8.70	4.35
生物医药	64.55	4.55	13.64	15.45	1.82
文化创意	80.58	3.31	4.55	8.68	2.89
金融服务	67.33	2.97	9.90	17.82	1.98
专业技术服务	78.29	4.14	5.90	9.41	2.26
现代农业	70.73	4.88	9.76	14.63	0.00
总体	69.31	4.81	7.56	15.31	3.00

表 6-36 2019 年企业中高级技术职称人数占比的区域分布 （单位:%）

区域	1%以下	1%—5%以下	5%—10%以下	10%—50%以下	50%及以上
北京市	72.33	2.53	5.61	15.37	4.16
上海市	88.92	3.89	2.69	3.89	0.60
广州市	73.36	5.02	6.95	12.36	2.32
深圳市	79.62	3.60	5.52	9.59	1.68
杭州市	44.44	5.05	16.50	31.99	2.02
西安市	66.89	3.31	9.93	11.92	7.95
武汉市	68.86	7.19	6.59	14.37	2.99
成都市	37.75	32.35	7.84	20.10	1.96

续表

区域	1%以下	1%—5%以下	5%—10%以下	10%—50%以下	50%及以上
长春市	44. 35	13. 71	16. 13	20. 97	4. 84
郑州市	58. 82	7. 84	5. 88	21. 57	5. 88

因此,从职称结构来看,在2016年和2019年,创业企业的中高级技术职称人数占比低于5%的企业占比分别高达六成和七成,而2018年有近六成企业的中高级技术职称人数占比在5%以上,说明2016年和2019年存在人力资源发展“瓶颈”,而2018年的人力资源潜力得到很好开发。分行业来看,2016年近一半行业中高级技术职称人数占比低于1%以下的企业占比都为40%左右,2018年各行业差异较大,而2019年这一比例所有行业都很高,集中在60%—70%。分区域来看,2016年和2018年,深圳市企业中高级技术职称人数占比高于1%以上的企业占比均比较靠前,而在2019年,成都市在这一比例中位列第一。

(三)人才储备

企业对员工培训费用的投入程度显示了企业人才储备状况。

表6-37 2018年企业员工培训费用的行业分布

行业	0	0—10万元以下	10万—20万元以下	20万—50万元以下	50万元及以上
信息技术	6. 11	56. 11	16. 76	12. 78	8. 24
软件	9. 96	52. 08	15. 07	12. 46	10. 44
节能环保	28. 57	28. 57	12. 50	12. 50	17. 86
高端装备制造	9. 21	42. 11	15. 79	17. 11	15. 79
新能源	20. 69	36. 21	10. 34	15. 52	17. 24
新材料	24. 39	34. 15	2. 44	12. 20	26. 83

续表

行业	0	0—10 万元以下	10 万—20 万元以下	20 万—50 万元以下	50 万元及以上
生物医药	9.00	48.55	15.11	11.58	15.76
文化创意	5.39	57.30	14.61	12.36	10.34
金融服务	7.11	46.44	14.62	17.00	14.82
专业技术服务	7.66	60.54	13.03	11.11	7.66
现代农业	24.44	26.67	14.44	14.44	20.00
总体	8.65	51.25	15.13	13.38	11.60

表 6-38　2018 年企业员工培训费用的区域分布　（单位:%）

区域	0	0—10 万元以下	10 万—20 万元以下	20 万—50 万元以下	50 万元及以上
北京市	6.53	63.92	12.67	8.71	8.16
上海市	7.00	54.42	16.56	13.27	8.74
深圳市	10.12	27.90	18.27	22.47	21.23
杭州市	9.75	57.14	15.65	11.11	6.35
西安市	10.38	45.90	18.03	11.48	14.21
武汉市	16.23	44.48	10.06	13.64	15.58

表 6-39　2019 年企业员工培训费用的行业分布　（单位:%）

行业	0	0—10 万元以下	10 万—20 万元以下	20 万—50 万元以下	50 万元及以上
信息技术	55.38	35.29	4.78	3.11	1.44
软件	55.93	33.90	5.93	3.11	1.13
节能环保	47.14	35.71	10.00	4.29	2.86
高端装备制造	48.04	36.27	8.82	3.92	2.94
新能源	60.61	30.30	3.03	6.06	0.00
新材料	70.13	24.68	1.30	0.00	3.90
生物医药	49.61	39.37	4.72	2.36	3.94
文化创意	52.55	38.32	4.38	4.38	0.36
金融服务	60.55	23.85	5.50	6.42	3.67

续表

行业	0	0—10 万元以下	10 万—20 万元以下	20 万—50 万元以下	50 万元及以上
专业技术服务	63. 28	29. 69	3. 79	2. 57	0. 67
现代农业	52. 78	41. 67	2. 78	2. 78	0. 00
总体	57. 52	33. 22	4. 74	3. 16	1. 27

表 6-40　2019 年企业员工培训费用的区域分布　　(单位:%)

区域	0	0—10 万元以下	10 万—20 万元以下	20 万—50 万元以下	50 万元及以上
北京市	62. 14	29. 65	4. 36	3. 18	0. 67
上海市	78. 09	17. 38	2. 52	1. 76	0. 25
广州市	54. 11	36. 64	4. 45	2. 40	2. 40
深圳市	76. 24	16. 06	3. 17	2. 94	1. 58
杭州市	15. 00	62. 33	13. 67	7. 67	1. 33
西安市	51. 69	39. 33	2. 25	2. 25	4. 49
武汉市	36. 84	49. 71	5. 85	4. 09	3. 51
成都市	59. 07	31. 16	5. 12	3. 26	1. 40
长春市	44. 76	51. 75	2. 80	0. 70	0. 00
郑州市	60. 89	34. 08	2. 79	2. 23	0. 00

因此,从人才储备来看,2018 年,约 90%的企业年度员工培训费用大于 0,而 2019 年这一比例仅约 40%,说明 2019 年绝大多数创业企业对员工的培训不够重视。从行业分布来看,2018 年只有节能环保行业、新能源行业、新材料行业和现代农业行业 4 个行业企业员工培训费用为 0 的占比高于 20%,而 2019 年所有行业这一比例均位于 47%以上。从区域分布来看,2018 年北京市、上海市和杭州市企业员工培训费用为 0 的占比均低于 10%,而 2019 年只有杭州市这一比率为 15. 00%,其他 9 个城市这一比例均位于 36%以上。

第四节　品牌潜力

企业对广告费用的投入程度显示了企业的品牌潜力。

表 6-41　2016 年企业广告投入费用的行业分布　　（单位:%）

行业	没有	0—10 万元以下	11 万—20 万元以下	21 万—50 万元以下	51 万—100 万元以下	100 万元及以上
信息技术	49.85	43.85	3.00	1.80	1.50	0.00
软件	50.93	44.61	2.97	1.12	0.37	0.00
节能环保	45.12	40.25	8.54	3.66	0.00	2.44
高端装备制造	45.83	38.33	7.50	6.67	1.67	0.00
新能源	45.45	31.17	12.99	7.79	2.60	0.00
新材料	37.55	42.62	11.39	6.33	2.11	0.00
生物医药	37.17	44.25	7.96	5.31	2.65	2.65
文化创意	44.19	43.03	5.81	4.65	2.33	0.00
金融服务	34.72	39.25	12.45	6.79	2.64	4.15
专业技术服务	56.32	40.07	3.25	0.00	0.36	0.00
总体	45.56	41.12	7.08	3.87	1.55	0.83
上一轮	31.81	15.54	20.52	9.01	11.66	3.92

表 6-42　2016 年企业广告投入费用的区域分布　　（单位:%）

区域	没有	3 万元以下	4 万—10 万元以下	11 万—20 万元以下	21 万—50 万元以下	51 万—100 万元以下	100 万元及以上
北京市	50.07	18.18	23.85	3.87	2.83	0.45	0.75
上海市	49.45	19.78	22.80	4.40	1.37	1.37	0.82
深圳市	44.53	27.55	10.57	10.19	4.15	0.75	2.26
杭州市	38.38	29.63	9.09	11.78	7.41	3.03	0.67
武汉市	41.98	23.58	16.98	9.43	3.77	4.25	0.00
西安市	35.43	31.50	13.39	10.24	7.87	1.57	0.00

表 6-43 2018 年企业广告投入费用的行业分布 （单位:%）

行业	没有	0—10 万元以下	10 万—20 万元以下	20 万—50 万元以下	50 万—100 万元以下	100 万元及以上
信息技术	38.52	19.81	6.67	13.43	8.80	12.78
软件	38.55	15.18	5.34	16.01	12.93	11.98
节能环保	7.14	16.07	3.57	26.79	19.64	26.79
高端装备制造	25.00	19.41	5.59	21.38	12.83	15.79
新能源	13.79	6.90	8.62	18.97	24.14	27.59
新材料	4.88	7.32	9.76	19.51	29.27	29.27
生物医药	28.62	16.72	3.22	17.68	16.72	17.04
文化创意	35.65	18.16	5.16	16.59	10.76	13.68
金融服务	30.71	18.50	5.91	15.55	16.14	13.19
专业技术服务	42.15	20.31	6.51	13.41	8.43	9.20
现代农业	6.67	13.33	4.44	18.89	28.89	27.78
总体	33.77	17.71	5.75	16.01	12.74	14.01

表 6-44 2018 年企业广告投入费用的区域分布 （单位:%）

区域	没有	0—10 万元以下	10 万—20 万元以下	20 万—50 万元以下	50 万—100 万元以下	100 万元及以上
北京市	51.48	19.05	3.97	9.88	7.15	8.48
上海市	36.34	22.90	6.37	13.24	10.16	10.99
深圳市	5.93	13.70	7.78	27.16	23.33	22.10
杭州市	49.21	17.69	4.31	12.24	7.71	8.84
西安市	13.66	8.20	8.74	24.04	20.77	24.59
武汉市	14.89	11.97	6.15	21.68	18.77	26.54

表 6-45 2019 年企业广告投入费用的行业分布 （单位:%）

行业	没有	0—10 万元以下	10 万—20 万元以下	20 万—50 万元以下	50 万—100 万元以下	100 万元及以上
信息技术	71.80	17.92	3.70	2.99	1.67	1.91
软件	66.95	20.62	4.24	3.39	2.54	2.26
节能环保	70.67	14.67	5.33	4.00	2.67	2.67
高端装备制造	64.76	21.90	4.76	4.76	0.95	2.86

续表

行业	没有	0—10 万元以下	10 万—20 万元以下	20 万—50 万元以下	50 万—100 万元以下	100 万元及以上
新能源	72.97	21.62	2.70	2.70	0.00	0.00
新材料	82.05	10.26	1.28	3.85	0.00	2.56
生物医药	67.18	19.08	5.34	4.58	2.29	1.53
文化创意	68.33	18.51	6.05	3.91	1.42	1.78
金融服务	73.64	9.09	5.45	6.36	1.82	3.64
专业技术服务	70.96	20.80	3.58	2.71	1.41	0.54
现代农业	63.41	29.27	0.00	2.44	2.44	2.44
总体	70.39	18.98	4.04	3.33	1.65	1.62

表 6-46 2019 年企业广告投入费用的区域分布 （单位:%）

区域	没有	0—10 万元以下	10 万—20 万元以下	20 万—50 万元以下	50 万—100 万元以下	100 万元及以上
北京市	78.82	11.68	3.74	3.58	1.25	0.93
上海市	73.98	17.35	3.86	3.61	0.72	0.48
广州市	63.95	25.51	2.38	2.38	2.38	3.40
深圳市	74.77	14.12	4.40	3.01	1.85	1.85
杭州市	50.00	34.33	5.67	5.33	4.33	0.33
西安市	70.22	18.54	2.81	1.69	0.56	6.18
武汉市	61.49	24.71	5.75	4.60	1.72	1.72
成都市	70.70	14.88	4.65	5.12	1.86	2.79
长春市	74.48	24.14	1.38	0.00	0.00	0.00
郑州市	71.19	19.77	5.65	1.69	1.13	0.56

因此,从品牌潜力来看,2016 年创业企业没有广告投入费用的占比为 45.56%,2018 年这一占比降为 33.77%,而 2019 年这一占比高达 70.39%。从行业分布来看,2016 年,新材料、生物医药和金融服务 3 个行业内创业企业没有投入任何广告费用的占比低于其他行业,分别为 37.55%、37.17%、34.72%;2018 年,节能环保、新材料和现代农业 3 个行业内创业企业没有投入任何广告费

用的占比低于其他行业，分别为7.14%、4.88%、6.67%；2019年所有行业创业企业没有投入任何广告费用的占比均高于60%。从区域分布来看，2016年，杭州市和西安市的创业企业没有投入任何广告费用的比率低于其他城市，分别为38.38%和35.43%；2018年，深圳市的创业企业没有投入任何广告费用的比率低于其他城市，仅为5.93%；2019年，只有杭州市的创业企业没有投入任何广告费用的比率为50.00%，其他9个城市均高于60%。

第五节 对比分析

本章根据2016年、2018年和2019年的调查结果，从市场潜力、研发潜力、人力资源潜力、品牌潜力四个方面，分析创业企业的发展潜力状况，其中从企业收入增长和利润增长状况分析企业市场潜力，从研发经费增长状况分析企业研发潜力，从人员规模、人员结构（学历结构和职称结构）、人才储备三个方面分析企业人力资源潜力，从广告投入费用情况分析企业品牌潜力。通过对信息技术、软件、节能环保、高端装备制造、新能源、新材料、生物医药、文化创意、金融服务、专业技术服务和现代农业11个行业三年的调查，结果发现我国创业企业具有以下特点。

首先，关于市场潜力，从收入增长的角度来看，2018年销售收入增长率高于50%的企业占比最高，高达35.84%，第二是2016年，占比为24.45%，第三是2019年，占比最少为21.49%；从利润增长的角度来看，2018年、2019年与2016年相比，创业企业的利润总额为零增长或负增长的企业占比均高达六成，明显高于2016

年，而2016年仅占三成，说明2016年创业企业的盈利能力较强。总体来看，我国创业企业处于不同年份的发展各有特点，但总体来说，2016年创业企业的市场潜力较好，而2018年和2019年稍弱。

其次，关于研发潜力，2016年创业企业的研发经费为零增长或负增长的占比仅为32.90%，2018年这一比率增长为40.69%，而2019年这一比率为2016年的2倍多，高达71.59%，说明2019年创业企业的自主研发意愿较弱。

再次，关于人力资源潜力，从人员规模的角度来看，创业企业员工的正增长率自2016年以来的占比逐渐降低，2016年为84.35%、2018年为62.21%、2019年为58.52%，说明虽然创业企业的员工规模逐渐减少，但总体来说大多数创业企业在发展壮大，具有良好的成长性。从人员结构的学历结构角度来看，在2016年超过七成企业的员工50%以上具有本科及以上学历，而2018年和2019年这一比例分别占到九成和五成，说明创业企业员工素质在2018—2019年出现大幅下滑；从人员的职称结构来看，2016年和2019年，创业企业的中高级技术职称人数占比低于5%的企业占比分别高达六成和七成，而2018年有近六成企业的中高级技术职称人数占比在5%以上，说明2016年和2019年存在人力资源发展“瓶颈”，而2018年的人力资源潜力得到很好开发。从人才储备角度来看，2018年，约90%的企业年度员工培训费用大于0，而2019年这一比例仅约40%，说明2019年绝大多数创业企业对员工的培训不够重视。

最后，关于品牌潜力，2016年创业企业没有广告投入费用的占比为45.56%，2018年这一占比降为33.77%，而2019年这一占比高达70.39%，说明总体上创业企业对企业的品牌投入不够重视。

第七章　跟踪企业调查对比分析

为了解现阶段影响创业企业成长的关键因素，更好地为创业企业成长提出政策建议，本调查在整体调查的同时进行了跟踪调查。从每一期调查的样本中随机抽取了部分企业进行持续跟踪，最终有554家企业成功实现了三期连续访问。554家企业的持续跟踪具有重要意义，一方面，由于是特定企业的连续调查，可比性强，能够更加准确地反映创业企业的变化；另一方面，上述样本均是2013年至2015年开始有实际经营活动的企业，截至2019年企业经营活动已经持续四至六年。目前相关研究中创业企业存活率普遍偏低，相比较而言，持续跟踪企业（以下简称跟踪企业）具有更强的发展能力。现就这三次的调查，根据公司外部环境、经营状况与创新情况三个方面的相关指标进行对比。因2016年与2018年及2019年的调查内容有变化，因此，对于2016年的情况，仅依据数据情况，就可比项进行分析。

通过对三次跟踪企业的调查发现，当前创业企业的外部环境持续优化，但企业获得感仍有待增强。企业整体经营状况呈现向好的发展趋势。创新创业环境持续优化，自主创新能力增强。以下根据企业外部环境、经营状况与创新情况三个方面的相关指标进行了追踪分析。

第一节　样本企业数据处理说明

首先,需要说明的是,2018 年和 2019 年的问卷是在 2016 年问卷的基础上修改而成,许多问题进行了修改,使数据更加详细,更加容易处理,可靠性更强,也使得对同一个问题因为详细程度不同,两个年度个体的结果会有差异,但是因为本书仅比较两个年度样本总的成长情况,影响相对较小。

其次,对涉及效果或发展程度等类似问题,采取打分的方法计算得分情况。对于 2016 年的问卷,例如,“(E3)从事的行业发展程度:1. 非常成熟;2. 比较成熟;3. 一般成熟;4. 不成熟;5. 非常滞后”,确定中位数 3(一般成熟)是 50 分,4 和 5 依次递减 20 分,2 和 1 依次递升 20 分,则 5 个选项得分分别是:90 分、70 分、50 分、30 分和 10 分,计算样本企业的平均得分。同一个问题,2019 年的问卷是“(RE3)您所从事行业的发展成熟度如何?(请用 1 到 9 描述成熟程度,1 为最少,9 为最多)”,确定中位数 5,是 50 分,4、3、2 和 1 依次递减 10 分,6、7、8 和 9 依次递升 10 分,则 9 个选项得分分别是:10 分、20 分、30 分、40 分、50 分、60 分、70 分、80 分和 90 分,计算样本企业的平均得分,比较 2016 年和 2018 年的得分情况。类似的问题采取相同的方法处理。

最后,对于涉及具体数据的问题,当使用区间表示时,则取其中位数,例如,“贵公司资产总额是____:(1)50 万元以下;(2)50 万—300 万元以下;(3)300 万—1000 万元以下;(4)1000 万—2000 万元以下;(5)2000 万元及以上”,则选项(1)取值是

25 万元;(2)取值是 175 万元;(3)取值是 650 万元;(4)取值是 1500 万元;(5)取值是 2500 万元,然后计算样本企业的平均资产总额。类似的问题均采取这种方法计算。下面,则根据上述方法,从四个方面计算比较分析这三次跟踪调查的企业的成长情况。

第二节　跟踪创始人画像

一、个人特征

调查结果显示,从创始人的个人情况看,创始人多是具有较好教育水平、愿意合作、来自中小城市的男性。

1. 创始人性别构成

男性是创业的主力军。跟踪企业创始人中男性比例为 77.32%,女性占比为 22.68%。

2. 创始人年龄构成

创业创始人的主体中,44 岁以上的一半以上(见表 7-1)。在所有有效回答中,创始人的年龄最大是 60 岁,最小是 25 岁,平均年龄是 43.5 岁,中位数是 44 岁,众数是 46 岁。从年龄分布看,创始人大于 44 岁的占 61.6%,36—44 岁的占 21.1%,26—35 岁的占 16.8%,小于 25 岁的只占 0.6%。44 岁以下的合计 38.5%。

表 7-1　创始人的年龄分布　　(单位:%)

	0—25 岁	26—35 岁	36—44 岁	44 岁以上	最大值	最小值	平均	中位数	众数
总样本	0.6	16.8	21.1	61.6	60.0	25.0	43.5	44.0	46.0

3. 创始人出生地情况

创始人基本来自中小等城市(见表7-2)。在所有的有效回答中,创始人来自中等城市的比例达到44.8%,其次是小城市,占比为30.0%,再次为大城市,占比为23.0%,来自乡村的创始人最少,占比只有2.0%。

表7-2 创始人的出生地 (单位:%)

	大城市	中等城市	小城市	乡村
总样本	23.0	44.8	30.0	2.0

4. 创始人性格特征

创始人性格特征自我评价中,愿意与他人合作的性格特征最为突出,41.3%的创始人将其作为自己的重要特征,另外29.1%的创始人具有较强的自我表现特质(见表7-3)。

表7-3 创始人的性格特点 (单位:%)

	外向	内向	渴望表现自我	愿意与别人合作	有冒险精神
总样本	27.8	25.8	29.1	41.3	24.1

二、家庭背景

调查结果显示,创始人的父母多是中等教育程度,多为工薪阶层。

1. 创始人父母教育程度情况

创始人父母的受教育情况中(见表7-4),13.6%的创始人父亲受教育情况为初中;48.8%为高中/中专/技校;17.7%为大专;12.3%为大学生,4.2%为研究生,3.3%为初中以下。17.3%的创始人母亲受教育情况为初中;44.4%为高中/中专/技校;17.1%为大专;9.8%为大学生,4.6%为研究生,6.8%为初中以下。

表 7-4 公司创始人父母受教育情况分布

公司创始人父亲受教育情况	占比(%)	公司创始人母亲受教育情况	占比(%)
初中	13.6	初中	17.3
高中/中专/技校	48.8	高中/中专/技校	44.4
大专	17.7	大专	17.1
大学	12.3	大学	9.8
研究生	4.2	研究生	4.6
初中以下	3.3	初中以下	6.8

2. 创始人父母职业类型

公司创始人父亲的工作岗位情况中(见表 7-5),13.6%的创始人父亲为企业家,22.1%为政府或事业单位;9.2%为高校或科研院所,38.5%为工薪阶层,16.0%为务农,0.4%从事其他职业。公司创始人母亲的工作岗位中,13.4%的创始人母亲为企业家,18.1%为政府或事业单位;10.1%为高校或科研院所,34.8%为工薪阶层,23.2%为务农,0.4%从事其他职业。

表 7-5 公司创始人父母工作岗位情况分布

公司创始人父亲工作岗位	占比(%)	公司创始人母亲工作岗位	占比(%)
企业家	13.6	企业家	13.4
政府或事业单位	22.1	政府或事业单位	18.1
高校或科研院所	9.2	高校或科研院所	10.1
工薪阶层	38.5	工薪阶层	34.8
务农	16.0	务农	23.2
其他	0.4	其他	0.4

三、教育和工作背景

1. 创始人教育程度

大学本科是创始人教育水平的主流(见表7-6)。在所有有效回答中,创始人的最高学历是大学本科的占比最高,为46.4%;其次为创始人的最高学历是大专的占比,为23.4%;然后是创始人最高学历为高中/中专/技校的人数,占比为13.8%;硕士研究生的占比为9.2%;博士研究生的占比为7.2%。

表7-6　创始人的教育水平　(单位:%)

	高中/中专/技校	大专	大学本科	硕士研究生	博士研究生	其他
总样本	13.8	23.4	46.4	9.2	7.2	0.0

2. 创始人的年收入

创始人年收入为30万—50万元以下的占比最高,接近1/3,为33.2%。接下来为50万—100万元以下年收入的创始人占比,超过1/4,为25.2%;10万—30万元以下年收入的创始人占比为18.6%;100万元及以上年收入的创始人占比为11.4%;5万—10万元以下年收入的创始人占比为10.3%,最少的为5万元以下年收入的创始人,为1.1%(见表7-7)。

表7-7　创始人年收入水平　(单位:%)

	5万元以下	5万—10万元以下	10万—30万元以下	30万—50万元以下	50万—100万元以下	100万元及以上
总样本	1.1	10.3	18.6	33.2	25.2	11.4

3. 创始人海外学习/培训情况

具有海外学习/培训经历的创始人占比超过1/4。在所有有效回答中,有26.4%的创始人具有海外学习/培训的经历,73.6%

的创始人无海外学习/培训经历。

4. 创始人工作经历

创始人多具有创业经验。从创始人的工作经历看,超过八成的企业家曾经创业或在创业的企业工作过,具有创业经验。在所有有效回答中,在创业的相关部门工作过的创始人占比为41.1%;曾经有过创业经历的创始人占比为41.1%;在政府部门工作过的创始人占比为17.5%,没有工作经历的占0.4%(见表7-8)。

表7-8 创始人的工作经历 (单位:%)

	曾经有过创业经历	在创业的相关部门工作过	在政府部门工作过	没有
总样本	41.1	41.1	17.5	0.4

5. 创始人担任领导情况

一半以上的创始人担任过所在团队的领导干部。在所有的有效回答中,55.1%的创始人担任过所在团队的领导干部,44.9%的创始人没有担任过所在团队的领导干部。

四、社会关系

从创始人的社会关系看,具有较好的创业氛围。在所有的有效回答中,30.4%的创始人的亲戚朋友同学中既有企业家,也有政府职员;44.0%的创始人的亲戚朋友同学中有政府职员;6.5%的创始人的亲戚朋友同学中有企业家。这样的氛围有利于创业企业家获得创业经验、市场渠道和政府补助等相关信息(见表7-9)。

表 7-9　创始人的亲戚朋友同学任职情况　　（单位:%）

	企业家	政府职员	既有企业家,也有政府职员	没有
总样本	6.5	44.0	30.4	18.8

第三节　公司外部环境

公司的外部环境是企业得以生存、成长、发展的基础,企业要通过与环境的交互行为来实现自我发展,外部环境的优劣对企业成长具有直接的决定作用,对公司外部环境的客观评价对于把握创业企业成长状况具有重要意义。

关于公司所在的地区或园区,支撑创业的基础设施方面的得分(用1—9分来描述,1为最差,9为最好)(见表7-10)。该项2016年得分为5.68分、2018年为6.29分、2019年为6.07分,2018年较2016年有较大的进步,虽然2019年较2018年分数有所下降,但高于6的得分依然表明创新创业园区的基础设施支撑工作,基本得到了公司创始人的满意。

表 7-10　跟踪公司在三次调查中获得制度性支持的比例及制度性支持的评分

（单位:分,%）

	2016 年	2018 年	2019 年
公司所在的地区或园区,支撑创业的基础设施的情况	5.68	6.29	6.07
公司获得国家和地方科技资源开放共享服务的比例	10.29	55.87	19.20
公司创始人对科技资源开放共享的效果评分	5.41	2.99	1.33
公司获得创新券的比例	14.15	14.46	12.50
公司创始人对科技创新券的效果评分	0.73	5.80	1.01
公司获得政府支持企业创业的税收优惠的比例	28.86	37.71	43.48

在公司是否获得了国家或地方科技资源开放共享服务方面（见表7-10），2016年，仅有10.29%的企业获得了科技资源开放共享服务，2018年该比例升至55.87%，2019年，该比例又降至19.20%。关于科技资源开放共享的效果方面（用1—9分来描述，1分为最差，9分为最好），2016年，跟踪企业创始人对于该项的评分为5.41分、2018年为2.99分、2019年该项得分仅为1.33分，可见科技资源开放共享方面受益的企业比例非常有限，效果逐年下降的情况较严重，其背后因素值得更多探究。

关于公司是否获得创新券方面（见表7-10），2016年，仅有14.15%的企业获得了科技创新券，2018年有14.46%的企业获得了科技创新券，2019年这一比例降至12.50%。关于科技创新券的效果（用1—9分来描述，1分为最差，9分为最好）方面，2016年，跟踪企业创始人对该项的评分仅为0.73分，2018年该项评分显著上升，为5.80分，2019年，该项评分又跌至1.01分。总体来说，科技创新券受益企业的比例依然较低，同时，创新券的使用效果问题亟待进一步探究。

关于公司是否获得政府支持企业创业的税收优惠政策方面（见表7-10），2016年，28.86%的企业获得了税收优惠政策，2018年该比例升至37.71%，2019年43.48%的企业获得了政府支持的创业税收优惠政策。同时，对于获得税收优惠政策的难易程度（用1—9分描述难易程度，1分为最少，9分为最多），2018年该项评分为5.95分，2019年为3.04分，分数有所下降，表明企业更容易获得税收优惠政策。当前针对创新创业企业开展的信用体系建设，对降低企业融资难度和融资成本的作用方面（用1—9分描述作用程度，1分为最少，9分为最多），2018年该项得分为6.38分，

2019 年为 5. 68 分，这也反映出信用体系建设在降低企业融资难度和融资成本方面的作用，创始人并未感受到难度降低，还是难度升高。因此，需进一步探究信用体系建设的定位以及信用体系建设与融资成本和融资难度方面的关系，在维护社会公平公正的同时，切实地降低创业企业的融资成本。

对当前银行业金融机构提供的金融服务方面是否全面这一议题，2018 年，74. 50%的企业认为当前银行业金融机构提供的服务全面，2019 年，71. 20%的创始人认为金融机构提供的服务全面，这一高度认可，表明金融机构对创新创业企业的服务友好以及金融机构在服务双创企业方面所取得的成就。

对当前知识产权（保护、确权、维权、执法）服务状况的认可方面，2018 年，该项得分为 6. 01 分，2019 年，该得分下降为 5. 91 分。总体来说，知识产权的服务状况获得了公司创始人的基本满意，但不高的分数，表明我国知识产权服务状况依然有较大提升的空间。

对于未来五年中国经济发展形势方面（用 1—9 分来描述，1 分为最差，9 分为最好）（见表 7-11），2016 年，跟踪企业创始人对该项的评分为 5. 69 分，2018 年为 6. 32 分，2019 年为 6. 41 分。创始人对未来五年中国经济的发展形势作出较积极判断，且分数逐年上升，表明创始人对中国经济发展形势的信心。

关于政府部门与公司的互动中，政府部门的行为在多大程度上有助于公司发展这一问题的评分上（见表 7-11），2016 年，53. 10%的被跟踪企业创始人认为政府行为有助于公司发展；2018 年该比例升至 72. 88%；2019 年该比例有所下降至 50. 50%，但依然超过 50%，可以看出企业对政府作用的发挥认可度还是较高的。

表 7-11 跟踪公司在三次调查中对经济形势与政府行为的评分

（单位：分，%）

	2016 年	2018 年	2019 年
公司创始人对于未来五年中国经济发展形势的评分	5. 69	6. 32	6. 41
政府部门与公司的互动中，政府部门的行为在多大程度上有助于公司发展	53. 10	72. 88	50. 50

第四节 企业经营情况

跟踪企业的企业经营情况主要通过销售收入增长率与利润总额增长率来反映（见表 7-12）。总的来说，三次调查的结果表明，一半以上的跟踪企业销售收入有增长，跟踪企业销售收入增长率增长迅猛。2016 年调查中，跟踪企业销售收入增长的比例为 65. 90%；2018 年调查中，跟踪企业销售收入增长的比例达到 85. 20%；2019 年调查中，跟踪企业实现销售收入增长的企业比重有所下降，为 62. 00%。同时，跟踪企业销售收入增长率方面，2016 年跟踪企业销售收入同比增长为 15. 40%，2018 年这一指标同比增长 128. 40%，2019 年，这一比率增长达到 23. 17%。

从盈利能力角度来看，有将近一半的企业利润有增长，但企业的盈利能力仍不稳定。2016 年调查中，跟踪企业利润增长的比重仅为 69. 01%；而 2018 年和 2019 年调查显示，跟踪企业利润增长的比重分别为 57. 50%和 46. 70%。在公司上一年度利润总额同比增长率方面，2016 年是 11. 50%，2018 年该比例是 28. 50%，2019 年为-14. 13%。2018 年的销售收入较 2016 年有一个较大幅度的增长，而 2019 年公司利润增长率下降较明显，这是否为创业企业的周期规律,或是与经济社会发展环境相关,需待进一步探究。

公司上一年度员工人数方面,2016 年跟踪企业员工人数平均为 80. 34 人,2018 年人数下降至 70. 66 人,2019 年上升为 79. 90 人。跟踪企业员工人数与样本企业初始员工平均 4. 60 人相比,是其 15 倍以上,表明跟踪的创业公司处于一个快速扩张的状态。同时,员工人数的数量波动,也与宏观经济的波动有一定的联系。

关于创始人对企业的经营状况方面的描述(1—9 分描述经营状况,1 分为最差,9 分为最好),2016 年该分数为 3. 95 分,2018 年该分数为 4. 88 分,2019 年该分数上升为 5. 57 分,这一上升趋势反映出跟踪企业的经营状况向好发展的变化。

表 7-12　跟踪公司在三次调查中的经营情况　　(单位:分,%)

	2016 年	2018 年	2019 年
公司销售收入同比增长	15. 40	128. 40	23. 17
公司上一年度利润总额同比增长率	11. 50	28. 50	-14. 13
公司上一年度员工人数	80. 34	70. 66	79. 90
创始人对企业经营状况的描述	3. 95	4. 88	5. 57

第五节　企业创新情况

我国经济已由高速增长阶段转向高质量发展阶段,由规模扩张向质量提升转变,创新能力是企业持续发展的重要保障,跟踪企业调查在一定程度上也反映了创新对创业企业发展的重要性。

公司研发人员数量占比方面,2016 年该比例为 16. 1%,2018 年上升为 23. 33%,2019 年下降为 19. 49%(见表 7-15)。相比较而言,跟踪企业研发人员比重低于整体水平,而高比例的企业比重上升较快,三期调查中平均研发人员数量分别为 27 人、17 人和 14 人。其中,研发人员占全体员工比重超过 10%的企业比例分别为 29.5%、81.6%和 52.8%;研发人员占全体员工比重超过 50%的企业比重分别为 8.7%、7.1%和 14.5%。

在创新产出方面,2016 年调查显示,55.4%的跟踪企业拥有发明专利,49.4%的企业拥有非专利技术。三期调查中,跟踪企业年度有新增研发项目的比例分别为 99.6%、92.4%和 38.7%,跟踪企业上一年度平均新增研发项目数量分别为 2.4 项、2.8 项和 1.6 项。跟踪企业上一年度新增产品创新或新增工艺创新方面,三期调查平均新增产品创新或工艺创新项目数量分别为 1.8 项、2.2 项和 0.8 项。

此外,科技成果转化能力强是跟踪企业另一重要特点,三期调查中跟踪企业年技术交易收入大幅上升,平均收入达到 126.8 万元、218.4 万元和 896.1 万元,2019 年的技术交易收入比 2016 年调查提高 6 倍,进一步说明快速将创新成果转化为经济效益对于创业企业持续发展的重要性。

同时,三期调查中,技术交易实现增长的企业占比分别为 63.4%、86.9%和 14.3%。在第三期调查中,技术交易收入实现增长的企业比重明显下降,结合研发人员和经费投入变化情况,创业企业在持续发展过程中分化加剧。

三期调查中,年度研发经费实现增长的企业比例分别为 38.9%、68.7%和 38.0%。科研经费的主要来源方面(见表 7-13),企业自筹与外部融资是企业科研经费的两大最主要来源。2018 年,选择该两项作为融资来源的企业分别占比为 51.81%和

16.79%，有国家项目支持作为科研经费来源的企业占比为15.34%，有地方政府支持的企业比例为7.22%，其他来源的比例为8.84%。2019年，企业自筹与外部融资作为企业科研经费来源的企业占比分别为58.51%、9.60%，其中，企业自筹科研经费的比例有所上升，而外部融资作为科研经费来源的比例有所下降。另外，5.43%的企业科研经费有来自地方政府的支持，占比有所下降。来自其他来源的企业比例大幅上升至23.91%，来自国家项目支持的企业比例大幅下降至1.99%，对于国家项目支持经费来源大幅下降的原因应当进一步探究，同时这一变化也反映出了科研经费来源多元化的态势。

表7-13　公司科研经费的主要来源　　（单位：%）

年份	1.企业自筹	2.外部融资	3.国家项目支持	4.地方政府支持	5.其他
2018	51.81	16.79	15.34	7.22	8.84
2019	58.51	9.60	1.99	5.43	23.91

公司科研经费主要投向方面（每个公司可选1—2项），如表7-14所示，2018年的调查结果显示，公司将科研经费投向新技术研发的比例最高，47.83%的公司将科研经费投向新技术研发，其次是技术引进，有36.64%的公司将科研经费投向技术引进，33.39%的公司将科研经费投向技术改造，29.78%的公司科研经费投向新产品研发，11.19%的公司将科研经费投入培训。在2019年，新技术研发依然是公司科研经费的第一大投向，但仅有32.97%的企业将科研经费投向该领域，较2018年47.83%的比例下降幅度较大。该比例的下降与产品的开发周期有一定的关系，也从一定程度上反映出经济下行对企业风险管理的影响，即鉴于

新技术研发的高风险特质，企业趋向于选择较保守的研发途径，因而对该领域的投入资金会有所下降。同时，2019 年，技术改造代替技术引进成为企业科研经费的第二大投向。26.99%的企业将经费投向此领域，取代去年排名第二位的技术引进。新产品研发成为企业科研投入的第三大方向，25.54%的企业选择投入该领域。技术引进由去年的第二位降至第四位，仅有 20.29%的企业将经费投入技术引进。企业科研经费在技术引进与技术改造方面的投入比例的大幅变化，反映了企业对国外技术的依赖程度大幅下降，企业自主创新能力的增强，以及对自主创新的信心。另外，还有 7.61%的企业将科研经费投入培训，25.72%的企业将科研经费投入其他领域。

表 7-14　公司科研经费的主要投向　　（单位：%）

年份	1. 技术改造	2. 技术引进	3. 新技术研发	4. 新产品研发	5. 培训	6. 其他
2018	33.39	36.64	47.83	29.78	11.19	0.18
2019	26.99	20.29	32.97	25.54	7.61	25.72

注：可选 1—2 项。

对我国创新创业环境方面的打分（1—9 分来描述，1 分为最差，9 分为最好），如表 7-15 所示，2016 年，创始人对我国创新环境的满意度为 4.47 分，2018 年，满意度提升为 5.51 分，2019 年，该评分为 6.26 分。关于创业环境的满意度方面，2016 年该评分是 5.08 分，2018 年为 5.80 分，2019 年为 6.40 分。两项评分伴随调查的进行，均有较大程度上的提高，也体现出我国创新创业环境建设取得的进步。

表 7-15　跟踪公司在三次调查中的经营情况　(单位:分,%)

	2016 年	2018 年	2019 年
公司研发人员数量占比	16.1	23.33	19.49
创始人对我国创新环境满意度的评分	4.47	5.51	6.26
创始人对我国创业环境满意度的评分	5.08	5.80	6.40

第六节　对比分析

总体来说,这三期跟踪调查中成功回收问卷的调查企业,从销售收入及员工人数方面观察,这些企业正处于扩张发展阶段,企业创始人对自身企业的发展预期及国家宏观经济形势的发展预期均呈乐观态势。但企业在创新方面(如科研人员投入)仍有较大提高的空间。另外,企业对创新创业环境的满意度在三年的调查中呈明显的逐年上升趋势,“金杯银杯不如老百姓的口碑”。这两项指标的显著上升,充分反映在“双创”提出以来,我国创新创业环境建设方面取得的切实的进步。但对于一些具体的创新政策,如科研资源开放共享服务及创新券等政策,从目前的调查来看,企业的参与积极性一直不高,这些政策带来的效果也非常有限。因此,更精准地把握企业创新创业服务需求,抓准痛点,对过去几年各级政府提出的创新创业政策进行整体的效果评估在下一阶段工作中非常必要。在这样长期的建设过程中,探索出一条与我国经济社会体制及发展阶段相适应的“双创”发展路径与评价体制,将更有利于探寻创新创业背后的发展规律。这也将对发展中国家的创新创业事业的发展,贡献中国智慧与力量。